AF859258

Annales corrigées du

Score IAE-MESSAGE

Annales corrigées du Score IAE-MESSAGE

- Culture générale, économique et managériale
- Compréhension et expression écrite en français
- Raisonnement logique et numérique
- Compréhension et expression écrite en anglais

22e ÉDITION 2019

Gualino une marque de Lextenso
association score iae-message

70, rue du Gouverneur Général Éboué
92131 Issy-les-Moulineaux cedex
ISBN 978-2-297-06912-0

Préface

Le Score IAE-Message est un facilitateur : tout en valorisant les spécificités locales, car c'est un outil d'amissibilité parmi d'autres, il permet aux étudiants de se porter simultanément candidat à plusieurs formations quel que soit leur lieu géographique. Avec plus de 45 centres en France et plus de 40 centres à l'étranger, il y a toujours un lieu près de chez vous pour passer le Score IAE-Message et candidater dans plus de 400 formations.

Le Score IAE-Message est un atout : tout étudiant peut s'y présenter sans condition antérieure de formation spécifique en économie ou en gestion. Il peut être mentionné sur un CV pour montrer qu'il maîtrise et remplit les pré-requis indispensables aux études supérieures en management.

Le Score IAE-Message est un acquis : une fois passé, les étudiants peuvent s'en prévaloir durant trois rentrées universitaires pour leurs candidatures dans toutes les formations de Gestion et de Management qui l'exigent.

Nous avons conçu ces annales pour vous aider à préparer le Score IAE-Message. Elles reprennent les sujets de sept sessions de l'année 2018.

Nous espérons qu'elles vous aideront à préparer efficacement les épreuves, et vous permettront de développer les aptitudes et connaissances nécessaires aux futurs diplômés en Sciences de Gestion au service des organisations.

À tous ceux qui, cette année se présenteront aux épreuves du Score IAE-Message, nous souhaitons bon courage et tous nos vœux de réussite dans vos études.

Paris, le 15 septembre 2018
Laurent Bironneau et Hubert Tondeur,
Co-Présidents de l'Association
du Score IAE-Message

Pour tout renseignement concernant l'organisation des épreuves et les dates des épreuves 2019 :

http://score.iae-message.fr

IAE Lille - École universitaire de management
104 avenue du Peuple Belge
59043 Lille Cedex

Téléphone : 03 20 12 24 74

E-mail : isabelle@iae-message.fr

SOMMAIRE

PRÉSENTATION DU SCORE IAE-MESSAGE

ANNALES CORRIGÉES DU SCORE IAE-MESSAGE

L'édition 2019
des ANNALES DU SCORE IAE-MESSAGE
a été réalisée par :

Matthieu Basseur, Maître de Conférences
Rémi Bourguignon, Maître de Conférences
Jeremy Cocks, Professeur d'Anglais
Alice Forge
Pierre Garaudel, Maître de Conférences
Catherine Grima, Agrégée d'Économie et de Gestion
Damien Mourey, Maître de Conférences
Claire Ryan, Irlandaise, Professeur de Français
Catherine Sable, Maître de Conférences
Marion Soulerot, Maître de Conférences
Graham Tullis, Professeur d'Anglais

Bruno Dejaeger, Ingénieur Informatique
Isabelle Collet, Responsable Administrative du Score IAE-Message
Grégory Vermeersch, Ingénieur Informatique

Sous la responsabilité du **Bureau de l'Association du Score IAE-Message**, co-présidé par **Hubert Tondeur** et **Laurent Bironneau**.

PRÉSENTATION DU SCORE IAE-MESSAGE

1. PRÉSENTATION DES ÉPREUVES

1.1. OBJECTIFS

Plus de 400 formations universitaires en Gestion et Management utilisent le **Score IAE-Message** comme l'un des éléments constitutifs du dossier de candidature des postulants.

L'objectif visé est quadruple :

- l'homogénéisation des recrutements dans l'ensemble des parcours de gestion offerts par les universités adhérentes ;
- l'accroissement des choix pour les candidats en facilitant les multi-candidatures ;
- l'élargissement de la zone de rayonnement de chaque université ;
- le renforcement de l'effet réseau formé par la diversité de nature et géographique des formations offertes.

Chaque formation définit, dans son règlement d'examen en vue de l'admission, la place accordée aux résultats obtenus au Score IAE-Message, les candidats pouvant être invités à subir une ou plusieurs épreuves complémentaires.

Quel que soit le lieu où les épreuves ont été passées, les résultats obtenus sont pris en considération par chacune des formations auprès desquelles le candidat a postulé, conformément au règlement d'examen qui lui est propre.

1.2. NATURE, DURÉE ET PROGRAMMES DES ÉPREUVES

Le **Score IAE-Message** se compose de **quatre épreuves, pour une durée de 3 heures :**

- une épreuve de Culture générale ;
- une épreuve de Compréhension et expression écrite en français ;
- une épreuve de Raisonnement logique et numérique ;
- une épreuve de Compréhension et expression écrite en anglais.

TABLEAU DU SCORE IAE-MESSAGE

Matières	Notation	Nature des interrogations	Durée conseillée
Culture générale	100 points	50 questions à choix multiple (QCM)	45 minutes
Compréhension et expression écrite en français	100 points	50 questions à choix multiple (QCM) dont une partie visant à juger de la compréhension d'un texte	45 minutes
Raisonnement logique et numérique	100 points	20 questions à choix multiple (QCM)	45 minutes
Compréhension et expression écrite en anglais	100 points	50 questions à choix multiple (QCM) dont une partie visant à juger de la compréhension d'un texte	45 minutes
Total	**400 points**	**170 questions**	**3 heures**

Ces quatre épreuves sont présentées ci-dessous.

L'épreuve de Culture générale

Il s'agit d'évaluer l'ouverture d'esprit du candidat par sa culture générale et sa connaissance de l'actualité des 12-24 derniers mois, et de façon plus large, dans les domaines politique, culturel, international et économique. Le candidat devra démontrer sa capacité à suivre l'actualité et à l'analyser par une lecture quotidienne de la presse.

Il ne s'agit pas d'apprécier des compétences techniques mais de mesurer l'ouverture d'esprit et la « curiosité » du candidat.

L'épreuve prend la forme de questions à choix multiple **(QCM)**.

Sa durée conseillée est de **45 minutes**.

L'épreuve de Compréhension et expression écrite en français

Cette épreuve comprend deux parties :

- *la première partie* (Expression, 35 questions) évalue les capacités d'expression du candidat par la maîtrise écrite du français. Les questions à choix multiple portent sur l'orthographe, la grammaire, la conjugaison, le vocabulaire et sur la reformulation ou la correction d'une phrase ;
- *la seconde partie* (Compréhension, 15 questions) évalue l'aptitude du candidat à comprendre et analyser un texte ayant trait à la vie économique ou à une situation de décision en gestion, et à maîtriser les concepts et le vocabulaire qui s'y rapportent.

L'épreuve prend la forme de questions à choix multiple **(QCM)**.

Sa durée conseillée est de **45 minutes**.

L'épreuve de Raisonnement logique et numérique

Cinq thèmes sont abordés dans cette épreuve :

- **les Statistiques** : les problèmes posés sont liés aux calculs de base en statistiques, moyenne, médiane, écart-type, variance, covariance, loi de Poisson, loi Normale... ;
- **le Raisonnement numérique** : les problèmes énoncés demandent de la réflexion et plusieurs étapes de raisonnement pour la résolution ;
- **la Logique** : les problèmes posés sont liés aux tests de logique : suites logiques (numériques ou lettres), phrases auto-référentes, ensemble de propositions dont l'une est fausse... ;
- **les Probabilités** : les problèmes sont posés autour de calculs de probabilité, de dénombrements, de probabilité conditionnelle, d'ensemble... ;
- **les Équations** : ces exercices de manipulation (dérivée, intégrale, développement – réduction, factorisation, identités remarquables) portent sur des équations simples (polynôme, exponentielle, trigonométrie).

L'usage d'une calculatrice n'est pas autorisé.

L'épreuve prend la forme de questions à choix multiple **(QCM)**.

Sa durée conseillée est de **45 minutes**.

L'épreuve de Compréhension et expression écrite en anglais

Cette épreuve comprend deux parties :

- *la première partie* (Expression, 35 questions) évalue les capacités d'expression du candidat par la maîtrise écrite de l'anglais ;
- *la seconde partie* (Compréhension, 15 questions) évalue l'aptitude du candidat à comprendre et analyser un texte ayant trait à la vie économique ou à une situation de décision en gestion, et à maîtriser les concepts et le vocabulaire qui s'y rapportent.

L'épreuve prend la forme de questions à choix multiple **(QCM)**.

Sa durée conseillée est de **45 minutes**.

1.3. NOTATION ET MODALITÉS PRATIQUES DU SCORE IAE-MESSAGE

Les épreuves du Score IAE-Message prennent la forme de questions à choix multiple. Pour chacune d'elles, cinq réponses sont proposées ; **une seule réponse est correcte.**

BARÈME DE NOTATION

	Épreuve de Culture générale	Épreuve de Compréhension et expression écrite en français	Épreuve de Raisonnement logique et numérique	Épreuve de Compréhension et expression écrite en anglais
Bonne réponse	2 points	2 points	5 points	2 points
Mauvaise réponse, absence de réponse ou réponses multiples	0 point	0 point	0 point	0 point

- Un livret unique est remis aux candidats regroupant les questions des quatre épreuves (170 questions au total).
- Les 170 réponses sont à reporter au recto d'une grille unique, sur laquelle sont préalablement inscrits **le nom, le numéro d'inscription**, la session ainsi que le centre d'écrit du candidat.
- Le candidat noircit la case correspondant à la réponse choisie, en utilisant le crayon fourni par le centre d'écrit ou un porte-mine (B ou HB). Les corrections doivent impérativement être effectuées avec un **blanc correcteur**.

Exemple de marquage :

BON

MAUVAIS

Exemple : extrait d'un QCM de culture générale et de la feuille de réponses d'un candidat.

Question X – Des cinq pays européens suivants, lequel a la superficie la plus grande ?

1. L'Allemagne
2. L'Espagne
3. La France
4. L'Italie
5. Le Royaume-Uni

Feuille de réponses :

	1	2	3	4	5
Question X					

2. PRÉPARATION DES ÉPREUVES

On trouvera ci-après la liste (non limitative et donnée à titre purement indicatif) de quelques ouvrages susceptibles d'aider à la préparation du Score IAE-Message.

Culture générale

- Association Score IAE-Message, *300 questions de Culture générale pour s'entraîner au Score IAE-Message*, Gualino éditeur, 7e édition 2017.
- Rémi Pérès, *Thèmes d'actualité économiques, politiques et sociaux*, Vuibert, 2012.
- Jean-Philippe Cavaillé, *L'essentiel de la culture générale : les 20 thèmes incontournables des épreuves de culture générale*, Gualino éditeur, 2014.
- Jean-Michel Oullion, *2 500 QCM de Culture générale*, L'Étudiant, 2016.
- Frédéric Poulon, *Économie générale*, Dunod, 2015.

- Jean-Alain Navarre, Bertrand Affilé, Franck Rimbert, *Connaissez-vous l'économie – 200 questions pour faire le point*, L'Étudiant, 2008.
- Véronique Anglard, *La culture générale en neuf thèmes*, Sedes, 2008.
- *Petit Larousse de l'histoire du monde*, Collectif, Larousse, 2011.
- Catherina Catsaros, *350 quiz de culture générale*, L'Étudiant, 2010.
- Patrice Ronceret, *Culture générale en 2000 questions*, De Vecchi, 2011.
- Bénédicte Gaillard, *Histoire, testez-vous !*, L'Express, 2011.
- Eddy Fougier, *Thèmes essentiels d'actualité en QCM*, Ellipses, 2016-2017.
- Éric Cobast, *Leçons particulières de Culture Générale*, PUF, 2011.

Compréhension et expression écrite en français

- Association Score IAE-Message, *200 questions de Compréhension et expression écrite en français pour s'entraîner au Score IAE-Message*, Gualino éditeur, 6e édition, 2017.
- Jean-Louis Boursin, *Test de connaissance du Français*, Belin, 2008.
- Sylvie Pons, Gaëlle Karcher, *Test d'évaluation de Français, 250 activités*, CLE International, 2006.
- *Bescherelle, conjugaison, grammaire, orthographe*, Hatier, 2015.

Raisonnement logique et numérique

- Association Score IAE-Message, *200 questions de Raisonnement logique et numérique pour s'entraîner au Score IAE-Message*, Gualino éditeur, 8e édition 2018.
- Bertrand Myers, *Tests psychotechniques pour les cadres - Logique*, Dunod, 2011.
- Bertrand Myers, *Tests psychotechniques pour les cadres - Nombres*, Dunod, 2013.
- Igal Natan, *Tests de logique mathématique et de calcul*, Ellipses, 2012.
- Gregory Denglos, *Statistiques et probabilités appliquées*, PUF, 2016.
- Brigitte Tribout, *Statistiques pour économistes et gestionnaires + corrigés*, Pearson, 2008.

Compréhension et expression écrite en anglais

- Association Score IAE-Message, *300 questions de Compréhension et expression écrite en anglais pour s'entraîner au Score IAE-Message*, Gualino éditeur, 7e édition 2018.
- Christiane Ballasi, *Anglais Confirmé grammaire*, Ashford, 2008.
- Jean-Pierre Berman, Michel Marcheteau et Michel Savio, *100 tests express en anglais*, Pocket, 2008.
- Virginie Buhl, Amélie Moisy, Laurence Heyries-Morlet, *700 QCM d'anglais*, Gualino éditeur, 2011.
- Alain-Louis Robert, *QCM d'anglais*, Ellipses, 2010.
- Jean-Pierre Berman, Michel Barcheteau, Michel Savion, *200 tests pour progresser en anglais*, Langues pour tous, 2005.

Conseils de lecture

- Les quotidiens nationaux : *Le Monde*, *Libération*, *Le Figaro*.
- Les quotidiens régionaux.
- Les périodiques économiques : *L'Expansion*, *Capital*, *Challenges*, *Économies et Sociétés*, *Le Nouvel Économiste*.

Conseil général

Lire la presse en général, écouter la radio, regarder les chaînes d'informations permet également de préparer ludiquement le Score IAE-Message.

3. INSCRIPTIONS AU SCORE IAE-MESSAGE ET DÉROULEMENT DE L'ÉPREUVE

3.1. INSCRIPTIONS

Le Score IAE-Message est un élément constitutif du dossier de candidature.

L'inscription s'effectue en ligne sur le site internet :

http://score.iae-message.fr

Lors de l'inscription, le candidat choisit parmi une liste qui lui est proposée :

- le centre d'écrit (lieu de passage du Score) ;
- la session à laquelle il souhaite participer ;
- les formations dans lesquelles il envisage de déposer un dossier de candidature.

Attention : **le choix du centre d'écrit et le choix de la session sont définitifs et ne peuvent être modifiés quel que soit le motif.**

Pour les sessions 2019, le coût du passage d'une session du Score IAE-Message est de 30 euros. Le paiement s'effectue uniquement en ligne, par carte bancaire.

Une fois l'inscription terminée, le candidat reçoit sa convocation par e-mail sous fomat pdf.

Le remboursement en cas d'absence n'est pas possible, quel que soit le motif (même médical).

Pour améliorer ses résultats, le candidat a la possibilité de se présenter à plusieurs sessions. Dans ce cas, le candidat présentera aux formations dans lesquelles il postule le meilleur de ses scores.

3.2. DÉROULEMENT DE L'ÉPREUVE

Pour être autorisé à passer l'épreuve, le candidat a l'obligation de présenter :

- la convocation reçue par e-mail, imprimée ;
- une pièce d'identité en cours de validité (la carte d'identité, le passeport et le permis de conduire sont les seules pièces d'identité autorisées).

Aucun retard n'est autorisé, quel que soit le motif.

Le candidat disposera de 3 heures pour composer. Le sujet complet comportant les 170 questions lui sera remis au début de l'épreuve, le candidat gérera donc son temps comme il le souhaite.

Les documents, dictionnaires, lexiques et calculatrice sont formellement interdits durant l'épreuve.
Aucun brouillon n'est fourni, ni autorisé durant l'épreuve.
De la même manière, les téléphones portables et sacs ne devront pas être à portée des candidats.

À l'issue des 3 heures, le candidat rendra au surveillant sa grille de réponses complétée ainsi que son sujet. **Toute grille de réponses rendue sans le sujet ne sera pas corrigée.**

Quelques jours après les épreuves (date à consulter sur le site internet du Score IAE-Message – rubrique Sessions), le candidat reçoit ses résultats sous la forme d'une attestation. Il lui revient de la transmettre aux formations dans lesquelles il souhaite postuler et a déposé un dossier de candidature.

Les résultats obtenus au Score IAE-Message sont valables pour une durée de 3 rentrées universitaires. Par exemple, les résultats obtenus lors d'une session passée en 2019 sont valables pour les rentrées 2019-2020, 2020-2021 et 2021-2022.

Chaque formation dispose d'un outil de consultation des résultats. Il est donc inutile de tenter de les falsifier. En cas de tentative de fraude, chacune des formations en sera immédiatement avertie et le dossier du candidat sera automatiquement rejeté.

ANNALES CORRIGÉES DU SCORE IAE-MESSAGE

L'objectif de ces annales est de vous mettre dans la situation réelle de l'examen, c'est-à-dire :

- **de travailler sur des sujets réellement posés et notés,** et non pas sur des « examens blancs » ou bien des « sujets du niveau de l'examen » ;
- de faire les 4 épreuves à la suite ;
- de répondre aux 170 questions posées, toutes composées de la même façon : 5 réponses possibles ; 1 seule est exacte ;
- d'y consacrer une durée maximum totale de 3 heures (voir la décomposition horaire, page 12) ;
- de noter vos réponses sur la grille vierge fournie avec chaque session d'examen ;
- de vous évaluer en comparant votre grille avec celle qui vous est donnée dans la partie « Corrigés » de chaque session ;
- de calculer votre score selon le barème fourni dans la page de garde de chacune des sessions.

N'oubliez pas… votre objectif, c'est 400 points !

SCORE IAE-MESSAGE

SESSION DU 13 FÉVRIER 2018

Pour vous mettre dans la situation exacte de l'épreuve, nous avons reproduit la page de garde du document remis aux candidats à la session du 13 février 2018.
Lisez-la attentivement avant de vous lancer.

N'oubliez pas d'utiliser la grille vierge de la page 22 pour y noter vos réponses puis de la comparer à la grille de la page 61 pour calculer votre score.

SCORE IAE MESSAGE

Session :

Nom : ____________________

Prénom : ____________________

Date de naissance : ____/____/____

Centre : ____________________

Signature du candidat

N° d'inscription

0	0	0	0	0	0	0
1	1	1	1	1	1	1
2	2	2	2	2	2	2
3	3	3	3	3	3	3
4	4	4	4	4	4	4
5	5	5	5	5	5	5
6	6	6	6	6	6	6
7	7	7	7	7	7	7
8	8	8	8	8	8	8
9	9	9	9	9	9	9

MARQUAGE DES REPONSES

- Utilisez un crayon mine et une gomme propre ou un blanc correcteur
- Ne graphitez qu'une seule réponse par question

Marquage CORRECT

INCORRECT

Culture G	1	2	3	4	5
1					
2					
3					
4					
5					
6					
7					
8					
9					
10					
11					
12					
13					
14					
15					
16					
17					
18					
19					
20					
21					
22					
23					
24					
25					
26					
27					
28					
29					
30					
31					
32					
33					
34					
35					
36					
37					
38					
39					
40					
41					
42					
43					
44					
45					
46					
47					
48					
49					
50					
	1	2	3	4	5

Français	1	2	3	4	5
51					
52					
53					
54					
55					
56					
57					
58					
59					
60					
61					
62					
63					
64					
65					
66					
67					
68					
69					
70					
71					
72					
73					
74					
75					
76					
77					
78					
79					
80					
81					
82					
83					
84					
85					
86					
87					
88					
89					
90					
91					
92					
93					
94					
95					
96					
97					
98					
99					
100					
	1	2	3	4	5

RLN	1	2	3	4	5
101					
102					
103					
104					
105					
106					
107					
108					
109					
110					
111					
112					
113					
114					
115					
116					
117					
118					
119					
120					
	1	2	3	4	5

Anglais	1	2	3	4	5
121					
122					
123					
124					
125					
126					
127					
128					
129					
130					
131					
132					
133					
134					
135					
136					
137					
138					
139					
140					
141					
142					
143					
144					
145					
146					
147					
148					
149					
150					
151					
152					
153					
154					
155					
156					
157					
158					
159					
160					
161					
162					
163					
164					
165					
166					
167					
168					
169					
170					
	1	2	3	4	5

SCORE IAE MESSAGE

1re session 2018

Mardi 13 février 2018

SCORE IAE MESSAGE

Session 1

À REMPLIR PAR LE CANDIDAT :

Nom : .... Prénom : ....

Identifiant Score IAE-Message : ....

Votre identité (nom et prénom), date de naissance, votre identifiant SIM, ainsi que le centre d'écrit et la session ont été pré-remplis sur la grille de réponses. Merci de les vérifier. Vous devez apposer votre signature dans la case prévue à cet effet.
Le présent livret regroupe les quatre épreuves : Culture générale, économique et managériale ; Compréhension et expression écrite en français ; Raisonnement logique et numérique ; Compréhension et expression écrite en anglais, d'une durée de trois heures.

L'épreuve comprend cent soixante-dix (170) questions à choix multiple. Le tableau suivant fait apparaître leur répartition par matière, les pages où vous en prendrez connaissance, la durée indicative de leur traitement (durée qui n'est fournie que pour faciliter la gestion de votre temps).

Matière	**Pages du livret**	**Nombre de questions**	**Durée indicative de traitement**
Culture générale, économique et managériale	2 à 6	50	45 minutes
Compréhension et expression écrite en français	7 à 15	50	45 minutes
Raisonnement logique et numérique	16 à 19	20	45 minutes
Compréhension et expression écrite en anglais	20 à 26	50	45 minutes

Pour chaque question, cinq (5) réponses vous sont proposées ; **une seule réponse est correcte**.
Le barème de notation est le suivant :

	Épreuve de Culture générale, économique et managériale	Épreuve de Compréhension et expression écrite en français	Épreuve de Raisonnement logique et numérique	Épreuve de Compréhension et expression écrite en anglais
Bonne réponse	2 points	2 points	5 points	2 points
Mauvaise réponse, absence de réponse ou réponses multiples	0 point	0 point	0 point	0 point

Vos réponses devront être portées sur la grille codée qui vous est remise, et qui ne doit être ni pliée, ni écornée. Pour chacune des questions, graphitez entièrement une case (1, 2, 3, 4, 5) de la ligne numérotée correspondant à la question, en utilisant, pour permettre la lecture optique, un crayon de bois. En cas de correction, le blanc correcteur vous est vivement recommandé.

À la fin de l'épreuve, vous remettrez la grille codée au surveillant et vous lui restituerez également le présent livret.

RAPPELS

L'usage de la calculatrice, dictionnaire, lexique ou grammaire est formellement interdit.
Aucune sortie n'est autorisée pendant l'épreuve, toute sortie étant définitive.

Ce document contient 26 pages (compte tenu de cette page de garde).
Merci de vérifier que toutes les pages sont jointes au document.

Bonne chance !

ÉPREUVE DE CULTURE GÉNÉRALE, ÉCONOMIQUE ET MANAGÉRIALE

1 **En Espagne, le 17 août 2017, dans quelle ville a eu lieu un attentat faisant au moins 13 morts et plus d'une centaine de blessés ?**

1/ À Madrid
2/ À Tarragone
3/ À Bilbao
4/ À Barcelone
5/ À Séville

2 **Durant la guerre de Cent ans, quelle dynastie anglaise affronte la dynastie des Valois ?**

1/ Les Wessex
2/ Les Normands
3/ Les Plantagenêt
4/ Les Tudor
5/ Les York

3 **Laquelle de ces villes françaises ne se trouve pas au bord d'une mer ou d'un océan ?**

1/ Cannes
2/ Rouen
3/ Dunkerque
4/ Saint-Jean-de-Luz
5/ Royan

4 **En France, en 2017, quel est le nom du Chef d'État-Major des Armées qui a démissionné le 19 juillet, suite à un désaccord sur une réduction du budget alloué au ministère de la Défense, par le gouvernement d'Édouard Philippe, et qui est le seul Chef d'État-Major des Armées à avoir jamais démissionné durant la Ve République ?**

1/ François Lecointre
2/ Pierre de Villiers
3/ Edouard Guillaud
4/ Michel Fourquet
5/ Jeannou Lacaze

5 **Lequel de ces émirats n'appartient pas aux Émirats arabes unis ?**

1/ Dubaï
2/ Oman
3/ Abu Dhabi
4/ Charjah
5/ Ajman

6 **En France, en juin 2017, quel joueur de tennis remporta le tournoi de Roland Garros pour la dixième fois ?**

1/ Roger Federer
2/ Novak Djokovic
3/ Rafael Nadal
4/ Andy Murray
5/ Pete Sampras

7 Quel est le nom du député de la gauche nationaliste tunisienne assassiné à Tunis le jeudi 25 juillet 2013, à la suite duquel le pays a vécu une grave crise politique ?

1/ Mohamed Brahmi
2/ Mohamed Bouazizi
3/ Rached Ghannouchi
4/ Omar Abdel Rahman
5/ Mohammad Hussein Fadlallah

8 En France, laquelle de ces fonctions ministérielles Bernard Cazeneuve n'aura jamais exercée sous la présidence de François Hollande ?

1/ Ministre délégué aux Affaires européennes
2/ Ministre délégué au Budget
3/ Ministre de l'Intérieur
4/ Ministre de la Défense
5/ Premier ministre

9 Parmi les propositions suivantes, laquelle est correcte ?

1/ La Révolution Culturelle chinoise avait pour objectif de rétablir les valeurs traditionnelles chinoises
2/ Mao Zedong s'est appuyé sur les « gardes rouges » lors de la Révolution Culturelle
3/ La Révolution Culturelle chinoise a eu lieu en 1957
4/ La Révolution Culturelle chinoise s'est appuyée sur *Le Capital* de Marx, distribué largement à cette époque en Chine
5/ La Révolution Culturelle chinoise aura pour conséquence la démission de Mao Zedong

10 De quel pays António Guterres, nommé secrétaire général de l'ONU en octobre 2016, a-t-il été le Premier ministre de 1995 à 2001 ?

1/ Le Pérou
2/ Madagascar
3/ Le Brésil
4/ La Bolivie
5/ Le Portugal

11 Le 26 janvier 2017, le Conseil de sécurité de l'ONU a adopté la résolution 2338, relative à la situation à Chypre. Elle précise notamment que :

1/ Les forces britanniques seront retirées de l'île à partir du 31 janvier 2017
2/ Les forces des Nations unies doivent être maintenues dans l'île au-delà du 31 janvier 2017
3/ La déclaration publiée le 14 septembre 2016 par les dirigeants chypriotes est illicite
4/ Le *statu quo* est la seule solution viable à court terme
5/ La conférence de la paix ne peut pas être organisée dans l'immédiat

12 Selon le dernier classement conventionnel publié en 2014, quel pays détient les plus grandes réserves prouvées de pétrole au monde ?

1/ L'Arabie saoudite
2/ Les États-Unis
3/ La Russie
4/ Le Brésil
5/ Le Venezuela

13 **En décembre 2016, quel pays a expulsé 35 diplomates russes ?**

1/ Le Canada
2/ Les États-Unis
3/ La Chine
4/ L'Allemagne
5/ Taïwan

14 **Parmi les dispositifs suivants, lequel ne peut être assimilé à une monnaie locale au sens de la loi sur l'économie sociale et solidaire votée en 2014 dite loi *Hamon* ?**

1/ Le Troctemps
2/ Le SOL violette
3/ Le Bristol pound
4/ Le Chiemgauer
5/ Le Regiogeld

15 **En France, depuis le 1er mars 2017, quelle nouvelle prescription médicale peut être formulée par les médecins ?**

1/ La sophrologie
2/ Le repos
3/ Les activités physiques adaptées
4/ Les cures thermales
5/ La prescription médicale de cannabis

16 **En février 2017, à quel dirigeant d'un pays allié le Président américain Donald Trump a-t-il « raccroché au nez » au cours d'une conversation téléphonique houleuse ?**

1/ Le Premier ministre japonais, Shinzō Abe
2/ Le Premier ministre canadien, Justin Trudeau
3/ La Chancelière allemande, Angela Merkel
4/ Le Premier ministre australien, Malcolm Turnbull
5/ Le Premier ministre britannique, Theresa May

17 **Quels sont les deux pays qui entourent le Panama ?**

1/ Le Costa Rica et la Colombie
2/ Le Nicaragua et le Venezuela
3/ Le Belize et le Guatemala
4/ L'Équateur et le Costa Rica
5/ Le Salvador et la Colombie

18 **À quel signe du zodiaque chinois la nouvelle année chinoise, qui débutera le 16 février 2018, sera-t-elle associée ?**

1/ Le Rat
2/ Le Lièvre
3/ Le Mouton
4/ Le Chien
5/ Le Coq

19 En mai 2017, aux États-Unis, quelle institution était dirigée par James Comey, limogé par le Président Donald Trump ?

1/ La Cour Suprême
2/ Le FBI
3/ La CIA
4/ Le département de la Défense
5/ La Réserve fédérale

20 En France, quelle est la première région agricole ?

1/ La Nouvelle-Aquitaine
2/ L'Ile de France
3/ La Bretagne
4/ Grand-Est
5/ Auvergne-Rhônes-Alpes

21 En octobre 2016, quelle collectivité territoriale autonome a, dans un premier temps, refusé de ratifier le traité de libre-échange avec le Canada (CETA) conduisant à des négociations autour d'un nouveau compromis ?

1/ La Catalogne
2/ La Wallonie
3/ Le Pays Basque
4/ L'Écosse
5/ La Bavière

22 Le 6 mai 2017, pour lequel des pays suivants la Cour pénale internationale a été saisie d'accusation de génocide et de persécution envers les homosexuels ?

1/ L'Ukraine
2/ La Moldavie
3/ La Tchétchénie
4/ La Géorgie
5/ L'Azerbaïdjan

23 À quel pays la capsule Soyouz appartient-elle ?

1/ Les États-Unis
2/ La France
3/ La Russie
4/ Le Canada
5/ Le Japon

24 Les 4 et 5 septembre 2016, quel pays a été, pour la première fois de son histoire, l'hôte du G20 ?

1/ Le Mexique
2/ La Chine
3/ Le Brésil
4/ La Corée du Sud
5/ L'Inde

25 À la suite de quelle célèbre bataille militaire, François 1er a-t-il été fait prisonnier en 1525 ?

1/ La bataille militaire de Pavie
2/ La bataille militaire de Crécy
3/ La bataille militaire d'Héricourt
4/ La bataille militaire de Poitiers
5/ La bataille militaire de Lérida

26 **Lequel de ces économistes n'a jamais reçu le prix Nobel d'économie ?**

1/ John Maynard Keynes
2/ Joseph Stiglitz
3/ James Tobin
4/ Milton Friedman
5/ Wassily Leontief

27 **Quel terme a été inventé pour désigner un phénomène récent dans le domaine de l'économie, consistant à l'utilisation de services permettant aux professionnels et aux clients de se mettre en contact direct, de manière quasi-instantanée, grâce à l'utilisation des nouvelles technologies ?**

1/ Le B to C
2/ L'ubérisation
3/ Le peer-to-peer
4/ Le B to B
5/ Le self-owned

28 **Lequel de ces pays n'a pas de frontière avec la Syrie ?**

1/ La Turquie
2/ L'Irak
3/ Le Liban
4/ L'Arabie saoudite
5/ La Jordanie

29 **Quelle est l'actrice interprétant le rôle principal d'une mère dans les deux films de Xavier Dolan « J'ai tué ma mère » et « Mommy » ?**

1/ Monia Chokri
2/ Juliette Binoche
3/ Anne Dorval
4/ Nathalie Baye
5/ Catherine Deneuve

30 **Quel astronaute, connu pour être le dernier homme à avoir marché sur la lune, est décédé en janvier 2017 ?**

1/ Eugene Cernan
2/ John Glenn
3/ Neil Armstrong
4/ Buzz Aldrin
5/ Alan Shepard

31 **Quel réalisateur iranien, internationalement reconnu, ayant notamment obtenu la Palme d'Or à Cannes pour son film « Le goût de la cerise » en 1997, est décédé le 4 juillet 2016 ?**

1/ Abbas Kiarostami
2/ Jafar Panahi
3/ Mohsen Makhmalbaf
4/ Rafi Pitts
5/ Asghar Farhadi

32 **En France, quel ancien Premier ministre sous la présidence de François Mitterrand, ayant fait l'usage de l'article 49.3 au parlement 28 fois au cours de ses mandats, est décédé le 2 juillet 2016 ?**

1/ Edith Cresson
2/ Jacques Chirac
3/ Edouard Balladur
4/ Pierre Bérégovoy
5/ Michel Rocard

33 **Aux États-Unis, en août 2017, quelle ville du Texas a été la plus dévastée par l'ouragan Harvey ?**

1/ Dallas
2/ Houston
3/ Austin
4/ Waco
5/ San Antonio

34 **En France, entre septembre 2016 et janvier 2017, à quel auteur belge de bande dessinée une exposition a-t-elle été consacrée au Grand Palais ?**

1/ Albert Uderzo
2/ Gotlib
3/ René Goscinny
4/ Morris
5/ Hergé

35 **Au Royaume-Uni, en octobre 2015, qui a été élu à la tête du Parti travailliste et en est toujours le président (13 février 2018) ?**

1/ Jeremy Corbyn
2/ Gordon Brown
3/ Alan Johnson
4/ Ed Miliband
5/ David Cameron

36 **En Italie, en décembre 2016, qui a été élu Président du Conseil à la suite de la démission de Matteo Renzi ?**

1/ Sergio Mattarella
2/ Giorgio Napolitano
3/ Francesco Cossiga
4/ Enrico Letta
5/ Paolo Gentiloni

37 **En France, en novembre 2016, parmi les personnalités politiques suivantes, laquelle s'est qualifiée pour le second tour de la primaire de la droite et du centre ?**

1/ Xavier Bertrand
2/ François Baroin
3/ Alain Juppé
4/ Bruno Le Maire
5/ Nicolas Sarkozy

38 **En décembre 2016, quel navigateur français a battu le record du monde à la voile en multicoque ?**

1/ François Gabart
2/ Francis Joyon
3/ Thomas Coville
4/ Armel Le Cléac'h
5/ Franck Cammas

39 **En France, en janvier 2017, qui a remporté la huitième édition du Vendée Globe, tour du monde en solitaire, sans escale et sans assistance ?**

1/ François Gabart
2/ Francis Joyon
3/ Thomas Coville
4/ Armel Le Cléac'h
5/ Franck Cammas

40 **En quelle année eut lieu le massacre de la Saint Barthélémy ?**

1/ En 1272
2/ En 1372
3/ En 1472
4/ En 1572
5/ En 1672

41 **Au Brésil, en juillet 2017, comment se nomme l'ancien Président condamné à neuf ans et six mois de prison pour corruption et blanchiment d'argent ?**

1/ Luiz Inácio Lula da Silva
2/ Dilma Rousseff
3/ Hugo Chávez
4/ Evo Morales
5/ Felipe Calderón Hinojosa

42 **Quel(s) artiste(s) est (sont) connu(s) pour avoir, entre autres choses, tendu de vastes toiles colorées ou emballé des monuments prestigieux ?**

1/ Hirst et Cie
2/ Christo
3/ Malevitch Kasimir
4/ Herzog et de Meuron
5/ Paul et Joe

43 **En France, qui a été le chef de file du mouvement surréaliste ?**

1/ Arthur Rimbaud
2/ Charles Baudelaire
3/ Pablo Picasso
4/ André Breton
5/ Paul Valéry

44 **En Autriche, en mai 2016, à quel courant politique appartient Alexander Van der Bellen, élu président de la République ?**

1/ L'extrême gauche
2/ Le centre
3/ L'extrême droite
4/ L'écologisme
5/ Le socialisme

45 **Parmi les propositions d'associations suivantes, laquelle est erronée ?**

1/ *Libération* / Patrick Drahi
2/ Canal plus / Vincent Bolloré
3/ *Le Monde* / Arnaud Lagardère
4/ *Le Parisien* / Bernard Arnault
5/ *Le Figaro* / Serge Dassault

46 **Au large de quelle ville française peut-on visiter le Château d'If, rendu célèbre par le roman *Le Comte de Monte-Cristo* ?**

1/ Bordeaux
2/ Calais
3/ Nice
4/ Le Havre
5/ Marseille

47 En France, en décembre 2016, qui a été nommé ministre de l'Intérieur en remplacement de Bernard Cazeneuve devenu Premier ministre ?

1/ Vincent Peillon
2/ Bruno Le Roux
3/ Gérard Collomb
4/ Jean-Yves Le Drian
5/ Arnaud Montebourg

48 De quelle nationalité W. A. Mozart était-il ?

1/ Allemande
2/ Autrichienne
3/ Polonaise
4/ Belge
5/ Néerlandaise

49 En France, en mai 1992, lors d'un match de football, une tribune s'effondre et fait 18 morts et plus de 2 200 blessés. Où cette catastrophe s'est-elle déroulée ?

1/ À Lorient
2/ À Furiani
3/ À Marseille
4/ À Lyon
5/ À Lens

50 En quelle année fut abandonnée la convertibilité du dollar en or ?

1/ En 1929
2/ En 1945
3/ En 1952
4/ En 1971
5/ En 1985

ÉPREUVE DE COMPRÉHENSION ET EXPRESSION ÉCRITE EN FRANÇAIS

1RE PARTIE : EXPRESSION - 35 QUESTIONS

51 **Quelle est la particularité du verbe « gésir », utilisé sur de nombreux épitaphes et poèmes comme dans ce vers de L. Racine : « Peuples, rois, vous mourrez, et vous, villes aussi. Là gît Lacédémone, Athènes fut ici. » ? Il s'agit d'un :**

1/ Verbe défectif
2/ Verbe transitif
3/ Verbe impersonnel
4/ Verbe démonstratif
5/ Verbe pronominal

52 **Les mots « foie » et « fois » sont des :**

1/ Antonymes
2/ Synonymes
3/ Anagrammes
4/ Homonymes
5/ Paronymes

53 **Parmi les propositions suivantes, laquelle est correcte?**

1/ Sandra s'immiçait toujours dans les histoires de sa cousine
2/ Sous la houlette d'Arnaud, les trois garçons avaient nagé jusqu'à l'île
3/ C'est sous la houlète d'Arnaud, qu'ils étaient tous partis
4/ Ses cheveux frisés étaient noués en une queu-de-cheval
5/ Son indocillité était tout en subtilité

54 **Quel groupe de mots complète cette phrase extraite de *Des Souris et des Hommes* de John Steinbeck : « Mais, près de l'eau dormante, parmi les ..., tout se trouvait baigné dans une ombre plaisante. » ?**

1/ Sicomore madrés
2/ Sicomores madrés
3/ Sicomores madrées
4/ Sycomores madrés
5/ Sycomores madrées

55 Parmi les propositions suivantes, laquelle est correctement conjuguée au présent de l'indicatif ?

1/ Jacques tond sa pelouse tous les dimanches
2/ Si tu lui tens la main, il te mord
3/ Attention, ce chien mort tous les inconnus
4/ L'eau se répend très rapidement
5/ Elle descent les escaliers tous les jours

56 Sans tenir compte de la signification lexicale, quelle phrase est, orthographiquement parlant, correctement écrite ?

1/ Si vous regardez ci-dessous, vous verrez six scies
2/ S'y vous regardez ci-dessous, vous verrez scie sis
3/ Si vous regardez ci-dessous, vous verrez six scis
4/ Ci vous regardez si-dessous, vous verrez scie sis
5/ Si vous regardez çi-dessous, vous verrez six sies

57 Que signifie l'adjectif « véniel » ?

1/ Qui est très attiré par l'argent et le profit
2/ Qui manque d'audace
3/ Qui manque d'intelligence
4/ Qui a peu d'importance
5/ Qui est inadapté

58 Dans cette phrase extraite de *Ça* de S. King : « écoutant les ronflements et les soupirs de la respiration de son père, regardant sa bouche lippue se mettre en cul-de-poule pour rejeter l'air. », quelle est la signification du mot « lippue » ?

1/ Qui a la dentition rare et clairsemée
2/ Qui a une grosse lèvre inférieure
3/ Qui a la dentition très abimée et colorée
4/ Qui a la lèvre supérieure très proche du nez
5/ Qui a des lèvres très fines et légèrement retroussées

59 Parmi les propositions suivantes, laquelle est correcte ?

1/ Le majordome inventait quel que subterfuge pour leur arracher de nouveaux crédits
2/ Quelque soit votre âge, vous pouvez participer au tournoi
3/ Il était plaisant de voir de qu'elle manière il s'en tirait
4/ Le poêle était froid malgré les quelques bûches qui flambaient
5/ Malgré les quel que ennuis qu'il a eus, Pierre est toujours joyeux

60 **Parmi les propositions suivantes, laquelle est correcte ?**

1/ Guillaume appercevait Justine le matin quand elle allait à l'école
2/ Quand à Gilles, il adorait l'accompagner à l'école
3/ Quant à Lise, elle l'apercevait le soir
4/ Guillaume aurait voulu l'acompagner à l'école
5/ Mais c'était Gilles qui acomppagner Justine à l'école

61 **Dans la phrase « Il a eu beaucoup de courage. », quel est le statut grammatical du mot « de » ?**

1/ Conjonction de coordination
2/ Préposition
3/ Conjonction de subordination
4/ Article partitif
5/ Article interrogatif

62 **Dans cette phrase extraite de *La Promesse de l'aube* de Romain Gary : « les circonstances firent que ma mère et moi eûmes bientôt besoin de toutes les puissances magiques que nous eussions pu trouver autour de nous », quel est le temps utilisé pour le deuxième verbe « avoir » (eussions) ?**

1/ Imparfait du subjonctif
2/ Passé antérieur de l'indicatif
3/ Plus-que-parfait du subjonctif
4/ Présent du conditionnel
5/ Passé simple de l'indicatif

63 **Parmi les propositions suivantes, laquelle est correcte ?**

1/ Il résulte que l'exigeance d'universel promue en Europe serait périmée
2/ On se dirige vers une notion d'hétérogénité de la culture
3/ Doit-on craindre que cette hétérogénéité devienne légitime
4/ Une vision apocaliptyque semble surgir parfois face à ce fait
5/ Pourtant une telle hétérogénité favorisait l'exclusion du communautarisme

64 **Parmi les propositions suivantes, laquelle est correctement conjuguée au passé simple ?**

1/ Nous nous plaisimes immédiatement, dès le premier regard
2/ Nous nous plaisâmes immédiatement, dès le premier regard
3/ Nous nous plûmes immédiatement, dès le premier regard
4/ Nous nous sommes plus immédiatement, dès le premier regard
5/ Nous nous plurent immédiatement, dès le premier regard

65 **Quel pourrait-être le synonyme de « soliloque » ?**

1/ Isolement
2/ Mépris
3/ Agacement
4/ Monologue
5/ Instinct

66 **Parmi les propositions suivantes, laquelle est incorrecte ?**

1/ Il te faut des écrous pour finir les réparations
2/ Les bambous qui bordent la rivière ont beaucoup grandi
3/ Il faudrait faire poser plusieurs verrous sur la porte
4/ On trouve beaucoup de mérous dans la mer Méditerranée
5/ Il a dû être opéré des deux genous en même temps

67 **Parmi les propositions suivantes, laquelle est correcte ?**

1/ Les hérrisssons doivent boire du lait de brebis
2/ Le renard s'est réfugié dans sa tanierre
3/ Paul construit une belle terrasse pour sa maison
4/ Ce meuble a une vilaine érraflure
5/ Les fougerres abondent en Normandie

68 **Parmi les propositions suivantes, laquelle est correcte ?**

1/ Recommencer-moi ce travail qui déshonores le service
2/ Laure voulut protesté mais la voix tonnante du directeur l'intimidait
3/ Demeurée seule, Laure s'écria qu'elle se vengerait bientôt
4/ Au cours des mois suivants, elle avait acquit une grande aisance à se rendre invisible
5/ Ce fut le départ d'une grande aventure qui se poursuivis par l'augmentation de cambriolages

69 **Dans cette phrase extraite de *Ça* de S. King : « nous l'avons repoussé jusqu'au fond de sa tanière, parmi ses tunnels et ses hypogées puants », quelle est la signification du mot « hypogées » ?**

1/ Construction souterraine servant souvent de tombes
2/ Latrines dites à la turque
3/ Couloirs profonds creusés à flan de montagne
4/ Dédale de canalisations entremêlées
5/ Labyrinthe souterrain sur plusieurs niveaux

70 **Parmi les propositions suivantes, inspirées du *Cid* de Corneille, laquelle est correcte ?**

1/ Il n'est pas temps de chercher le trépas : ton prince et ton pays a besoin de toi
2/ La flotte qu'on craignait, dans ce grand fleuve entrée, croit surprendre la ville
3/ Les Maures vont descendre : et le flux et la nuit, dans une heure les amène sans bruit
4/ Va marcher à leur tête ou l'honneur te demande
5/ C'est toi que veux pour chef leur généreuse bande

71 **Parmi les propositions suivantes, laquelle est correcte ?**

1/ Il occupe le poste de directeur et conccomitament de secrétaire général
2/ Il occupe le poste de directeur et concomittamment de secrétaire général
3/ Il occupe le poste de directeur et concommitament de secrétaire général
4/ Il occupe le poste de directeur et conccomitamment de secrétaire général
5/ Il occupe le poste de directeur et concomitamment de secrétaire général

72 **Parmi les propositions suivantes, laquelle est correcte ?**

1/ Il regardait la jeune fille d'un œil salace
2/ Il lui fit un clin d'oeil salasse qui la rendit furieuse
3/ Elle détestait ces regards sallaces qu'on lui adressait souvent
4/ Elle se demandait pourquoi il la regardait d'une façon aussi sallasse
5/ Les regards çalasses la rendaient furieuse

73 **Parmi les propositions suivantes, laquelle est incorrecte ?**

1/ L'accusé fut condanné après six heures de délibération
2/ Il avait tué un faon dans la forêt lointaine
3/ Ce crime commis sur un quadrupède révolta le jury
4/ Son crime avait été commis violemment et il n'éprouvait aucun remords
5/ Le jury le condamna sans appel

74 **« Depuis la tempête, les détritus gisent sur le sol. » Quel est l'infinitif du verbe « gisent » ?**

1/ Geindre
2/ Gésir
3/ Giser
4/ Gésier
5/ Gire

75 **Quel est l'antonyme du mot « intrinsèque » ?**

1/ Ultrasèque
2/ Extrasèque
3/ Intrasèque
4/ Extrinsèque
5/ Plurisèque

76 **Parmi les propositions suivantes, laquelle est correcte ?**

1/ Depuis longtemps, Antoine et toi avez un chien
2/ Depuis longtemps, Antoine et toi ont un chien
3/ Depuis longtemps, Antoine et toi ayez un chien
4/ Depuis longtemps, Antoine et toi avons un chien
5/ Depuis longtemps, Antoine et toi auront un chien

77 **Parmi les propositions suivantes, laquelle est correcte ?**

1/ Comme tout à chacun, il aime partir en vacances l'été
2/ Comme tout un chacun, il aime partir en vacances l'été
3/ Comme tout a chacun, il aime partir en vacances l'été
4/ Comme tous à chacun, il aime partir en vacances l'été
5/ Comme tout in chacun, il aime partir en vacances l'été

78 **Parmi les propositions suivantes, laquelle est correcte ?**

1/ Pierre a recouvert la santé grâce à sa cure
2/ Ces cures ont des vertus putatives
3/ Heureusement, Pierre suivi sa cure sans coup fléchir
4/ C'est ainsi qu'il a recouvré la santé
5/ Une cartemancienne l'avait d'ailleurs prédit

79 **Parmi les propositions suivantes, laquelle est correcte ?**

1/ On pouvait apercevoir des maisons toute neuves le long de la route
2/ Ces bâtiments sont touts neufs, ils ont été construits depuis peu
3/ Les arbres ont perdu toute leurs feuilles depuis un mois
4/ Tout les chemins mènent à Rome
5/ Les pommiers étaient tout blancs, c'était magnifique

80 **Que signifie le nom « viatique » ?**

1/ Remplace une chose par sa contrefaçon
2/ Ce qui réconforte dans les moments difficiles
3/ Parole blessante involontaire
4/ Ce qui apporte une aide aux besoins de l'existence
5/ Une substance illicite prescrite dans un cadre médical

81 **Quel couple de mots complète au mieux cette phrase incomplète : « … est à sol ce que mi est à … » ?**

1/ Terre / pain
2/ Carrelage / moitié
3/ Fa / ré
4/ Poisson / demi
5/ Plafond / entier

82 **Lequel de ces noms pourrait-être synonyme du nom « assertion » ?**

1/ Dégoût
2/ Assujettissement
3/ Affirmation
4/ Abstention
5/ Servitude

83 **Dans la phrase extraite du *Portrait de Dorian Gray* d'Oscar Wilde : « En tout cas, quel qu'[...] mon motif, je n'ai pas manqué de faire tous mes efforts pour atteindre la porte. » Quelle est la bonne écriture pour la partie entre crochets ?**

1/ Ai été
2/ Aie été
3/ Ait été
4/ Aie était
5/ Ai était

84 **À quel temps cette phrase est-elle conjuguée « Je suis surpris par ta réaction » ?**

1/ Au passé composé
2/ À l'imparfait
3/ Au présent
4/ Au conditionnel présent
5/ Au passé simple

85 **À quoi se rapporte l'adjectif « forensique » ?**

1/ À des fleurs en train d'éclore
2/ À l'ensemble des fortifications d'une ville
3/ À la vitesse de brassage d'un moulin à eau
4/ À l'utilisation d'une méthode scientifique pour répondre à une question légale ou judiciaire
5/ À la mise en scène d'une pièce de théâtre

Texte

Source : Aboubakr Jamaï, « Une révolte révélatrice des impasses politiques », *Le Monde Diplomatique*, juillet 2017, p. 9

AU MAROC, LE RIF DÉFIE LE ROI

par Aboubakr Jamaï

La persistance de la contestation populaire dans le nord-est du Maroc et ses revendications de mieux-être social mettent en relief l'échec des programmes de développement économique et des projets d'infrastructure pilotés par la monarchie. Malgré la répression, l'ampleur des manifestations pose la question d'une nouvelle réforme constitutionnelle sur des bases plus ambitieuses qu'en 2011.

Depuis plusieurs mois, la région du Rif (nord-est du Maroc) connaît une importante contestation populaire. Le mouvement a démarré dans la ville d'Al-Hoceïma après la mort, le 28 octobre 2016, de Mouhcine Fikri, un marchand de poisson broyé dans une benne à ordures alors qu'il tentait de récupérer une grande quantité d'espadon que la police venait de lui confisquer pour cause de pêche illégale. Depuis, les manifestations se répètent en dépit d'une forte répression et de peines de prison ferme requises contre les principaux contestataires. L'opiniâtreté du mouvement et le niveau de mobilisation remettent en question la stratégie adoptée par la monarchie depuis le « printemps arabe » de 2011. En réponse aux revendications du Mouvement du 20 février (date de la manifestation au cours de laquelle cinq jeunes étaient morts à Al-Hoceïma), le roi Mohammed VI avait fait adopter une révision constitutionnelle pour accorder plus de pouvoir au Premier ministre, poste auquel il nomma un islamiste du Parti de la justice et du développement (PJD) à l'issue des élections, le 25 novembre 2011. Mais aujourd'hui le chômage des jeunes et l'incapacité des institutions à canaliser les revendications de populations mieux informées et mieux organisées qu'il y a cinq ans débordent du Rif ; la contestation pourrait se propager au reste du pays.

Le pouvoir et ses relais, baptisés « Makhzen », semblent pour l'heure faire la sourde oreille. Pour ses représentants, la nature des institutions et les politiques économiques menées par le royaume au cours de ces vingt dernières années ne sont pas à blâmer. Le problème ne résiderait que dans la gestion et dans le suivi de ces politiques. De même, la monarchie récuse l'idée que le mouvement du Rif constitue un désaveu des réformes institutionnelles de 2011. Par un raisonnement quelque peu spécieux, elle cherche même à différencier la contestation de 2011 de celle du Rif. Selon Rabat, les manifestants rifains n'exigeraient que la mise en œuvre de projets économiques et sociaux dans leur région (universités, hôpitaux), contrairement à ceux du Mouvement du 20 février, qui voulaient, et ont obtenu, une réforme constitutionnelle – bien timide et encore loin d'instaurer une monarchie parlementaire. Les événements actuels du Rif ? Un problème d'encadrement et de politiques publiques mal exécutées. Fermez le ban ! Il ne saurait être question d'une nouvelle réforme ou d'une remise en cause de la façon dont s'exerce le pouvoir.

Une telle position explique l'attitude des autorités vis-à-vis du Hirak (terme arabe qui signifie « mouvance » ou « mobilité ») au Rif. Elles accusent les manifestants d'empêcher la réalisation des programmes économiques déjà décidés par l'État. Après plusieurs mois d'attentisme, elles ont finalement sévi en arrêtant M. Nasser Zefzafi, un jeune activiste chômeur devenu la figure de proue de la contestation. Tous les jours ou presque, d'autres protestataires le rejoignent en prison. Certains ont déjà été condamnés à des peines allant jusqu'à dix-huit mois de détention. Selon leur entourage, nombre d'entre eux, dont M. Zefzafi, auraient été torturés. En parallèle, l'État a allumé les habituels contre-feux en ouvrant avec les habitants de la région un dialogue qui implique les acteurs politiques locaux et les représentants de la « société civile » proches du régime.

La répression est néanmoins montée d'un cran quand le mouvement a menacé de s'étendre au reste du pays. Plusieurs villes ont connu des manifestations de soutien au Hirak, avec en point d'orgue la journée de mobilisation organisée à Rabat le 11 juin. Des dizaines de milliers de personnes y ont participé, soit bien plus qu'à l'apogée de la contestation populaire dans la capitale lors du « printemps arabe ».

Les raisons du surgissement du Hirak apparaissent comme un précipité des défaillances institutionnelles du modèle marocain – un modèle construit sur la centralité de la monarchie. Celle-ci prend directement en charge les questions sécuritaires et la religion, adoube et promeut « ses » partis politiques ; forte de ce socle qui lui garantit la stabilité, elle met en place des politiques censées générer une forte croissance ; elle conçoit et lance les grands chantiers. Or sa stratégie de développement des infrastructures s'est avérée insuffisante, voire défectueuse. Des institutions financières internationales comme la Banque africaine de développement (BAD) et la Banque mondiale, pourtant peu enclines à la critique du régime, ont souligné les insuffisances de sa politique d'investissements, notant son incapacité à générer la croissance et à améliorer la productivité de l'économie marocaine[1]. La faiblesse de l'entrepreneuriat privé et son incapacité à tirer avantage de ces infrastructures expliquent aussi l'échec – faiblesse qui relève de l'impéritie du système éducatif, incapable de former des opérateurs capables de prospérer dans une économie moderne. En outre, le népotisme et les défaillances du droit pénalisent les velléités d'entrepreneuriat les plus tenaces.

Plus important encore, ces projets d'investissement voulus par le pouvoir peuvent être en inadéquation avec les besoins des citoyens. En témoignent Al-Hoceïma et sa région. Les manifestants du Hirak ont présenté une liste de vingt et une revendications[2] qui constituent une véritable stratégie de développement économique et social. Désenclavement de la région, construction d'hôpitaux et d'un pôle universitaire, développement industriel figurent parmi les points importants de cette liste, qui tient lieu de contrat auquel adhèrent les manifestants. La nature même de ces revendications met à nu les dysfonctionnements du système, puisque officiellement la région dispose déjà d'un plan officiel de développement, censé avoir été élaboré par les élus locaux et les représentants des ministères concernés, avec à leur tête celui de l'intérieur.

Dans un dossier particulièrement bien documenté[3], le journaliste Ghassan El-Karmouni évoque le cas de la zone d'activités d'Aït Kamra, aménagée à quinze kilomètres d'Al-Hoceïma grâce à un investissement public de 170 millions de dirhams (15 millions d'euros). Lancée en grande pompe par le roi Mohammed VI en 2009, la première tranche de vingt-sept hectares aujourd'hui réalisée n'a vu que la mise en activité d'une banale concession automobile au lieu d'une unité de production créatrice d'emplois. Certains choix initiaux de ce plan, abandonnés depuis sous la pression des manifestations, ont suscité de vives critiques locales. Ainsi,

1 « Le Maroc à l'horizon 2040. Investir dans le capital immatériel pour accélérer l'émergence économique », Banque mondiale, 2017 ; « Public investment and growth in the Maghreb countries » (PDF), Banque africaine de développement, Working Paper, 2016.
2 Disponibles sur la page Facebook de M. Nasser Zefzafi
3 « Al Hoceima : The day after », *Économie & entreprises*, Casablanca, mai 2017.

une marina devait être construite pour accueillir des bateaux de plaisance – un investissement considéré comme très éloigné des besoins premiers des habitants.

L'adhésion au Hirak d'une importante partie de la population remet en cause la représentativité des élus locaux, d'autant que le taux de participation aux élections législatives de 2016 dans la ville d'Al-Hoceïma n'a atteint que 28 %. L'excuse traditionnelle de l'apathie des citoyens marocains ou de leur manque de conscience politique ne saurait être invoquée, puisque ces citoyens se sentent assez concernés pour manifester pendant sept mois sans interruption et pour élaborer un cahier de vingt et une revendications précises. C'est donc bien le manque de crédibilité des institutions nées du processus constitutionnel de 2011 qui est en cause. Depuis cette date, le chômage a augmenté. Pis, celui des jeunes en milieu urbain a bondi et s'élèverait à plus de 40 % – une préoccupation qui était déjà au cœur des protestations en 2011. À cela s'ajoute le poids du secteur informel, qui totalise entre 15 % et 25 %, selon les estimations, du produit intérieur brut et représente les deux tiers des emplois en milieu urbain. Il s'agit là d'un outil de gestion de la paix sociale utilisé par le régime. Le développement et la prospérité de l'économie formelle requièrent des règles de droit, la séparation des pouvoirs et une justice indépendante – éléments constitutifs d'un système démocratique. Elles ne peuvent s'accommoder du népotisme et de la prédation dont se nourrissent les élites d'un pouvoir autoritaire. En conséquence, celles-ci préfèrent laisser proliférer l'informel comme soupape aux attentes d'une jeunesse abandonnée à son sort.

Si les revendications et les slogans du Hirak ne visent pas directement la monarchie, ils la mettent indirectement à mal. D'abord, ils relativisent l'idée selon laquelle Mohammed VI aurait opéré une réconciliation historique avec le Rif, région tenue à l'écart par son père durant quarante ans parce qu'elle avait contesté son autorité[4]. L'utilisation par les manifestants du référent amazigh (berbère) et surtout la convocation du mythe Abdelkrim Al-Khattabi (1882-1963), président de l'éphémère République du Rif (1921-1926) et figure historique de la rébellion contre l'Espagne et la France, traduisent une volonté de mise à distance avec la monarchie. Le Hirak souligne aussi la facticité de la popularité du Parti authenticité et modernité (PAM) dans la région et révèle sa nature hors sol. Cette formation a été fondée par l'actuel numéro deux du régime, conseiller et ami d'enfance du roi, M. Fouad Ali El-Himma, et constitue le parti politique le plus proche de la monarchie. Ostensiblement lancé en 2007 pour faire contrepoids aux islamistes du PJD, le PAM est arrivé largement en tête des élections municipales de septembre 2015 dans la région. Il contrôle trente des trente-six municipalités que compte la province d'Al-Hoceïma. En toute logique, ses élus auraient dû encadrer et canaliser le mouvement. Non seulement ils n'y sont pas parvenus, mais ils sont eux-mêmes visés par la colère des manifestants.

Si le Hirak remet en cause des projets économiques dont la monarchie tient à revendiquer la paternité, il touche aussi au sujet sensible des intérêts privés du roi dans l'économie marocaine. Les manifestants s'en sont pris dans plusieurs de leurs slogans à M. Mounir Majidi, le secrétaire particulier de Mohammed VI, devenu un symbole du népotisme. Ils ont aussi condamné l'ouverture par une société du roi, en 2012, de l'hypermarché Marjane, proche du centre-ville ; les propriétaires d'échoppes locales auraient vu leur chiffre d'affaires décliner, ce qui explique l'adhésion de nombre de ces commerçants aux revendications des protestataires.

Les prérogatives religieuses de la monarchie et le consensus autour de celles-ci ont également été ébranlés. En interrompant l'imam durant le prêche du vendredi pour dénoncer les attaques qu'il portait contre le mouvement de contestation, M. Zefzafi a franchi une barrière symbolique. Il a de fait dénoncé l'instrumentalisation de la prérogative royale du contrôle du champ religieux (les prêches du vendredi sont rédigés au ministère des habous, directement contrôlé par la monarchie) au profit,

4 Lire Aurel et Pierre Daum, « Les jeunes du Rif renouent avec la révolte », *Le Monde diplomatique*, octobre 2012.

quand cela est nécessaire, de la justification, sur le plan religieux, de la répression ou de la critique des mouvements de protestation.

Si les causes économiques du Hirak rappellent celles qui ont nourri la contestation de 2011, les deux protestations présentent une différence majeure sur le plan politique, qui tient au rôle du PJD. En 2011, M. Abdelilah Benkirane, alors premier ministre, avait convaincu son parti de soutenir la réforme constitutionnelle voulue par le roi. Ce ralliement avait contribué à affaiblir le Mouvement du 20 février. Il en éludait la demande principale, une Constitution démocratique, et renforçait la position du PJD en tant que porte-voix de l'électorat conservateur dans le champ politique officiel – un électorat peu enclin à soutenir les partis proches du palais, soupçonnés de corruption.

Aujourd'hui, la donne a changé. Après les élections d'octobre dernier et une obstruction sciemment conduite par le Makhzen, M. Benkirane a été remercié au profit d'un autre dirigeant du PJD, M. Saadeddine El-Othmani, jugé plus malléable par le palais. Ce remplacement n'avait pas l'aval de la base du parti, qui souhaitait le maintien de l'ancien premier ministre à son poste. Une fois de plus, en confiant le gouvernement à l'opposition dans le cadre étroit d'un pouvoir monarchique, le Makhzen désarme et digère celle-ci. Mais cela délégitime et amoindrit la fonction d'amortisseur et de bouclier qu'offrait le parti islamiste : la fonction d'intermédiation sociale et politique du PJD étant affectée, ce dernier risque d'avoir moins d'influence face aux protestataires qu'en 2011.

Le Makhzen et ses élites se retrouvent en première ligne. Mais rien ne dit qu'un changement démocratique substantiel soit à l'horizon. Car ce qui est demeuré semblable depuis 2011, c'est l'incapacité des mouvements et partis politiques soutenant une démocratisation du régime à présenter un front commun.

Aboubakr Jamaï
Journaliste, professeur à l'Institut américain universitaire (IAU College) et ancien directeur des hebdomadaires Le Journal et Assahifa Al-Ousbouiya (Casablanca)

Questions

86 Parmi les propositions suivantes, laquelle est une définition correcte du terme « spécieux » ?

1/ Qui est accompli avec application et réflexion
2/ Qui manifeste ou qui dénote un grand souci ou un souci excessif du détail
3/ Qui manque de naturel, de simplicité (par recherche ou subtilité excessive)
4/ Qui est caractérisé par une éloquence emphatique et sonore
5/ Qui est destiné à tromper, à induire en erreur ; qui repose sur un mensonge

87 Parmi les propositions suivantes, laquelle est synonyme du mot « opiniâtreté » ?

1/ Fermeté
2/ Versatilité
3/ Vassalité
4/ Inconsistance
5/ Plasticité

88 Quelle est, d'après l'auteur, la condition à laquelle peut se développer une économie formelle florissante ?

1/ L'adoption d'un système démocratique
2/ L'investissement de fonds privés dans l'économie du pays
3/ Les partenariats avec les économies des pays voisins
4/ L'aide de la Banque Mondiale
5/ La formation efficace de la population en matière d'économie

89 D'après le texte, laquelle de ces propositions définit le mieux l'économie informelle ?

1/ L'économie informelle est l'économie qui concerne le secteur médiatique
2/ L'économie informelle est réglementée par des contrats spécifiques
3/ L'économie informelle n'a pas de cadre juridique protégeant les salariés
4/ L'économie informelle est assujettie à un état autoritaire et corrompu
5/ L'économie informelle est assujettie à des institutions religieuses

90 Selon le texte, quel nom est associé au ministère en charge de la rédaction des prêches du vendredi ?

1/ Marjane
2/ Hirak
3/ Habous
4/ Mahkzen
5/ Amazigh

91 Parmi les propositions suivantes, laquelle peut remplacer le terme « impéritie » dans la phrase : « La faiblesse de l'entrepreneuriat privé et son incapacité à tirer avantage de ces infrastructures expliquent aussi l'échec – faiblesse qui relève de l'impéritie du système éducatif […]. » ?

1/ L'ignorance
2/ L'intolérance
3/ L'indiscrétion
4/ L'ingratitude
5/ L'incapacité

92 Selon le texte, parmi les personnalités suivantes, laquelle a « franchi une barrière symbolique » en interrompant une cérémonie religieuse pour défendre le mouvement du Rif ?

1/ Gassan El-Kamouni
2/ Nasser Zefzafi
3/ Abdelkrim Al-Khattabi
4/ Abdelilah Benkirane
5/ Mouhcine Fikri

93 Quelle était la revendication initiale du Mouvement du 20 février ?

1/ L'implication de l'état dans l'économie locale pour lutter contre la pauvreté
2/ La construction d'infrastructures publiques, éducatives et médicales
3/ L'établissement d'un régime démocratique
4/ La fin de la corruption de la monarchie
5/ La justice pour les violences policières à l'égard des manifestants

94 Quelle est la signification de l'expression « fermer le ban », d'origine militaire ?

1/ Divaguer, s'éloigner du sujet
2/ Mettre fin à une célébration
3/ Afficher une ambition démesurée
4/ Être en difficulté, perdre de la force
5/ Manquer de vigilance

95 Parmi les propositions suivantes, laquelle ne correspond pas aux analyses issues de l'article ?

1/ L'économie marocaine souffre du manque d'investisseurs privés mais ceux-ci sont découragés par des législations mal conçues et par le népotisme du régime
2/ Le manque de conscience politique des citoyens ne saurait expliquer l'abstention, puisque ceux-ci s'investissent dans les manifestations et organisent leurs revendications
3/ Le mouvement du Rif conteste la crédibilité des réformes et des institutions mises en place après le printemps arabe, ainsi que le plan de développement mis en place par le pouvoir marocain
4/ Les manifestants du mouvement du Rif protestent principalement contre le manque d'infrastructures sociales, éducatives et médicales dans leur région
5/ L'enrichissement personnel du roi est contesté, d'autant que les mesures entreprises pour redorer l'économie locale sont jugées insuffisantes

96 D'après le texte, quelle différence, de nature politique, distingue la contestation au Rif de celle portée par le printemps arabe de 2011 ?

1/ Le rôle du parti de la justice et du développement qui a perdu en influence auprès des manifestants
2/ Les protestations ne se font entendre aujourd'hui que dans une partie du pays
3/ Les revendications s'appliquent à un secteur limité
4/ Les divisions au sein du mouvement du Rif lui donnent moins d'impact que celui du 20 février
5/ Le mouvement du Rif est soutenu par le PAM

97 Parmi les informations suivantes, mentionnées dans l'article, laquelle est erronée ?

1/ La République du Rif n'a duré que cinq ans
2/ Le taux de participation aux élections législatives des jeunes n'a été que de 28 %
3/ Le chômage des jeunes en milieu urbain atteint plus de 40 %
4/ Cinq jeunes sont morts à Al-Hoceima dans une manifestation du printemps arabe
5/ La constestation au Rif dure depuis sept mois au moment de la rédaction de cet article

98 Quel est le nom de la zone d'activités dont le chantier a bénéficié de subventions publiques importantes, pour un résultat très limité et peu satisfaisant au niveau de la création d'emplois ?

1/ Mouhcine Fikri
2/ Rabat
3/ Marjane
4/ Aït Kamra
5/ Al-Hoceïma

99 Selon le texte, parmi les personnalités suivantes, laquelle a fondé le parti le plus proche de la monarchie ?

1/ Fouad Ali El-Himma
2/ Mounir Majidi
3/ Saadeddine El-Othmani
4/ Mohammed VI
5/ Abdelilah Benkirane

100 Parmi les propositions suivantes, laquelle ne reflète pas les analyses d'Aboubakr Jamaï dans son article ?

1/ Les divisions au sein des mouvements et des partis politiques qui prônent un changement pour plus de démocratie risquent d'affaiblir leurs chances de parvenir à leurs fins
2/ Le contrôle royal du champ religieux a été dénoncé par un représentant du Rif, comme une manière d'instrumentaliser la religion pour organiser la répression
3/ Les populations de nos jours sont mieux informées et organisées qu'à l'époque du printemps arabe, et peuvent toucher le pays au-delà de la région du Rif
4/ Le parti Authenticité et Modernité s'est imposé aux législatives dans le Rif et représente la seule force légitime qui puisse intercéder entre le gouvernement et les manifestants du Rif
5/ Les projets de développement économique et social entrepris par l'État sont jugés insuffisants et ne répondent pas aux demandes et aux besoins exprimés par les citoyens

ÉPREUVE DE RAISONNEMENT LOGIQUE ET NUMÉRIQUE

101 **On écrit les noms des mois de l'année sur des papiers que l'on place dans une urne. On tire alors deux papiers au hasard. Quelle est la probabilité que les mois choisis comportent le même nombre de jours ?**

① 5/12
② 9/22
③ 13/32
④ 49/132
⑤ 49/144

102 **Pour financer votre projet, vous souhaitez mettre en place une vente de gâteaux auprès des autres étudiants. Vous réalisez les achats nécessaires pour faire les gâteaux. Vous savez que si vous coupez vos gâteaux en 10 parts et que vous vendez toutes les parts de gâteaux à 1 euro, vous ferez 220 euros de bénéfice. Si vous coupez en 8 parts, et, qu'à nouveau vous vendez toutes les parts mais cette fois à 3 euros chacune, vous ferez alors un bénéfice de 640 euros. Combien de gâteaux avez-vous cuisinés ?**

① 28
② 30
③ 32
④ 35
⑤ 40

103 **Dans une classe, la moyenne générale est de 11,40. Les 10 % des meilleurs élèves ont une moyenne de 15/20. Les 60 % d'élèves moyens ont une moyenne de 12/20. Quelle est la moyenne des 30 % d'élèves les moins bons de cette classe ?**

① 9
② 9,5
③ 10
④ 10,5
⑤ 11

104 **Calculer le quotient suivant :**

$$\frac{x^3 - 7x + 6}{x^2 + 2x - 3}$$

① $x + 1$
② $x - 1$
③ $x - 2$
④ $x + 2$
⑤ $2x - 1$

105 **Quelle est la valeur médiane de cet échantillon statistique de contenances : {2 000 cm^3, 600 cL, 100 dL, 14 dm^3, 4 L} ?**

① 2 000 cm^3
② 600 cL
③ 100 dL
④ 14 dm^3
⑤ 4 L

106 **S'il est 8 heures 34 minutes 25 secondes à votre montre, quelle heure était-il 1 000 secondes auparavant ?**

① 8h 16min 58s
② 8h 17min 45s
③ 8h 17min 58s
④ 8h 18min 11s
⑤ 8h 18min 58s

107 **Quelle carte complète la figure ?**

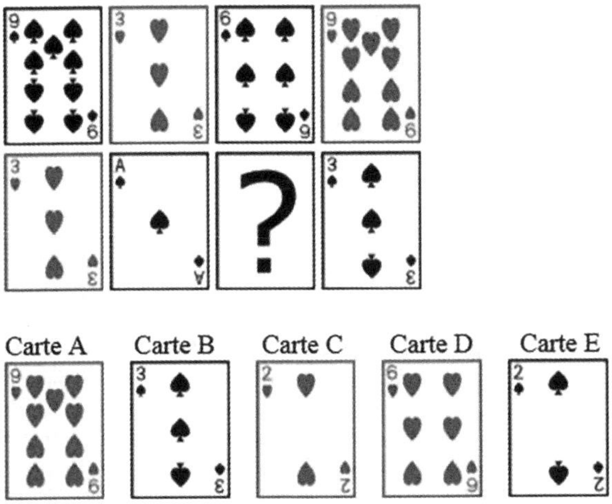

① Carte A
② Carte B
③ Carte C
④ Carte D
⑤ Carte E

108 **Compléter de manière logique cette suite : interrupteur, trident, points cardinaux, pentagone, …**

① Clé anglaise
② Filature
③ Insecte
④ Mercenaire
⑤ Octogone

109 Combien de triangles (de toutes dimensions et de toutes formes) pouvez-vous dénombrer dans cette figure ?

① 9
② 10
③ 11
④ 12
⑤ 13

110 Adrien est actuellement en possession d'une carte fidélité qui lui permet, pour 49 euros annuels, d'avoir ses places de cinéma à 5 euros la séance. L'année prochaine, il envisage de prendre la carte de fidélité CINÉ-PASSION à 92 euros avec les places toute l'année à 3 euros. Au bout de combien de places au minimum dans l'année cette carte CINÉ-PASSION lui sera plus avantageuse que sa carte actuelle ?

① 19
② 21
③ 22
④ 23
⑤ 43

111 Les mots AB et CD peuvent être mélangés entre eux (en gardant l'ordre respectif de leurs lettres identiques) de 6 manières possibles : ABCD, ACBD, ACDB, CABD, CADB et CDAB. Combien de mots différents peuvent être obtenus en mélangeant de la même manière les mots ABC et CE ?

① 6
② 7
③ 8
④ 9
⑤ 10

112 Que vaut la dérivée de : $e^{(x^3)}$?

① $e^{(x^3)}$
② $x^3.e^{(x^3)}$
③ $3x^3.e^{(3x^2)}$
④ $e^{(3x^2)}$
⑤ $3x^2.e^{(x^3)}$

113 **Quel mot peut compléter la suite :**
ARBRE – HERBE – ZEBRA – BARBU – … ?

① ARBORE
② AUBRAC
③ BRANDY
④ BUCHER
⑤ BURGER

114 **On lance trois fois une pièce non pipée où est inscrit respectivement « 1 » et « 2 » sur chaque face. Soit x_i le nombre (1 ou 2) sorti au i-ème lancer, et d_i la différence entre les deux valeurs consécutives x_i et x_{i+1}.**
Quel est l'écart-type de la variable aléatoire $x = d_1 + d_2$?

① 0
② 1/4
③ $1/(2\sqrt{2})$
④ 1/2
⑤ $1/\sqrt{2}$

115 **Dans le tableau ci-dessous, la ligne Résultat est une combinaison logique entre les lignes Valeur1 et Valeur2. Quelle valeur doit remplacer le point d'interrogation dans la dernière cellule du tableau ?**

Valeur 1	367	1052	762	542
Valeur 2	513	5027	691	701
Valeur 3	254	4035	131	?

① 141
② 159
③ 161
④ 241
⑤ 259

116 **Un responsable décide de répartir son personnel en deux groupes, chaque groupe contenant plusieurs personnes en cours de formation. Il y a autant de personnes en formation dans chaque groupe. Dans le premier groupe un quart des personnes est en formation, tandis que dans le deuxième groupe il s'agit d'un sixième des personnes. Il décide alors de déplacer trois employés n'étant pas en formation du deuxième groupe vers le premier groupe. Ainsi, les proportions de personnes en formation dans les deux groupes sont identiques. Combien de personnes en tout sont gérées par le responsable ?**

① 24
② 30
③ 48
④ 64
⑤ 96

117 **Vous roulez 24 km vers le nord à 12 km/h, puis 7 km vers l'ouest à 28 km/h. Vous décidez ensuite de rentrer en ligne droite à la vitesse moyenne de 15 km/h. En combien de temps serez-vous revenu à votre point de départ ?**

① 1h40
② 1h50
③ 2h00
④ 2h10
⑤ 2h15

118 **À la fin d'un banquet, les 20 convives restants (15 hommes et 5 femmes) se disent au revoir de la manière suivante :**
– deux hommes se serrent la main ;
– deux femmes se font trois bises ;
– un homme et une femme s'embrassent en se faisant deux bises.
Combien de bises va-t-il y avoir au total ?

① 130
② 140
③ 146
④ 150
⑤ 180

119 **Quel nombre complète logiquement cette série : 1.5 ; 2.3 ; 3.1 ; 3.9 ; … ?**

① 4.2
② 4.4
③ 4.7
④ 4.8
⑤ 4.9

120 **Quel couple de nombres complète logiquement cette série : 22 ; 7 ; 11 ; 22 ; 14 ; 18 ; 22 ; 21 ; … ; … ?**

① 22 ; 23
② 22 ; 24
③ 24 ; 22
④ 24 ; 23
⑤ 25 ; 22

ÉPREUVE DE COMPRÉHENSION ET EXPRESSION ÉCRITE EN ANGLAIS

Session 1

1re partie : expression – 35 questions

121 **At Disponic Systems, we have always believed in cost saving and … we have never lost sight of the importance of maintaining quality.**

1/ Although
2/ Yet
3/ Because
4/ Then
5/ Since

122 **The team … with joy as they clinched the victory.**

1/ Swept
2/ Wrapped
3/ Wept
4/ Wiped
5/ Slept

123 **He supports … solution the sides agree to.**

1/ Whichever
2/ Which
3/ What
4/ Whom
5/ Whose

124 **Patients suffering from muscle sprain injuries should wear special braces for … long it takes them to recover.**

1/ Whatever
2/ Whenever
3/ However
4/ Wherever
5/ Whoever

125 **The news provoked a … of outrage online.**

1/ Wind
2/ Weave
3/ Wave
4/ Waft
5/ Wove

126 **Weather forecasters have issued storm warnings for Carlson City and residents have been advised to avoid driving … absolutely necessary.**

1/ If
2/ Unless
3/ Despite
4/ Yet
5/ Without

127 **The general … of his argument was to oppose change on the basis that most people were indifferent about the issue.**

1/ Thrust
2/ Trust
3/ Tread
4/ Push
5/ Pull

128 **Ms. Rinchana worked in sales … the 1990s but then moved into finance before becoming director of a start-up three years ago.**

1/ For
2/ Throughout
3/ Forever
4/ On
5/ At

129 **… is trying to introduce a policy of overtime but there is resistance from the unions.**

1/ The directors
2/ The managers
3/ The management
4/ The managing
5/ The leaders

130 **When starting your own retail business, the faster you move your inventory, … sooner your company will be profitable.**

1/ A
2/ The
3/ More
4/ As
5/ That

131 **I don't know when I've … and watched something like this before.**

1/ Listen
2/ Listening
3/ To listen
4/ Listened
5/ Listens

132 **Mitch was … lying to his parents.**

1/ Caught
2/ Get catch
3/ Got catch
4/ Catch
5/ Catches

133 **In … years the town has expanded into a large resort.**

1/ Later
2/ Recent
3/ Resent
4/ Future
5/ Present

134 **All our programmers work very hard and they require a great deal of … to stay productive during the long hours.**

1/ Reliance
2/ Stamina
3/ Experiment
4/ Brevity
5/ Supply

135 **The actor is best known for his comedy … .**

1/ Rails
2/ Roles
3/ Reels
4/ Royals
5/ Rolls

136 **During her presentation, the CEO did discuss the difficult market conditions but she made no … of any plans to make staff redundant.**

1/ Mention
2/ Reference
3/ Allusion
4/ Information
5/ Notice

137 **Weather …, this year's Flower Show will be held at Jardine Park on Saturday the 14th of August.**

1/ Permitting
2/ Permission
3/ Permitted
4/ Permit
5/ Permits

138 **I will be here to help until Friday and there will be someone to cover for you … the weekend in case the system goes down suddenly.**

1/ In
2/ Over
3/ To
4/ Away
5/ Along

139 **Our message to the students who haven't started working is that time is working … them.**

1/ Against
2/ On
3/ At
4/ To
5/ By

140 **When airbnb was founded in 2008, very few people realized the impact that the company was … to have on the accommodation and hotel market.**

1/ About
2/ Nearly
3/ Just
4/ Around
5/ Sooner

141 **Little Jamie … into tears when he realised his sister had eaten the last chocolate in the box.**

1/ Banged
2/ Melted
3/ Exploded
4/ Burst
5/ Bust

142 **You haven't yet responded to our offer and I will need to know soon whether … you are going to accept.**

1/ Or not
2/ If
3/ Though
4/ How
5/ If not

143 **The Technical Director realised that … the computer backup system available gave confidence to the maintenance team.**

1/ Had
2/ Has
3/ Having
4/ Have
5/ To be having

144 **All products and services … are based solely on editorial selection.**

1/ Featured
2/ Feat
3/ To feature
4/ Features
5/ Has featured

145 **Dave Masters was so tired, that for the first time ever, he … asleep in a meeting.**

1/ Falls
2/ Falling
3/ Felt
4/ Fell
5/ Feels

146 **After … the Arts committee for the past five years, Mario Rinucci has unfortunately decided that he will no longer be able to do so.**

1/ Lacking
2/ Expecting
3/ Waiting
4/ Putting
5/ Chairing

147 **There was insufficient information to properly structure the tests of the faulty machine so it was done by trial and … .**

1/ Fault
2/ Error
3/ Failure
4/ Failing
5/ Futility

148 **It took a long time for them to … liability.**

1/ Submit
2/ Commit
3/ Remit
4/ Permit
5/ Admit

149 **According to government officials, revenues from corporate taxation are significantly lower … they were for the same period last year.**

1/ So
2/ But
3/ Than
4/ That
5/ If

150 **Instalments could be reduced by increasing the … of time taken to repay the loan.**

1/ Length
2/ Breadth
3/ Width
4/ Fullness
5/ Value

151 Several species of rhino are now on the ... of extinction, and little can be done to save the few remaining wild rhinos.

1/ Brook
2/ Board
3/ Broad
4/ Blink
5/ Brink

152 All the drawings were lost in the fire and we will have to begin again from ... .

1/ Start
2/ Beginning
3/ New
4/ Again
5/ Scratch

153 Apparently the publication date for Sandya Dayal's latest novel has been ... until early next year.

1/ Designed
2/ Backdated
3/ Postponed
4/ Withstood
5/ Reported

154 The incident had a huge ... on the area.

1/ Compact
2/ Attract
3/ Distract
4/ Impact
5/ Contact

155 A number of options for ways to improve the company's image are currently ... consideration.

1/ On
2/ At
3/ Under
4/ Over
5/ Along

2e partie : compréhension – 15 questions

Texte

Norway's push for Arctic oil and gas threatens Paris climate goals – study

Norway's role as the world's biggest fossil fuel exporter undermines its efforts to cut emissions at home, says NGO report

Jonathan Watts

Thursday 10 August 2017 11.37 BST

1. Norway's plan to ramp up oil and gas production in the Arctic threatens global efforts to tackle climate change, according to a new study. The research says 12 gigatonnes of carbon could be added by exploration sites in the Barents Sea and elsewhere over the next 50 years, which is 1.5 times more than the Norwegian fields currently being tapped or under construction. The authors of the report from Oil Change International – an independent group backed by Friends of the Earth, The World Wildlife Fund (WWF) and Greenpeace – say this undermines the 2015 Paris agreement to cut worldwide emissions in order to keep the planet's temperature rise to between 1.5C and 2C.

2. The report highlights the "cognitive dissonance" between Norway's progressive domestic measures to comply with the Paris agreement on emissions cuts and its role as Europe's biggest exporter of fossil fuels. Norway has proposed a record number of 93 areas for oil and gas exploration in the Barents Sea this year, according to the report. Instead of adding new fossil fuel fields, it says Norway should reassert its environmental credentials by relying on existing production.

3. The study is the first of several detailed country-by-country follow-ups on a broader survey done by the group last year that highlighted the gulf between global pledges and national actions. They focussed on Norway because it has long been a supporter of ambitious global reduction targets and has used part of its oil revenues to develop renewable technologies and tackle deforestation.

4. "This is uncharacteristically irrational behaviour for Norway," said Hannah McKinnon of Oil Change International. "The Paris climate goals mean the world has to stay within a finite carbon budget. Norway's current plans for fossil fuel production, expansion, and exploration are dangerously out of line with these budgets. Norway can't be a climate leader at the same time as depending on new oil and gas production."

5. The Norwegian government says such accusations are unfair because they run against the convention at international climate talks for the responsibility for emissions to lie with consumers rather than producers. In this regard – of purely domestic carbon use – it is doing better than most nations because it gets 97% of its electricity from renewable sources, has a high carbon tax, is a leader in promotion of electric vehicles, and is pioneering carbon capture and storage at waste plants and cement factories. It also notes that the trend for overall production is away from carbon-heavy oil and towards cleaner gas, which is important as a "transition fuel" for countries that are trying to move away from coal.

6. "We are part of the solution, not the problem," the deputy minister for petroleum and energy, Ingvil Smines Tybring-Gjedde, told the Guardian. "This government is investing more in renewables and energy efficiency than any other. But renewables are not yet at a level where we can switch off oil and

→

gas. We need a bridge." The government argues that its oil and gas reserves are the most efficiently extracted in the world and that, so as long as there is demand for these fuels, it is better that they come from Norway. It also puts the number of new exploration areas as being closer to 50.

7. But the authors say this misses the point because Norway exports 10 times more carbon than it emits, which makes this relatively small country the seventh biggest source of the climate pollutant. "This is the first time we have seen how Norway's exports affect other countries," says Silje Lundberg of Friends of the Earth Norway. The authors urge the government to reassert Norway's climate and ethical leadership by committing immediately to a managed decline of production, which would be supported by 44% of Norwegians according to a recent poll.

8. Politicians from the two main parties are reluctant to scale back an industry that, as of June this year, provided almost 200,000 jobs and about 40% of the country's export earnings. But they may not have much choice. Oil prices are less than half of their recent peak of 2014 and related employment has fallen by a fifth.

9. Globally, as renewables, such as solar and wind, become cheaper, it is becoming harder to find investors for fossil fuel projects. Even with the very deep pockets of a $960bn sovereign wealth fund, Norway may yet baulk at the next big oil expansion – a proposed $13bn investment into the Wisting Field in the Barents Sea – that is due to be decided upon in the next two or three years.

10. For the small Green Party – which surprised many by winning a power-broking position in Oslo's last municipal elections – this will be a part of their campaign for next month's national elections. "We greens have said we don't want to support a government that continues to explore new oil. That would be hypocrisy," said Lan Marie Nguyen Berg, deputy mayor of transport of environment in the capital. "We need to be less dependent on an industry that faces great turbulence in the coming decades."

Questions

156 What is the main subject of the article?

1/ Norway and its plans to drastically reduce its carbon footprint
2/ Norway's deteriorating image worldwide
3/ Norway's controversial oil exploration plans
4/ Norway's disagreement with climate change groups
5/ The declining revenue from Norway's oil exploration

157 Who authored the report cited in the article?

1/ The Norwegian government
2/ An organisation supported by environmental groups
3/ Friends of the Earth
4/ An oil company
5/ A Norwegian pressure group

158 What does "cognitive dissonance" refer to?

1/ The difficulty of understanding Norway's dishonesty about its oil imports
2/ The contrast between Norway's sales of oil products overseas and its efforts to reduce Norwegian emissions
3/ The increase in Norway's domestic use of fossil fuels
4/ The contrast between Norway's increased use of fossil fuels and the drop in its oil exports
5/ The complexity of Norway's answer concerning its plans to investigate new oil fields

159 What does the report recommend that Norway should do?

1/ Begin to reduce its reliance on its current oil fields
2/ Reassert its global pledges to reduce oil exploration
3/ Offer its exploration technology to less-developed countries
4/ Behave more rationally
5/ Cease to expand its oil production

160 What is said about the report on Norway?

1/ It contains factual errors
2/ It was designed to show the disparity between words and actions
3/ It will be followed by similar reports on other countries
4/ It will be followed by a broader survey
5/ It was expensive to undertake

161 What does Hannah McKinnon say about Norway's intentions? (Norway's intentions act against carbon budgets?)

1/ They act against climate change agreements
2/ They threaten the climate goals of other countries
3/ They mean the carbon budget will have to be rethought
4/ They mean other countries must stay within a finite carbon budget
5/ They are irrational compared to other countries

162 How does Norway respond to Hannah McKinnon's remarks?

1/ Carbon emissions are not the responsibility of the Norwegian people
2/ Historically the level of emissions has been based on consumers
3/ Governments have only limited influence over carbon emissions
4/ Norway's domestic carbon use is unrivalled
5/ Consumers often lie about their carbon use

163 Which of the following is NOT cited as being part of Norway's initiatives to reduce carbon emissions?

1/ Carbon capture
2/ Alternative forms of transport
3/ Conversion of captured carbon into cement
4/ Sustainable electricity production
5/ Storage of captured carbon

164 **What is Friends of the Earth cited as saying? (Norway indirectly contributes to carbon emissions by exportation)**

1/ Norway's exports cannot be ignored in assessing their carbon emissions
2/ Norway's exports reduce carbon emissions in other countries
3/ Emissions in Norway are higher because of their exports
4/ Norway's exports push prices of renewables up
5/ Norway has undervalued its exports

165 **What is implied about the Norwegian Green party?**

1/ They are hypocritical
2/ They will possibly be the majority party after the elections
3/ They are in favour of further oil exploration
4/ They may hold the balance of power after the elections
5/ They will ally themselves with whoever holds the majority after the elections

166 **The words "ramp up" in paragraph 1 could best be replaced by:**

1/ Endorse
2/ Force
3/ Finance
4/ Boost
5/ Prefer

167 **The word "broader" in paragraph 3 is closest in meaning to:**

1/ Better
2/ Deeper
3/ Newer
4/ Briefer
5/ Braver

168 **The phrase "misses the point" in paragraph 7 implies that the deputy minister's comment is:**

1/ Incoherent
2/ Ineffectual
3/ Unhelpful
4/ Unsaid
5/ Unchanged

169 **The word "peak" in paragraph 8 is closest in meaning to:**

1/ High
2/ Summary
3/ Increase
4/ Rise
5/ Raise

170 **The verb "baulk" in paragraph 9 implies that Norway may:**

1/ Embrace oil expansion
2/ Enjoy oil expansion
3/ Doubt oil expansion
4/ Refuse oil expansion
5/ Pursue oil expansion

Session 1

SCORE IAE-MESSAGE

ÉLÉMENTS DE RÉPONSE

GRILLE DES RÉPONSES COMPLÉTÉE

SCORE IAE MESSAGE

Session 1

Session : 13/02/18

Nom : ______________________

Prénom : ______________________

Date de naissance : ____/____/____

Centre : ______________________

Signature du candidat

N° d'inscription

0	0	0	0	0	0	0
1	1	1	1	1	1	1
2	2	2	2	2	2	2
3	3	3	3	3	3	3
4	4	4	4	4	4	4
5	5	5	5	5	5	5
6	6	6	6	6	6	6
7	7	7	7	7	7	7
8	8	8	8	8	8	8
9	9	9	9	9	9	9

MARQUAGE DES REPONSES

- Utilisez un crayon mine et une gomme propre ou un blanc correcteur
- Ne graphitez qu'une seule réponse par question

Marquage CORRECT ▬

INCORRECT

Culture G

Question	Réponse (1-5)
1	4
2	3
3	2
4	2
5	2
6	3
7	1
8	4
9	2
10	5
11	2
12	5
13	2
14	1
15	3
16	4
17	1
18	4
19	2
20	1
21	2
22	3
23	3
24	2
25	1
26	1
27	2
28	4
29	3
30	1
31	1
32	5
33	2
34	5
35	1
36	5
37	3
38	3
39	4
40	4
41	1
42	2
43	4
44	4
45	3
46	5
47	2
48	2
49	2
50	4

Français

Question	Réponse (1-5)
51	1
52	4
53	2
54	4
55	1
56	1
57	4
58	2
59	4
60	3
61	4
62	1
63	3
64	3
65	4
66	5
67	3
68	3
69	1
70	2
71	5
72	1
73	1
74	2
75	4
76	1
77	2
78	4
79	5
80	4
81	3
82	3
83	3
84	3
85	4
86	5
87	1
88	1
89	3
90	3
91	5
92	2
93	3
94	2
95	4
96	1
97	2
98	4
99	1
100	4

RLN

Question	Réponse (1-5)
101	2
102	2
103	1
104	3
105	2
106	2
107	3
108	3
109	5
110	3
111	4
112	5
113	2
114	5
115	4
116	2
117	1
118	5
119	3
120	5

Anglais

Question	Réponse (1-5)
121	2
122	3
123	1
124	3
125	3
126	2
127	1
128	2
129	3
130	2
131	4
132	1
133	2
134	2
135	2
136	1
137	1
138	2
139	1
140	1
141	4
142	1
143	3
144	1
145	4
146	5
147	2
148	5
149	3
150	1
151	5
152	5
153	3
154	4
155	3
156	3
157	2
158	2
159	5
160	3
161	1
162	2
163	3
164	1
165	4
166	4
167	2
168	3
169	1
170	4

EXPLICATIONS DES RÉPONSES DE L'ÉPREUVE DE RAISONNEMENT LOGIQUE ET NUMÉRIQUE

101 **On écrit les noms des mois de l'année sur des papiers que l'on place dans une urne. On tire alors deux papiers au hasard. Quelle est la probabilité que les mois choisis comportent le même nombre de jours ?**

① 5/12
② 9/22
③ 13/32
④ 49/132
⑤ 49/144

Il y a 12 mois dans l'année. Parmi eux, 7 comportent 31 jours et 4 mois comportent 30 jours (et un mois à 28 ou 29 jours). La probabilité de tirer deux mois comportant le même nombre de jours est donc de :

$$\frac{7 \times 6}{12 \times 11} + \frac{4 \times 3}{12 \times 11} = \frac{7 \times 6 + 4 \times 3}{12 \times 11} = \frac{54}{132} = \frac{9}{22}$$

102 **Pour financer votre projet, vous souhaitez mettre en place une vente de gâteaux auprès des autres étudiants. Vous réalisez les achats nécessaires pour faire les gâteaux. Vous savez que si vous coupez vos gâteaux en 10 parts et que vous vendez toutes les parts de gâteaux à 1 euro, vous ferez 220 euros de bénéfice. Si vous coupez en 8 parts, et, qu'à nouveau vous vendez toutes les parts mais cette fois à 3 euros chacune, vous ferez alors un bénéfice de 640 euros. Combien de gâteaux avez-vous cuisinés ?**

① 28
② 30
③ 32
④ 35
⑤ 40

Si a est le montant des achats et g le nombre de gâteaux vendus, nous pouvons donc écrire 2 équations : $(1 \times 10g) - a = 220$ [1] et $(3 \times 8g) - a = 640$ [2]. D'après [1], $a = 10g - 220$, en remplaçant dans [2], on a $14g + 220 = 640$, soit $14g = 420$ donc $g = 30$, et donc $a = 80$. Le nombre de gâteaux est donc de 30 et le total des achats se monte à 80 euros.

103 Dans une classe, la moyenne générale est de 11,40. Les 10 % des meilleurs élèves ont une moyenne de 15/20. Les 60 % d'élèves moyens ont une moyenne de 12/20. Quelle est la moyenne des 30 % d'élèves les moins bons de cette classe ?

① 9
② 9,5
③ 10
④ 10,5
⑤ 11

10 % des élèves ont une moyenne de 15, 60 % une moyenne de 12 et 30 % une moyenne de X. Il suffit de poser le calcul suivant :
M = (15 × 10 + 12 × 60 + 30X) / 100 = 11,4
(150 + 720 + 30X) = 1 140
30X = 1 140 – 870 = 270
X = 9

---

104 Calculez le quotient suivant : $\frac{x^3 - 7x + 6}{x^2 + 2x - 3}$

① x + 1
② x – 1
③ x – 2
④ x + 2
⑤ 2x – 1

On peut procéder par identification sachant que le quotient sera de la forme (ax + b). On doit donc trouver a et b tel que :
$x^3 - 7x + 6 = (ax + b)(x^2 + 2x - 3)$
$x^3 - 7x + 6 = ax^3 + 2ax^2 - 3ax + bx^2 + 2bx - 3b$
$ax^3 + (2a + b)x^2 + (2b - 3a)x - 3b$
On en déduit que a = 1 et b = –2.

---

105 Quelle est la valeur médiane de cet échantillon statistique de contenances : {2 000 cm³, 600 cL, 100 dL, 14 dm³, 4 L} ?

① 2 000 cm^3
② 600 cL
③ 100 dL
④ 14 dm^3
⑤ 4 L

Une fois les équivalences faites entre ces unités, ces cinq contenances valent respectivement : 2 L, 6 L, 10 L, 14 L et 4 L. La médiane est la valeur qui partage l'échantillon (2 L, 4 L, 6 L, 10 L, 14 L) en deux moitiés. C'est donc la quantité de 6 L, soit les 600 cL.

---

106 S'il est 8 heures 34 minutes 25 secondes à votre montre, quelle heure était-il 1 000 secondes auparavant ?

① 8h 16min 58s
② 8h 17min 45s
③ 8h 17min 58s
④ 8h 18min 11s
⑤ 8h 18min 58s

Dans un premier temps, on calcule que 1 000 secondes = 60 × 16 + 40, soit 16 minutes et 40 secondes.
Il suffit donc de soustraire ce temps de l'heure, ce qui nous donne : 8 heures 17 minutes 45 secondes.

107 **Quelle carte complète la figure ?**

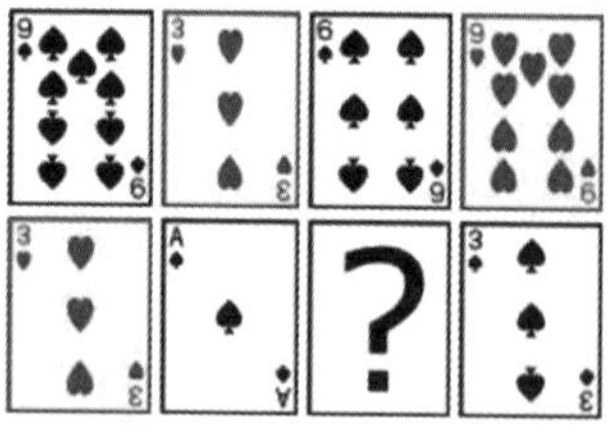

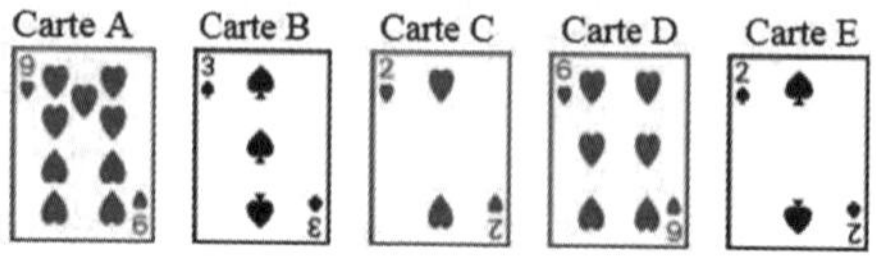

L'alternance de pique et de cœur nous indique qu'on cherche un cœur. Les valeurs du haut sont le triple des valeurs du bas, il faut diviser 6 par 3, ce qui nous donne le 2 de cœur.

① Carte A
② Carte B
③ Carte C
④ Carte D
⑤ Carte E

108 **Compléter de manière logique cette suite : interrupteur, trident, points cardinaux, pentagone, …**

Chaque terme fait référence à un chiffre : l'interrupteur et ses 2 états, les 3 dents d'un trident, les 4 points cardinaux, les 5 côtés d'un pentagone... pour le chiffre 6, il y a les 6 pattes des insectes.

① Clé anglaise
② Filature
③ Insecte
④ Mercenaire
⑤ Octogone

109 **Combien de triangles (de toutes dimensions et de toutes formes) pouvez-vous dénombrer dans cette figure ?**

On compte : 5 triangles composés d'une seule pièce, 2 triangles composés de deux pièces, 3 triangles composés de trois pièces, 2 triangles composés de cinq pièces et 1 triangle composé de six pièces, soit un total de 13 triangles.

① 9
② 10
③ 11
④ 12
⑤ 13

110 **Adrien est actuellement en possession d'une carte fidélité qui lui permet, pour 49 euros annuels, d'avoir ses places de cinéma à 5 euros la séance. L'année prochaine il envisage de prendre la carte de fidélité CINÉ-PASSION à 92 euros avec les places toute l'année à 3 euros. Au bout de combien de places au minimum dans l'année cette carte CINÉ-PASSION lui sera plus avantageuse que sa carte actuelle ?**

① 19
② 21
③ 22
④ 23
⑤ 43

Soit x le nombre de places annuelles ; on a l'équation suivante à résoudre : $49 + 5x > 92 + 3x$, soit $2x > 43$, soit $x > 21{,}5$. La carte CINÉ-PASSIO sera plus avantageuse à partir de la 22ᵉ place.

111 **Les mots AB et CD peuvent être mélangés entre eux (en gardant l'ordre respectif de leurs lettres identiques) de 6 manières possibles : ABCD, ACBD, ACDB, CABD, CADB et CDAB. Combien de mots différents peuvent être obtenus en mélangeant de la même manière les mots ABC et CE ?**

① 6
② 7
③ 8
④ 9
⑤ 10

Il y a 9 manières : ABCCE, ACBCE, CABCE, ABCEC, ACBEC, CABEC, ACEBC, CAEBC et CEABC.

112 **Que vaut la dérivée de : $e^{(x^3)}$?**

① $e^{(x^3)}$
② $x^3.e^{(x^3)}$
③ $3x^3.e^{(3x^2)}$
④ $e^{(3x^2)}$
⑤ $3x^2.e^{(x^3)}$

La dérivée est $u'.e^u$ avec $u = x^3$ et $u' = 3x^2$, donc $3x^2.e^{(x^3)}$.

session

113 **Quel mot peut compléter la suite : ARBRE – HERBE – ZEBRA – BARBU – … ?**

1. ARBORE
2. AUBRAC
3. BRANDY
4. BUCHER
5. BURGER

Les premiers mots de la suite font 5 lettres, mais tous les mots proposés parmi les réponses font 6 lettres. On imagine alors une règle pour construire partiellement le mot suivant. Ici, les 3 dernières lettres de chaque mot sont inversées et placées à partir de la deuxième position : arBRE >> hERBe ; heRBE >> zEBRa ; zeBRA >> bARBu ; baRBU >> aUBRac. On peut aussi noter (cela peut mettre sur la voie) que le B et le R restent dans le motif, de manière alternée.

114 **On lance trois fois une pièce non pipée où est inscrit respectivement « 1 » et « 2 » sur chaque face. Soit x_i le nombre (1 ou 2) sorti au i-ème lancer, et di la différence entre les deux valeurs consécutives x_i et x_{i+1}. Quel est l'écart-type de la variable aléatoire $X = d_i + d_2$?**

1. 0
2. 1/4
3. $1/(2\sqrt{2})$
4. 1/2
5. $1/\sqrt{2}$

Les 8 évènements possibles (x_1, x_2, x_3) sont les suivants : (1,1,1), (1,1,2), (1,2,1), (1,2,2), (2,1,1), (2,1,2), (2,2,1), (2,2,2). Les valeurs de X associées sont respectivement 0, -1, 0, -1, 1, 0, 1, 0. Notons que $d_1 + d_2 = x_i - x_3$. La moyenne est 0, la variance est : $[(4 \times 0^2) + (2 \times (-1)^2) + (2 \times 1^2)] / 8 = 4 \times 1 / 8 = 1 / 2$, et donc l'écart-type est de $\frac{1}{\sqrt{2}}$.

115 **Dans le tableau ci-dessous, la ligne Résultat est une combinaison logique entre les lignes Valeur 1 et Valeur 2. Quelle valeur doit remplacer le point d'interrogation dans la dernière cellule du tableau ?**

Valeur 1	367	1052	762	542
Valeur 2	513	5027	691	701
Valeur 3	254	4035	131	?

1. 141
2. 159
3. 161
4. 241
5. 259

Pour former le résultat, on considère les chiffres au-dessus de manière séparée. Pour chaque chiffre, on soustrait alors la plus petite valeur à la plus grande. La valeur manquante est donc : 241 (7-5, 4-0, et 2-1).

116 **Un responsable décide de répartir son personnel en deux groupes, chaque groupe contenant plusieurs personnes en cours de formation. Il y a autant de personnes en formation dans chaque groupe. Dans le premier groupe, un quart des personnes est en formation, tandis que dans le deuxième groupe, il s'agit d'un sixième des personnes. Il décide alors de déplacer trois employés n'étant pas en formation du deuxième groupe vers le premier groupe. Ainsi, les proportions de personnes en formation dans les deux groupes sont identiques. Combien de personnes en tout sont gérées par le responsable ?**

① 24
② 30
③ 48
④ 64
⑤ 96

Soit F le nombre de personnes en formation dans chacun des deux groupes. Le nombre d'employés dans le premier groupe est donc de 4F, et de 6F dans le deuxième groupe. Ce qui fait 10F employés. En déplaçant trois employés, on obtient les mêmes proportions, donc 5F employés de chaque coté.
On a donc déplacé F employés (3 d'après l'énoncé, alors F = 3).
Le nombre total d'employés gérés est de 10F = 30.

117 **Vous roulez 24 km vers le nord à 12 km/h, puis 7 km vers l'ouest à 28 km/h. Vous décidez ensuite de rentrer en ligne droite à la vitesse moyenne de 15 km/h. En combien de temps serez-vous revenu à votre point de départ ?**

① 1h40
② 1h50
③ 2h00
④ 2h10
⑤ 2h15

Pour calculer la distance du retour, nous pouvons utiliser Pythagore : $24^2 + 7^2 = 576 + 49 = 625$. La distance retour est donc de 25 km, qui seront réalisés en 1h40 à raison de 15 km/h.

118 **À la fin d'un banquet, les 20 convives restants (15 hommes et 5 femmes) se disent au revoir de la manière suivante :**
– deux hommes se serrent la main ;
– deux femmes se font trois bises ;
– un homme et une femme s'embrassent en se faisant deux bises.
Combien de bises va-t-il y avoir au total ?

① 130
② 140
③ 146
④ 150
⑤ 180

Seules les femmes font des bises, il nous suffit donc de compter le nombre de bises faites par les femmes.

Avec les femmes, elles font chacune 3 bises aux 4 autres, soit la 1re femme va faire 4 × 3 soit 12 bises, la seconde fera 3 × 3 bises (car il ne faut pas recompter celles faites à la 1re), et ainsi de suite, on aura donc :
(4 + 3 + 2 + 1) × 3 bises, soit : 10 × 3 = 30 bises.

Avec les hommes, elles font chacune 2 bises aux 15 hommes, soit 15 × 2 × 5 = 150 bises.

On aura donc : 30 + 150, soit 180 bises.

119 **Quel nombre complète logiquement cette série :**
1.5 ; 2.3 ; 3.1 ; 3.9 ; … ?

① 4.2
② 4.4
③ 4.7
④ 4.8
⑤ 4.9

On ajoute 0.8 à chaque élément de la liste.
Le prochain sera donc : 3.9 + 0.8 = 4.7

120 **Quel couple de nombres complète logiquement cette série :**
22 ; 7 ; 11 ; 22 ; 14 ; 18 ; 22 ; 21 ; … ; … ?

① 22 ; 23
② 22 ; 24
③ 24 ; 22
④ 24 ; 23
⑤ 25 ; 22

Les éléments de la série sont constitués en ajoutant alternativement 4 et 3 au chiffre précédent et en intercalant un 22 tous les 3 chiffres. Le couple manquant est donc :
25 (= 21 + 4) et 22.

SCORE IAE-MESSAGE

SESSION DU 17 MARS 2018

Pour vous mettre dans la situation exacte de l'épreuve, nous avons reproduit la page de garde du document remis aux candidats à la session du 17 mars 2018.
Lisez-la attentivement avant de vous lancer.

N'oubliez pas d'utiliser la grille vierge de la page 70 pour y noter vos réponses puis de la comparer à la grille de la page 109 pour calculer votre score.

SCORE IAE MESSAGE

Session :

Nom : ____________________

Prénom : ____________________

Date de naissance : ____/____/____

Centre : ____________________

Signature du candidat

N° d'inscription

0	0	0	0	0	0	0
1	1	1	1	1	1	1
2	2	2	2	2	2	2
3	3	3	3	3	3	3
4	4	4	4	4	4	4
5	5	5	5	5	5	5
6	6	6	6	6	6	6
7	7	7	7	7	7	7
8	8	8	8	8	8	8
9	9	9	9	9	9	9

MARQUAGE DES REPONSES

- Utilisez un crayon mine et une gomme propre ou un blanc correcteur
- Ne graphitez qu'une seule réponse par question

Marquage CORRECT ▬

INCORRECT

Culture G	1	2	3	4	5
1					
2					
3					
4					
5					
6					
7					
8					
9					
10					
11					
12					
13					
14					
15					
16					
17					
18					
19					
20					
21					
22					
23					
24					
25					
26					
27					
28					
29					
30					
31					
32					
33					
34					
35					
36					
37					
38					
39					
40					
41					
42					
43					
44					
45					
46					
47					
48					
49					
50					
	1	2	3	4	5

Français	1	2	3	4	5
51					
52					
53					
54					
55					
56					
57					
58					
59					
60					
61					
62					
63					
64					
65					
66					
67					
68					
69					
70					
71					
72					
73					
74					
75					
76					
77					
78					
79					
80					
81					
82					
83					
84					
85					
86					
87					
88					
89					
90					
91					
92					
93					
94					
95					
96					
97					
98					
99					
100					
	1	2	3	4	5

RLN	1	2	3	4	5
101					
102					
103					
104					
105					
106					
107					
108					
109					
110					
111					
112					
113					
114					
115					
116					
117					
118					
119					
120					
	1	2	3	4	5

Anglais	1	2	3	4	5
121					
122					
123					
124					
125					
126					
127					
128					
129					
130					
131					
132					
133					
134					
135					
136					
137					
138					
139					
140					
141					
142					
143					
144					
145					
146					
147					
148					
149					
150					
151					
152					
153					
154					
155					
156					
157					
158					
159					
160					
161					
162					
163					
164					
165					
166					
167					
168					
169					
170					
	1	2	3	4	5

SCORE IAE MESSAGE

2e session 2018

Samedi 17 mars 2018

SCORE IAE MESSAGE

session 2

À REMPLIR PAR LE CANDIDAT :

Nom : .... Prénom : ....

Identifiant Score IAE-Message : ....

Votre identité (nom et prénom), date de naissance, votre identifiant SIM, ainsi que le centre d'écrit et la session ont été pré-remplis sur la grille de réponses. Merci de les vérifier. Vous devez apposer votre signature dans la case prévue à cet effet.
Le présent livret regroupe les quatre épreuves : Culture générale, économique et managériale ; Compréhension et expression écrite en français ; Raisonnement logique et numérique ; Compréhension et expression écrite en anglais, d'une durée de trois heures.

L'épreuve comprend cent soixante-dix (170) questions à choix multiple. Le tableau suivant fait apparaître leur répartition par matière, les pages où vous en prendrez connaissance, la durée indicative de leur traitement (durée qui n'est fournie que pour faciliter la gestion de votre temps).

Matière	**Pages du livret**	**Nombre de questions**	**Durée indicative de traitement**
Culture générale, économique et managériale	2 à 6	50	45 minutes
Compréhension et expression écrite en français	7 à 15	50	45 minutes
Raisonnement logique et numérique	16 à 19	20	45 minutes
Compréhension et expression écrite en anglais	20 à 26	50	45 minutes

Pour chaque question, cinq (5) réponses vous sont proposées ; **une seule réponse est correcte**.
Le barème de notation est le suivant :

	Épreuve de Culture générale, économique et managériale	Épreuve de Compréhension et expression écrite en français	Épreuve de Raisonnement logique et numérique	Épreuve de Compréhension et expression écrite en anglais
Bonne réponse	2 points	2 points	5 points	2 points
Mauvaise réponse, absence de réponse ou réponses multiples	0 point	0 point	0 point	0 point

Vos réponses devront être portées sur la grille codée qui vous est remise, et qui ne doit être ni pliée, ni écornée. Pour chacune des questions, graphitez entièrement une case (1, 2, 3, 4, 5) de la ligne numérotée correspondant à la question, en utilisant, pour permettre la lecture optique, un crayon de bois. En cas de correction, le blanc correcteur vous est vivement recommandé.

À la fin de l'épreuve, vous remettrez la grille codée au surveillant et vous lui restituerez également le présent livret.

RAPPELS

L'usage de la calculatrice, dictionnaire, lexique ou grammaire est formellement interdit.
Aucune sortie n'est autorisée pendant l'épreuve, toute sortie étant définitive.

Ce document contient 26 pages (compte tenu de cette page de garde).
Merci de vérifier que toutes les pages sont jointes au document.

Bonne chance !

Épreuve de culture générale, économique et managériale

1 Parmi les pays suivants, lequel n'a pas de frontière commune avec la Russie ?

1/ Le Kazakhstan
2/ La Finlande
3/ La Mongolie
4/ La Turquie
5/ La Chine

2 Après Paris, quelle est la ville de France la plus peuplée ?

1/ Lyon
2/ Marseille
3/ Toulouse
4/ Nice
5/ Lille

3 Au Royaume-Uni, en juin 2017, avec quel parti politique les conservateurs ont-ils dû s'allier pour se maintenir au pouvoir suite aux élections législatives ?

1/ UKIP
2/ Le parti unioniste démocrate (PUD)
3/ Le parti travailliste
4/ Les libéraux-démocrates
5/ Le parti national écossais

4 En juillet 2016, dans quelle ville s'est tenue la convention démocrate qui a officiellement intronisé Hillary Clinton candidate à la présidence des États-Unis ?

1/ À Denver
2/ À Philadelphie
3/ À Chicago
4/ À New York
5/ À Seattle

5 Combien de pays forment l'Union européenne ?

1/ 24
2/ 26
3/ 28
4/ 30
5/ 32

6 Dans quel pays se trouve la ville de Yalta, lieu de la célèbre rencontre de 1945 ?

1/ En Roumanie
2/ En Bulgarie
3/ En Ukraine
4/ En Pologne
5/ En Russie

7 **Dans quel pays d'Afrique a eu lieu le génocide organisé par les milices Hutues contre le peuple des Tutsis ?**

1/ Le Rwanda
2/ Le Congo
3/ Le Gabon
4/ La Côte d'Ivoire
5/ Le Soudan

8 **Dans quelle capitale européenne s'est ouverte la 14e édition de l'exposition d'art moderne « la documenta » ?**

1/ À Berlin
2/ À Londres
3/ À Prague
4/ À Athènes
5/ À Madrid

9 **Dans quelle ville de Côte d'Ivoire a eu lieu l'attentat terroriste du 13 mars 2016 ayant fait 18 victimes dont quatre françaises ?**

1/ À Abidjan
2/ À Assinie
3/ À Bouaké
4/ À Grand-Bassam
5/ À Yamoussoukro

10 **En août 2017, de quel club de football le Brésilien Neymar était-il en provenance lors de son transfert record vers le PSG ?**

1/ Le Milan AC
2/ Le FC Barcelone
3/ La Juventus Turin
4/ Le Real de Madrid
5/ Manchester United

11 **En décembre 2016, en Nouvelle-Zélande, quel est le nom du Premier ministre ayant démissionné de manière inattendue pour des raisons familiales ?**

1/ Helen Clark
2/ Bill English
3/ John Key
4/ Mike Moore
5/ Jenny Shipley

12 **Quelle est la capitale du Pérou ?**

1/ Bogota
2/ Quito
3/ Lima
4/ Asunción
5/ La Paz

13 **En France, en 2017, quel est le nom du mouvement politique fondé par Florian Philippot, suite à la défaite aux élections présidentielles et aux tensions internes du FN ?**

1/ « Debout la France »
2/ « Les Patriotes »
3/ « La France Forte »
4/ « La France aux français »
5/ « Patriotisme Républicain »

14 **En 2017, qui a réalisé le film « The Square » récompensé de la Palme d'Or au Festival de Cannes en juin ?**

1/ Quentin Tarantino
2/ Pedro Almodóvar
3/ Maren Ade
4/ Ruben Östlund
5/ Robin Campillo

Session

15 **En France, en février 2017, quel candidat à l'élection présidentielle a qualifié la colonisation de « crime contre l'humanité » lors d'un déplacement en Algérie, suscitant de très vives polémiques ?**

1/ François Asselineau
2/ François Fillon
3/ Benoît Hamon
4/ Emmanuel Macron
5/ Jean-Luc Mélenchon

16 **En France, en mars 2017, un lycéen a ouvert le feu dans son établissement. Dans quelle ville du sud de la France cet acte s'est-il déroulé ?**

1/ À Carcassonne
2/ À Toulon
3/ À Grasse
4/ À Avignon
5/ À Orange

17 **En France, en septembre 2016, à quel pays le groupe Dassault, avec l'aide du gouvernement, a-t-il vendu 36 avions Rafale pour un montant record de huit milliards d'euros et après plusieurs années de tractation ?**

1/ La Chine
2/ Le Brésil
3/ Les États-Unis
4/ L'Inde
5/ L'Australie

18 **En France, quel parti politique a été dirigé par Henri Emmanuelli, décédé en mars 2017 ?**

1/ Le Rassemblement Pour la République
2/ L'Union pour la Démocratie Française
3/ Le Parti Socialiste
4/ Les Verts
5/ La Ligue Communiste Révolutionnaire

19 **En France, quelle fonction gouvernementale occupait Simone Veil, décédée en juin 2017, lorsqu'elle défendit le projet de Loi sur l'Interruption Volontaire de Grossesse en 1974 ?**

1/ Ministre de la Justice
2/ Ministre de la Famille
3/ Ministre de la Santé
4/ Ministre délégué à l'Égalité des hommes et des femmes
5/ Premier ministre

20 **En mai 2017, en quoi consistait la cyberattaque qui a touché plus de 200 000 systèmes dans 150 pays ?**

1/ La mise en ligne de documents confidentiels
2/ L'inondation d'un réseau pour le rendre indisponible
3/ La diffusion massive de *fake news*
4/ Le chiffrage de données privées en vue de demander une rançon à l'utilisateur
5/ La diffusion d'un logiciel espion

21 **En mars 2017, a été inauguré un pont qui surplombe l'Oyapock. Quels pays ce fleuve sépare-il ?**

1/ La France et le Brésil
2/ Le Soudan et l'Éthiopie
3/ La Chine et la Russie
4/ Les États-Unis d'Amérique et le Mexique
5/ Le Laos et le Thaïlande

22 **En Chine, en mars 2017, combien d'enfants non enregistrés pendant la politique de l'enfant unique ont reçu un passeport de la part de l'État chinois ?**

1/ 1 million
2/ 5 millions
3/ 14 millions
4/ 50 millions
5/ 250 millions

23 **En mars 2017, quel constructeur automobile a annoncé le rachat des marques Opel et Vauxhall ?**

1/ Volvo
2/ Renault
3/ PSA
4/ Fiat
5/ Volkswagen

24 **En novembre 2016, Fidel Castro est décédé. Son frère lui avait déjà succédé à la tête du pays. Quel est son prénom ?**

1/ Luis
2/ Jorge
3/ Alejandro
4/ Raul
5/ Juan

25 **En France, en quelle année la majorité civile est-elle passée à 18 ans ?**

1/ En 1945
2/ En 1962
3/ En 1974
4/ En 1981
5/ En 1986

26 **En quelle année, la ville de la Ferté-Milon vit-elle la naissance de l'écrivain Jean Racine ?**

1/ En 1339
2/ En 1539
3/ En 1639
4/ En 1739
5/ En 1839

27 **La convention des Nations-Unies sur le droit de la mer (CNUDM) adoptée à Montego Bay (Jamaïque) en 1982 et définissant le droit international pour la mer a été ratifiée par 166 États. Les pays privés de littoral n'ont pas signé cette convention, mais parmi les pays suivants, lequel a refusé de signer cette convention bien qu'il ait accès à la mer, et soit membre de l'ONU ?**

1/ La France
2/ L'Allemagne
3/ Les États-Unis
4/ Le Canada
5/ Le Royaume-Uni

28 En 2016, parmi les pays suivants, lequel n'a pas une femme pour dirigeant ?

1/ La Norvège
2/ Le Liberia
3/ Le Chili
4/ L'Australie
5/ La Corée du Sud

29 Le 30 juin 2017, la France a été attristée d'apprendre le décès de Simone Veil connue pour de nombreux combats. Durant sa carrière, lequel de ces postes n'a-t-elle pas occupé ?

1/ Ministre de la Santé
2/ Députée européenne
3/ Membre du Conseil constitutionnel
4/ Ministre des Droits de la Femme
5/ Présidente du Parlement européen

30 Le français est parlé par près de 275 millions de personnes. Quel rang occupe-t-il parmi les langues les plus parlées au monde ?

1/ La 1re
2/ La 2e
3/ La 3e
4/ La 4e
5/ La 5e

31 Les rois de France Henri III et Henri IV sont tous les deux morts assassinés. Mais un autre souverain a fait l'objet d'une tentative de régicide, qui avait quant à elle échoué. De qui s'agissait-il ?

1/ Louis XI
2/ Louis XII
3/ Louis XIII
4/ Louis XIV
5/ Louis XV

32 Parmi les dessinateurs suivants, lequel a dessiné la bande dessinée Astérix ?

1/ Edgar P. Jacobs
2/ René Goscinny
3/ Tom Morris
4/ Mœbius
5/ Albert Uderzo

33 Parmi les noms suivants, quel est celui qui ne désigne pas un indice boursier ?

1/ FTSE 100
2/ DAX 30
3/ CV 90
4/ S&P 500
5/ TOPIX

34 Parmi les pays suivants, lequel affiche la dette publique la plus importante, en pourcentage du PIB, au monde ?

1/ L'Italie
2/ Le Brésil
3/ La Finlande
4/ Le Japon
5/ Les États-Unis

35 Parmi les pays suivants, lequel n'est pas associé à un État fédéral ?

1/ Le Canada
2/ L'Espagne
3/ La Russie
4/ L'Allemagne
5/ L'Inde

36 L'œuvre « Les raboteurs de parquet » est un tableau de :

1/ Claude Monet
2/ Gustave Caillebotte
3/ Édouard Manet
4/ Auguste Renoir
5/ Paul Gauguin

37 Parmi les propositions suivantes, laquelle est correcte ?

1/ Catherine II de Russie a été la dernière impératrice de Russie
2/ Catherine II de Russie fut célèbre pour son amour des philosophes français de son siècle
3/ Catherine II de Russie fut l'impératrice qui abolit le servage dans son pays
4/ Catherine II de Russie fit perdre de nombreux territoires à son pays
5/ Catherine II de Russie fut assassinée par son époux Pierre III

38 Que met en avant la Loi d'Okun ?

1/ Le lien entre l'inflation et la balance commerciale d'un pays
2/ L'évolution du chômage en fonction du niveau de la dette publique
3/ La corrélation entre le taux de change et la dette publique
4/ La relation entre le taux de croissance du PIB et l'évolution du taux de chômage
5/ Le niveau minimum de fonds propres pour une entreprise industrielle

39 Que représente « L'origine du monde » de Gustave Courbet ?

1/ Adam et Ève au paradis
2/ Un nu féminin
3/ Un champ cultivé
4/ Dieu
5/ Un baptême

40 Qui est l'auteur du roman *Des souris et des hommes* ?

1/ F. Scott Fitzgerald
2/ Franz Kafka
3/ Ernest Hemingway
4/ John Steinbeck
5/ Virginia Woolf

41 **Quel est le nom du Premier ministre turc qui, en août 2013, a attribué à un complot israélien la destitution par l'armée égyptienne du Président égyptien issu des Frères musulmans Mohamed Morsi ?**

1/ Ahmet Fikri Tüzer
2/ Sükrü Saracoğlu
3/ Badr Abdelatty
4/ Mohamed el-Baradei
5/ Recep Tayyip Erdoğan

42 **Quel est le titre du film de Luc Besson, sorti en salles en juillet 2017 ?**

1/ « Trékarian et la ville des mille lumières »
2/ « Valérian et la cité des mille planètes »
3/ « Arturian et la capitale des mille fêtes »
4/ « Gasparian et la terre des mille cosmos »
5/ « Kaspérian et la patrie des mille étoiles »

43 **Quelle conférence des Nations-Unies a permis la création du Fond Monétaire International, en 1944 ?**

1/ Les accords de Gênes
2/ Les accords de la Jamaïque
3/ La conférence de Yalta
4/ La conférence de Potsdam
5/ Les accords de Bretton Woods

44 **Quelle émission de téléréalité, diffusée depuis 2004, mettait en scène Donald Trump, et a contribué à sa grande notoriété aux États-Unis ?**

1/ « Fear Factor »
2/ « An American Family »
3/ « The Apprentice »
4/ « Survivor »
5/ « Next »

45 **En France, quelle était la spécialité du Professeur Christian Cabrol, décédé en juin en 2017 ?**

1/ La chirurgie orthopédique
2/ La neurochirurgie
3/ La chirurgie vasculaire
4/ La chirurgie cardiaque
5/ La chirurgie esthétique, plastique et reconstructive

46 **Quelle nation a été menacée d'exclusion aux Jeux Olympiques de Rio en 2016, sur suspicion de dopage ?**

1/ Le Japon
2/ La Russie
3/ La Finlande
4/ La Chine
5/ L'Allemagne

47 **Quelle ville polonaise, après avoir accueilli l'Euro de football en 2012, a été nommée comme une des deux capitales de la culture européenne pour l'année 2016, aux côtés de Saint-Sébastien en Espagne ?**

1/ Varsovie
2/ Gdansk
3/ Poznan
4/ Cracovie
5/ Wroclaw

48 **Quelle ville syrienne, surnommée « la perle du désert » est reprise par l'armée de Bachar El Assad le 27 mars 2016, après être restée 10 mois aux mains de l'organisation État Islamique ?**

1/ Raqqa
2/ Homs
3/ Kobané
4/ Damas
5/ Palmyre

49 **Qui a écrit *Ubu Roi* ?**

1/ Jean Tardieu
2/ Samuel Beckett
3/ Alfred Jarry
4/ Eugène Ionesco
5/ Sébastien Japrisot

50 **Selon l'Organisation des Nations-Unies pour l'alimentation et l'agriculture (FAO Food And Agriculture) la production de biocarburants dans le Monde a connu, de 2007 à nos jours, une progression de l'ordre de :**

1/ 60 %
2/ 90 %
3/ 120 %
4/ 150 %
5/ 180 %

épreuve de compréhension et expression écrite en français

1re partie : expression - 35 questions

51 **À la troisième personne du singulier du futur simple de l'indicatif, quelle est la bonne forme pour le verbe « courir » ?**

1/ Elle courrit
2/ On couru
3/ On courra
4/ Elle courira
5/ Il coura

52 **Parmi les propositions suivantes, dans laquelle le verbe « aller » est-il correctement conjugué à l'impératif présent ?**

1/ « Allez-vous-en, je t'ai trop vu ! »
2/ « Va-t'en, je t'ai trop vu ! »
3/ « Vas-tant, je t'ai trop vu ! »
4/ « Vas-t-en, je t'ai trop vu ! »
5/ « Va t en, je t'ai trop vu ! »

53 **Dans la phrase « lorsqu'il a eu été opéré, il a repris le travail », à quel temps est conjugué « lorsqu'il a eu été opéré » ?**

1/ Au passé simple
2/ À l'indicatif passé antérieur
3/ À l'indicatif futur antérieur
4/ Au passé surcomposé
5/ Au subjonctif passé

54 **Est « irréfragable » :**

1/ Ce que l'on ne peut réfrigérer
2/ Ce qui ne s'altère pas avec le temps
3/ Ce que l'on ne peut contredire
4/ Ce que l'on ne peut casser
5/ Ce que l'on ne peut diviser

55 **Parmi les propositions suivantes, laquelle est correcte ?**

1/ Dans ce courrier, il leur apprenait sont arrivée prochaine
2/ C'était la réconciliation qui leurs arrivait par ce courrier
3/ Le lendemain, il fut charmant avec ses cousines, leur adressant des compliments
4/ On lui demanda d'expliquer son livre et ces convictions philosophiques
5/ C'était pour lui l'occasion de faire le point sur ces connaissances à lui

56 Parmi les propositions suivantes inspirées d'*Iphigénie* de Racine, laquelle est correcte ?

1/ Madame, retenait un amant furieux
2/ De ce triste entretien détournont les approches
3/ Seigneur, trop d'amertume aigrirait vos reproches
4/ Je sait jusqu'où s'emporte un amant irrité
5/ Laissez parlez, seigneur, des bouches plus timides

57 Parmi les propositions suivantes, laquelle est correcte ?

1/ Quelque trois-cents-quatre-vingts personnes ont assisté au concert privé
2/ Quelque trois-cent-quatre-vingts personnes ont assisté au concert privé
3/ Quelque trois-cents-quatre-vingt personnes ont assisté au concert privé
4/ Quelque trois-cent-quatre-vingt personnes ont assisté au concert privé
5/ Quelque trois-cents-quatres-vingts personnes ont assisté au concert privé

58 Parmi les propositions suivantes, laquelle est correcte lexicalement parlant ?

1/ L'œcuménisme est un mouvement développé au XIXe siècle pour l'indépendance d'Israël
2/ L'œcuménisme, né au XXe siècle, vise à développer l'union des mouvements pour la jeunesse en Europe
3/ L'œcuménisme est un chant religieux protestant
4/ L'œcuménisme est mouvement visant à réunir les divers courants du christianisme
5/ L'œcuménisme est un chef religieux dans la religion hindoue

59 Parmi les propositions suivantes, laquelle est correcte ?

1/ Nous satisferrons les souhaits des nouveaux clients
2/ Ils acqueront une nouvelle maison au printemps
3/ Nous nous assoirons sur la terrasse ce soir
4/ Tu prévoyeras assez de vin pour tous
5/ Tu nettoiras ta chambre avant le dîner

60 **Parmi les propositions suivantes, laquelle est correcte ?**

1/ J'ai entendu parlée de ce fait divers mais j'ai cru que c'était une mauvaise plaisanterie
2/ J'ai entendu parlez de ce fait divers mais j'ai cru que c'était une mauvaise plaisanterie
3/ J'ai entendu parlé de ce fait divers mais j'ai crû que c'était une mauvaise plaisanterie
4/ J'ai entendu parler de ce fait divers mais j'ai cru que c'était une mauvaise plaisanterie
5/ J'ai entendu parlé de ce fait divers mais j'ai cru que c'était une mauvaise plaisanterie

61 **Parmi les propositions suivantes, laquelle est correcte ?**

1/ Le clown se sait regardait par tous les enfants
2/ Le clown ce sait regardé par tous les enfants
3/ Le clown se sait regardez par tous les enfants
4/ Le clown se sait regarder par tous les enfants
5/ Le clown se sait regardé par tous les enfants

62 **Parmi les propositions suivantes, laquelle est correcte ?**

1/ Ces chiots, il ne les avait pas vu mourir
2/ Tous ces gens qu'il avait vus passer à la télévision étaient devenus des célébrités
3/ Tous ses amis, elle les a faits appeler pour son anniversaire
4/ Il a vu des chats errés dans le parc hier soir
5/ Tes désirs, tu les as faits passer avant tes amis

63 **Parmi les propositions suivantes, laquelle est correcte ?**

1/ Les humains aiment souvent la compagnie de la gente féline
2/ Les humains aiment souvent la compagnie de la gent féline
3/ Les humains aiment souvent la compagnie de la geante féline
4/ Les humains aiment souvent la compagnie de la jente féline
5/ Les humains aiment souvent la compagnie de la jante féline

64 **Parmi les propositions suivantes, laquelle est correcte ?**

1/ Il est arrivé à l'improviste, sans crier garre
2/ Il est arrivé à l'improviste, sans crier gare
3/ Il est arrivé à l'improviste, sans crier garde
4/ Il est arrivé à l'improviste, sans crier gâre
5/ Il est arrivé à l'improviste, sans crier gard

65 Parmi les propositions suivantes, laquelle est correcte ?

1/ La pêche ? Cela seul la dédaignent qui l'ignorent
2/ La pêche ? Ceux-là seuls la dédaignent qui l'ignorent
3/ La pêche ? Ceux-là seul la dédaignent qui l'ignore
4/ La pétanque ? Cela seuls la dédaigne qui l'ignore
5/ La pétanque ? Cela seuls la dédaignent qui l'ignorent

66 Parmi les propositions suivantes, laquelle est correcte ?

1/ Chaques rangées de fleurs embaumaient
2/ De chaques enveloppes s'échappait un parfum suave
3/ Il relevait chaque erreur quand ses enfants parlaient
4/ J'ai rendu les jupes tel quel, sans emballage
5/ Il faut une place pour chacuns des tableaux

67 Parmi les propositions suivantes, laquelle est correcte ?

1/ Il a mal agi, mais il n'était pas nécessaire de le couvrir d'opprobre
2/ Il a mal agi, mais il n'était pas nécessaire de le couvrir d'oprobre
3/ Il a mal agi, mais il n'était pas nécessaire de le couvrir d'opprobe
4/ Il a mal agi, mais il n'était pas nécessaire de le couvrir d'oprobe
5/ Il a mal agi, mais il n'était pas nécessaire de le couvrir d'hauprobe

68 Parmi les propositions suivantes, laquelle est correcte ?

1/ Il s'efforçait de ne rien répondre à ces sottises, voire à en sourire
2/ Il se demandait s'il devait l'appeler, ou voir même passer lui rendre visite
3/ Il ne comprenait pas pour quoi le fil de l'amitié s'était cassé
4/ Il savait que le fils de l'amitié s'était cassé
5/ Il ignorait pour quoi le téléphone était cassé

69 Parmi les propositions suivantes, laquelle est correctement conjuguée au présent de l'indicatif ?

1/ Il fasifies les documents pour aider son frère
2/ Elle romp régulièrement ses engagments
3/ Tu rompes souvent avec tes amis
4/ Elles rompent les cordes du bateau
5/ Je romp facilement mes engagements

70 Parmi les propositions suivantes, laquelle est correcte ?

1/ Les hommes politiques sont souvent accusés de trop de véléités
2/ Les hommes politiques sont souvent accusés de trop de velléités
3/ Les hommes politiques sont souvent accusés de trop de velléhités
4/ Les hommes politiques sont souvent accusés de trop de veléhités
5/ Les hommes politiques sont souvent accusés de trop de vailéités

71 **Parmi les propositions suivantes, laquelle est correcte ?**

1/ Danièle aimait faire de longues ballades dans les dunes
2/ « La Ballade slave » a été composée par Debussy
3/ Danièle et Jean se balladent tous les dimanches
4/ Ronsard a écrit des odes et des balades magnifiques
5/ Victor Hugo a également écrit quelques balades

72 **Parmi les propositions suivantes, laquelle est correcte ?**

1/ Il valait mieux bien cadennasser son vélo dans cette partie de la ville
2/ Jacques prenait toujours le partie de sa cousine
3/ On ne pouvait accepter un tel partis pris
4/ Lise cadenaçait son vélo lorsqu'elle venait nous voir
5/ Un jour elle oublia de cadenasser son vélo qui disparut

73 **Parmi les propositions suivantes, laquelle est correcte ?**

1/ Myriam prenait chaque matin une pillule de calcium
2/ Le malade avait oublié de prendre ses pillulles
3/ Il existait des pilules pour atténuer chaque émotion
4/ Paul ne voulait prendre aucune pilulle
5/ Avec toutes ces pillules avalées le matin, il vivait comme un zombie

74 **Parmi les propositions suivantes, laquelle est correcte ?**

1/ La fête était d'or et déjà une réussite
2/ Le dessert était d'ores et déjà servi
3/ Il y avait d'ore et déjà du monde sur la plage
4/ On pouvait d'or-et-déjà prendre l'apéritif
5/ On avait d'ore-et-déjà bu le champagne

75 **Parmi les propositions suivantes, laquelle est correcte ?**

1/ Un alexandrin est un vers de dix pieds
2/ Un décasyllabe est un vers de huit pieds
3/ Un heptasyllabe est un vers six pieds
4/ Un pentasyllabe est un vers de cinq pieds
5/ Un dodécasyllabe est un vers de dix pieds

76 **Parmi les propositions suivantes, laquelle est correcte ?**

1/ Il était victime d'ennuis pécuniers depuis trois mois
2/ Le stage n'était pas rénuméré, donc il l'a refusé
3/ Il a résolu ses problèmes pécuniaires en deux mois
4/ Depuis il n'a plus jamais connu d'ennui pécunié
5/ De nombreux stages ne sont pas rénumérrés

77 **Parmi les propositions suivantes, laquelle est correcte ?**

1/ Candide avait un visage amène, c'est-à-dire agréable et charmeur
2/ Candide avait un visage amène, c'est-à-dire mince et pointu
3/ Élise et Louise se détestaient et échangeaient souvent des propos amènes
4/ Louise était décrite comme amène, c'est-à-dire hargneuse
5/ Élise se voyait comme une personne amène, c'est-à-dire distinguée

78 **Parmi les propositions suivantes, laquelle est grammaticalement correcte ?**

1/ Voici la maison qu'ils se sont construites
2/ Voici la maison qu'ils se sont construite
3/ Voici la maison qu'ils se sont construit
4/ Voici la maison qu'ils se sont construits
5/ Voici la maison qu'ils se sont construis

79 **Parmi les propositions suivantes, laquelle est incorrecte ?**

1/ Il a tellement hurlé qu'il s'est cassé la voie
2/ La Callas avait une voix divine
3/ Comme tu le vois, la partie est finie
4/ Il faut suivre cette petite voie pour trouver le chalet
5/ Comme il voit bien il ne porte pas de lunettes

80 **Parmi les propositions suivantes, laquelle est incorrecte ?**

1/ Quand une idée me turlupine, cela signifie qu'elle danse et sautille continuellement dans mon esprit
2/ Turlupiner vient de la secte des Turlupins, qui défendaient tout ce qui était naturel
3/ Quand une idée me turlupine, cela signifie qu'elle me tourmente
4/ Tarauder est synonyme de turlupiner
5/ Turlupiner vient de la secte des Turlupins qui, au XIVe siècle, enlevaient et torturaient des jeunes filles

81 **Parmi les propositions suivantes, laquelle est rédigée à la voix passive ?**

1/ L'adolescent a pris son vélo pour aller au lycée
2/ Il faut imprimer les cartons d'invitation le plus rapidement possible
3/ La ministre a été interpelée sur une question économique par un député
4/ L'agenda du directeur est complet pour les semaines à venir
5/ Tu dois arroser les plantes chaque jour

82 **Parmi les propositions suivantes, quelle est celle qui peut remplacer les crochets dans cette citation de Spinoza : « Nous ne désirons aucune chose […] nous la trouvons bonne mais, au contraire, nous jugeons qu'une chose est bonne […] nous la désirons. » ?**

1/ Par ce que / par ce que
2/ Parce que / part ce que
3/ Parce que / parce que
4/ Par ce que / parce que
5/ Part ce que / parce que

83 **Qu'est-ce qui caractérise une personne « apathique » ?**

1/ Elle est sourde et muette
2/ Elle fait preuve d'une indifférence extrême
3/ Elle est exubérante
4/ Elle est prétentieuse
5/ Elle est toujours en retard

84 **Qu'est-ce-qu'un « rond-de-cuir » ?**

1/ C'est un petit morceau de feutrine permettant de protéger les parquets
2/ C'est un employé de bureau
3/ C'est une petite mallette
4/ C'est une plaque de cuir servant à protéger les bureaux
5/ C'est un petit lustre de forme ronde

85 **Quel couple de mots complète au mieux cette phrase incomplète : « … est à nord ce que roboratif est à … » ?**

1/ Est / ordinateur
2/ Polaire / corporatisme
3/ Sud / frugal
4/ Arctique / informatique
5/ Septentrion / indigeste

2e partie : compréhension – 15 questions

Texte

Source : Sophie Eustache & Jessica Trochet, « Ce qui se cache derrière Melty, Konbini, BuzzFeed... », *Le Monde Diplomatique*, août 2017, p. 21

De l'information au piège à clics
par Sophie Eustache & Jessica Trochet

La grande crise de la presse ouverte dans les années 2010 s'achève, du moins sur le plan économique. D'un côté, les groupes traditionnels qui ont misé sur l'information payante en ligne et les abonnements renouent avec les bénéfices. De l'autre ont émergé des dizaines de sites d'info-divertissement entièrement dépendants de la publicité – et donc du nombre de pages vues.

Usiner en quelques minutes des articles insolites sur le dernier sujet qui agite les réseaux sociaux, y glisser des références flatteuses aux annonceurs publicitaires, saupoudrer l'ensemble de vidéos amusantes qui feront le tour d'Internet : la recette a porté à des sommets l'audience des sites d'info-divertissement Melty, Konbini ou encore BuzzFeed. La presse traditionnelle porte sur ces jeunes concurrents un regard ambivalent fait de mépris pour un journalisme ouvertement bâclé et de fascination pour le nombre de visites qu'il génère.

Cofondateur de Melty et président de l'entreprise jusqu'en mars dernier, M. Alexandre Malsch a été décrit comme un « *prodige numérique* » (LeMonde.fr, 16 août 2014) qui « *parle à l'oreille des ados* » (L'Obs, 7 février 2016) et a fait l'objet de dizaines de reportages élogieux. « *Ce qui nous agaçait le plus connaissant nos conditions de travail, qui n'étaient pas idéales, c'était d'être à ce point encensés comme étant une entreprise très cool : on a une table de ping-pong, on travaille dans des hamacs avec des ordinateurs portables. Il y a des canapés, une télé, une salle avec des jeux vidéo… Tu es entre copains, donc tu ne comptes pas tes heures* », raconte Mathieu[1], ancien rédacteur en chef adjoint de MeltyStyle, un site consacré à la mode masculine et aux nouvelles technologies, et rédacteur en chef de VirginRadio.fr, dont le groupe Lagardère a sous-traité la production éditoriale au groupe Melty. Mathieu a quitté l'entreprise à la suite d'un syndrome d'épuisement professionnel.

Car derrière les décors acidulés se cache un univers de forçats. Melty fonctionne en partie grâce au « contenu » fourni par des autoentrepreneurs payés en fonction du nombre de clics qu'a généré l'article : 4 euros au minimum, et un maximum de 30 euros quand le texte atteint les dix mille vues en vingt-quatre heures. Ce système, qui rappelle celui des cueilleurs saisonniers payés au kilo, résume bien la vision du fondateur du groupe : « *Je trouve ça tellement dommage que les salariés n'arrivent pas à se dire parfois que leurs acquis sociaux ne sont plus compétitifs par rapport au marché*[2] », confiait M. Malsch au journaliste William Réjault en 2015. « *Certains pigistes autoentrepreneurs dont c'était l'unique revenu travaillaient tout le temps. Ce qui marchait le mieux chez Melty, c'était les séries américaines, donc en horaires décalés. Beaucoup de free-lances commençaient dès 5 heures du matin* », détaille l'ancien

1 Les salariés interrogés dans le cadre de cette enquête ont souhaité garder l'anonymat par peur de perdre leur emploi.
2 William Réjault et Alexandre Malsch, *Il était une fois... Melty. Petites histoires d'un succès du Web français*, Michel Lafon, Paris, 2016.

→

rédacteur en chef adjoint. Pour arrondir leurs fins de mois, les rédacteurs permanents avaient la possibilité d'écrire en dehors de leurs heures de travail, chaque article étant rémunéré 10 euros sous la forme d'une prime exceptionnelle, pour échapper aux cotisations sociales : « *Vu qu'on était mal payés, la plupart le faisaient. Certains mois, je rédigeais soixante papiers en plus. J'y passais mes samedis, j'allais à la rédaction. Pour nous, c'était tout le temps la course à l'argent et à l'audience.* » Selon le collectif Génération précaire, l'entreprise faisait appel en 2014, « *en plus de ses soixante-douze salariés, à soixante free-lances en autoentreprise et à trente stagiaires*[3] ».

L'algorithme rédacteur en chef

Entre site de divertissement et agence de communication, Konbini prend également ses aises avec le Code du travail en recourant largement aux autoentrepreneurs, obligés de travailler à la rédaction avec leur propre matériel. « *Quand la ministre de l'Éducation Najat Vallaud-Belkacem est venue, elle s'est exclamée : "Qu'est-ce que ça fait plaisir de voir une si belle rédaction, c'est rare maintenant !" J'avais envie de lui répondre : "Mais ouvre les yeux, on est tous précaires ici, la plupart en autoentrepreneur..."* », s'indigne Hélène, rédactrice pour Konbini. Elle dénonce aussi l'accent mis sur les futilités au détriment des conditions de travail. « *Dans l'espace ouvert, on a du mal à trouver une place où s'asseoir pour travailler, par contre il y a des baby-foot. La blague, c'est de dire qu'on va retourner le baby pour en faire un bureau !* »

Ces sites ont pour spécialité la production industrielle à bas coût de contenus destinés aux jeunes. Melty est à l'information et à la culture ce que McDonald's est à la gastronomie. Son choix d'abreuver les 12-25 ans d'articles sur Justin Bieber, *Game of Thrones* ou Beyoncé n'a rien de neutre : il s'agit de créer un environnement rédactionnel positif pour porter le message des annonceurs. Ces derniers paient non pas pour afficher un bandeau à côté des articles, mais pour figurer au cœur du texte lui-même. La proverbiale frontière entre information et publicité, ce rempart infranchissable que les journalistes des plus prestigieuses publications appellent « mur de Berlin », a cédé face aux assauts de l'argent. Pour mieux convaincre, la publicité prend l'apparence de l'information. Ce financement du contenu éditorial par les marques se nomme publicité native (*native advertising*). Il signe l'esprit de l'époque. Lorsqu'il dirigeait son site, M. Malsch mettait un point d'honneur à déjeuner une fois par semaine au parc d'attractions Disneyland. Puis il transposait cet univers de carton-pâte dans le monde de l'information. « *Dans une conférence de rédaction, se souvient Mathieu, il pouvait nous dire : "Vous utilisez un langage trop journalistique, nous on fait du buzz, on fait du divertissement. Au lieu de dire 'la rédaction vous conseille ceci', vous écrivez 'on a trop kiffé.'" Mais, quand tu signes un article de ton nom, même s'il est écrit en vingt minutes parce que c'est une usine, tu veux quand même que ça reflète une certaine qualité. Ta responsabilité est en jeu.* » Début 2017, le groupe se prévalait d'une audience importante : vingt-sept millions de visiteurs uniques par mois sur le Web et les plates-formes sociales (Facebook, Snapchat, Instagram).

Et pour cause : la course au clic oriente jusqu'au choix des sujets. Le véritable rédacteur en chef de Melty est un algorithme nommé Shape qui analyse les habitudes des lecteurs (thèmes de conversation sur les réseaux sociaux, recherches Google et tendances sur Twitter) afin de définir les sujets susceptibles de générer le plus d'intérêt. Stagiaire chez Melty en 2010, Mathilde se souvient d'une logique absurde : « *Dès que l'algorithme voyait un sujet remonter dans les statistiques, il fallait faire un article dessus, même s'il n'y avait pas d'info. Une fois, je suis allée voir la rédactrice en chef, et je lui ai dit que je n'avais pas d'info sur le thème demandé (la chanteuse Britney Spears). Elle m'a répondu : "Ce n'est pas grave, tu spécules."* » Depuis, le groupe a développé de nouveaux outils internes, non plus pour détecter les tendances, mais pour les imposer. L'idée est de poser des lignes et de voir à quels appâts mordent les lecteurs.

3 Avec près de 30 % de stagiaires, Melty dans le collimateur de Génération précaire », *Le Figaro* étudiant, 19 février 2014.

Pour maintenir les audiences, les rédacteurs inondent le Web d'articles calibrés pour optimiser le référencement sur Google – notamment en répétant sans cesse le mot-clé. Pour une personne, huit articles rédigés par jour ne représentent pas un rythme exceptionnel. Chez Konbini aussi, le succès et la quantité priment sur toute autre considération ; la plate-forme s'enorgueillit de dix millions de visiteurs uniques par mois et de vingt-cinq millions de personnes atteintes sur Facebook. « *Une fois, on s'est fait taper dessus par la direction avec mon chef parce que le papier n'était pas une actu "positive" et qu'il ne faisait pas d'audience, témoigne Hélène. Le papier a même été retiré du site.* » Dès lors, les responsables éditoriaux perçoivent la rigueur comme une perte de temps. Un ancien rédacteur en chef d'une édition de Konbini dont le siège se trouve à l'étranger (l'entreprise est présente à Londres, New York, Mexico et Lagos) explique : « *Un jour, on nous a dit : "Il faudrait maintenant que vous pensiez à trouver un moyen de mettre votre éthique journalistique de côté."* »

Sur ces sites aux audiences stellaires, le lecteur est une cible marketing plutôt qu'une personne à informer. Le fonds de commerce de Konbini repose sur le contenu sponsorisé. « *Les contrats, c'est Coca, Nike, etc., déplore Hélène. Ce qui me choque, c'est quand j'entends le service commercial dire à son client qu'un journaliste va s'en occuper !* » Orange finance la rubrique d'actualités photographiques, la boisson gazeuse américaine subventionne la section Football Stories, d'ailleurs surtitrée « Savoure le football pop avec Coca-Cola et Konbini ». La censure ne se cache pas. « *À propos de la Coupe du monde de football au Qatar, on voulait faire un article concernant les conditions de travail sur les chantiers, relate Basile, rédacteur pendant trois ans à Konbini. La rédactrice en chef a refusé, parce que Coca n'aurait pas accepté un tel sujet.* »

Aux yeux des industriels, ces réclames déguisées en articles ou reportages présentent l'avantage de contourner les bloqueurs de publicité. « *C'est un super business !*, s'enthousiasme M. Maxime Barbier, cofondateur et directeur de MinuteBuzz, le concurrent de Konbini. *On est en train de prendre la place des annonceurs publicitaires. C'est comme si, à l'époque, TF1 avait dit à Danone : je fais ton spot publicitaire et en plus je te le diffuse. Nos brand contents* [« contenus de marque »] *font des millions de vues, des gens ne se rendent même pas compte que ce sont des contenus de marque !* » MinuteBuzz a, lui aussi, construit son économie autour du contenu sponsorisé. Chaque mois, l'entreprise produit six cents vidéos, dont environ 10 % sponsorisées par des marques, et les diffuse uniquement sur les réseaux sociaux (MinuteBuzz a fermé son site en octobre 2016). Ce modèle n'attire pas seulement les annonceurs. En décembre 2016, TF1 devenait l'actionnaire majoritaire de cette jeune entreprise qui revendique 250 millions de vidéos vues par mois, 9 millions de fans, une croissance de 80 % par an et un chiffre d'affaires de près de 5 millions d'euros en 2016[4]. Ce rapprochement a donné naissance à la chaîne TF1 One, uniquement présente sur les réseaux sociaux. « *On a accès à tous les contenus produits par TF1 (JT, documentaires...). On en fait un contenu 100 % social, en enlevant le son par exemple ou en ajoutant de petites incrustations d'images du Web*, détaille le directeur général de MinuteBuzz. *Ce sont des sujets qu'aucun média de notre génération ne traite : jamais tu n'enverras ton journaliste franco-parisien en Ardèche faire l'interview d'un mec qui fait de la soufflerie dans son bahut.* » Par cette acquisition, TF1 espère toucher les jeunes, réputés rétifs à la télévision, mais aussi bénéficier d'un savoir-faire en termes de contenu sponsorisé[5].

Lancé en 2006 aux États-Unis et en 2013 en France, le site BuzzFeed ne vit également que grâce à la publicité et au contenu sponsorisé. Mais, contrairement à ses concurrents, l'entreprise tâche de maintenir une frontière entre le service commercial (installé à Londres), le divertissement et l'information (installés en France). Si la version américaine s'est distinguée par des affaires de plagiat puis par la publication début janvier 2017 d'un

4 « Maxime Barbier : "Nous comptons lancer d'autres verticales thématiques" », 30 septembre 2016, www.journaldunet.com

5 *Les Échos*, Paris, 1er décembre 2016.

document non vérifié contenant des allégations scabreuses sur les activités de M. Donald Trump en Russie, l'édition française s'efforce de mettre l'accent sur le journalisme. Recrutée en 2015, la rédactrice en chef est passée par Slate et L'Express. L'équipe compte quatre personnes à temps plein au service divertissement et sept journalistes au service information. Au sein de ce dernier, David Perrotin se réjouit de disposer de temps : pendant la campagne des législatives en France, explique-t-il, *« on s'est dit : "On va fouiller les profils des 525 candidats investis par le Front national." C'est ce qui m'a attiré chez BuzzFeed : avoir les moyens d'enquêter »*. Contrairement à Konbini et à Melty, BuzzFeed est régi par la convention collective des journalistes. Mais, si ses coulisses reflètent le travail d'une rédaction classique, le site ressemble à un bric-à-brac de potins racoleurs, de listes aux accents baroques (« 23 trucs normaux en Belgique mais qui paraissent super bizarres aux yeux des Français », 27 juin 2017) et de rubriques aux noms qui laissent songeurs les non-initiés : OMG (*oh my God*, « oh mon Dieu »), LOL (*laughing out loud*, « mort de rire »), *Cute* (« mignon »), WTF (*what the fuck*, « c'est quoi ce bordel »)...

Difficile de discerner la moindre ligne éditoriale ou hiérarchisation de l'information. *« BuzzFeed est un média qui repose sur le partage plus que sur le clic. On écrit pour des lecteurs et lectrices qui vivent sur Internet et sur les réseaux sociaux, qui ont envie de partager des articles informatifs ou divertissants parce que ça leur parle, que ça les touche, que ça les énerve, que ça les fait rire... »*, précise la rédactrice en chef, Cécile Dehesdin. À la différence de celui de la presse traditionnelle, le trafic de BuzzFeed provient essentiellement des réseaux sociaux. Cette dépendance à l'égard des géants de la Silicon Valley et de leurs algorithmes de référencement, qui concerne également MinuteBuzz, Melty et Konbini, dessine à ces médias un avenir en pointillé. En 2011, le moteur de recherche Google a modifié son algorithme pour faire plonger vers le bas du classement les articles de type « piège à clics » qui parasitaient souvent la tête de liste. Plusieurs « fermes de contenus » qui, déjà, débitaient en rafales ces textes dénués de fond ont dû changer de stratégie.

Sophie Eustache & Jessica Trochet
Journalistes

Questions

86 Parmi les propositions suivantes, laquelle est un synonyme de « scabreuses », pouvant remplacer ce terme dans la phrase « Des allégations scabreuses sur les activités de M. Donald Trump en Russie » ?

1/ Allusives
2/ Réticentes
3/ Hasardeuses
4/ Délétères
5/ Utopistes

87 Quel est le rôle de l'algorithme « Shape » ?

1/ Écarter les sites « pièges à clics » des résultats des moteurs de recherche
2/ Créer de la publicité ciblée en fonction des recherches individuelles des usagers
3/ Présélectionner les sujets qui apparaissent sur le fil d'actualité de Facebook des usagers

4/ Analyser les centres d'intérêts du public d'après l'activité sur les réseaux sociaux et les sujets entrés sur les moteurs de recherche
5/ Évaluer la qualité et le nombre de liens vers une page web pour obtenir une estimation de l'importance du site Internet en question

88 **Dans la phrase « TF1 espère toucher les jeunes, réputés rétifs à la télévision », par quel autre adjectif peut-on remplacer « rétifs » ?**

1/ Réfractaires
2/ Adeptes
3/ Déconcentrés
4/ Néophytes
5/ Disciplinés

89 **D'après le texte, qu'est-ce qui peut compromettre l'avenir sur le long terme des médias tels que Konbini ?**

1/ Le désintérêt du public pour leurs contenus rédigés trop rapidement et mal écrits
2/ L'émergence d'autres médias plus performants et qualitatifs
3/ Leur assujettissement au bon vouloir des grands moteurs de recherche comme Google pour leur référencement
4/ La polémique des « fake news » qui enfle, et le manque de fiabilité de leurs contenus dont le public se méfiera
5/ L'adaptation des médias plus sérieux à leurs méthodes de communication les rendra obsolètes

90 **Lequel des médias suivants s'est attiré les foudres de l'association Génération précaire, pour son emploi abusif de stagiaires et de travailleurs freelance ?**

1/ Konbini
2/ Slate
3/ BuzzFeed
4/ MinuteBuzz
5/ Melty

91 **Parmi les informations suivantes, mentionnées dans l'article, laquelle est fausse ?**

1/ La chaine TF1 one est une chaine uniquement consultable sur les réseaux sociaux
2/ Orange finance la rubrique d'actualités photographiques de Melty
3/ Melty cible un lectorat jeune entre 12 et 25 ans
4/ BuzzFeed a enquêté sur les candidats aux législatives du Front national dans toutes les circonscriptions
5/ Najat Vallaud-Belkacem a visité les locaux de Konbini

92 **Parmi les propositions suivantes, laquelle ne concerne pas le site BuzzFeed ?**

1/ Les employés y bénéficient de la protection de la convention collective des journalistes
2/ Le site a été lancé en 2006 aux États-Unis
3/ La rédactrice en chef de l'antenne française Cécile Dehesdin, a travaillé pour *L'Express*
4/ L'équipe française compte onze journalistes à plein temps
5/ Chaque mois, le site produit six cents vidéos

93 Qu'est-ce que « le mur de Berlin » désigne, d'après le texte, dans le milieu journalistique ?

1/ L'obligation de faire usage d'un langage soutenu pour rédiger des articles
2/ La frontière que la déontologie impose entre information et publicité
3/ Le refus de la censure dans le cadre de la liberté de la presse
4/ Le seuil de fréquentation de quatre millions de visiteurs par jour d'un média numérique
5/ Les conditions et les émoluments spécifiques du travail de nuit dans la convention collective des journalistes

94 Laquelle des personnalités suivantes a recueilli les propos du « prodige du numérique », le PDG de Melty, dans un livre publié chez Michel Lafon ?

1/ Maxime Barbier
2/ David Perrotin
3/ Ignacio Ramonet
4/ Alexandre Malsch
5/ William Réjault

95 Parmi les propositions suivantes, laquelle ne reflète pas les propos confiés par Matthieu, ex rédacteur de Melty, aux auteures ?

1/ Il dit qu'il lui était déconseillé d'employer un vocabulaire trop journalistique
2/ Il estime que signer un article lui donne une certaine responsabilité sur la qualité de son contenu
3/ Il décrit des conditions de travail très intenses dans un environnement séduisant au premier abord
4/ Il confie avoir démissionné de l'entreprise après avoir souffert d'un syndrome d'épuisement au travail
5/ Il explique qu'un de ses articles a été supprimé parce qu'il n'avait pas fait d'audience

96 Parmi les chiffres suivants, cités dans l'article, lequel est incorrect ?

1/ MinuteBuzz a clos son site en 2015
2/ Début 2017, Melty enregistrait 27 millions de visiteurs par mois sur son site et via les réseaux sociaux
3/ MinuteBuzz enregistre au moment de son rachat par TF1 une moyenne de 250 millions de vidéos vues par mois
4/ 10 % des contenus de MinuteBuzz sont financés par des annonceurs publicitaires
5/ MinuteBuzz a enregistré une croissance allant jusqu'à 80 % en un an

97 Parmi les personnes suivantes, citées dans l'article, laquelle relate un cas de censure assumé sur un article qui aurait déplu à une multinationale américaine ?

1/ Matthieu
2/ Hélène
3/ Basile
4/ Maxime Barbier
5/ David Perrotin

98 À quoi est relatif le terme « stellaire » ?

1/ Les stèles
2/ Les étoiles
3/ Les satellites
4/ Les sites internet
5/ Les publicités

99 Parmi les propositions suivantes, laquelle ne reflète pas les conditions de travail des employés et des pigistes travaillant chez Melty ?

1/ Ils sont payés en fonction de l'audience générée par les articles
2/ Ils sont nombreux à être auto-entrepreneurs et précarisés
3/ Les rédacteurs permanents sont payés 10 euros en primes pour des articles supplémentaires rédigés en dehors de leurs heures de travail
4/ Certains des rédacteurs freelance travaillent en horaires décalés
5/ Les locaux sont inconfortables pour les rédacteurs mais disposent de jeux futiles qui prennent de la place dans l'espace ouvert

100 Quelle anecdote, rapportée dans l'article, sur le fonctionnement de Melty, met en doute la déontologie journalistique de ce site, vis-à-vis de la crédibilité de l'information ?

1/ Une rédactrice a dit à une pigiste de mettre son éthique journalistique de côté
2/ Une rédactrice a dit à une stagiaire de spéculer s'il n'y avait pas d'information sur un sujet imposé par la tendance
3/ Un rédacteur a censuré un article qui déplaisait aux annonceurs
4/ Un rédacteur a laissé publier des informations fausses sur la politique américaine
5/ Un rédacteur a laissé un pigiste plagier un article publié dans un autre média

Épreuve de raisonnement logique et numérique

101 **Quelle carte complète la figure ci-dessous ?**

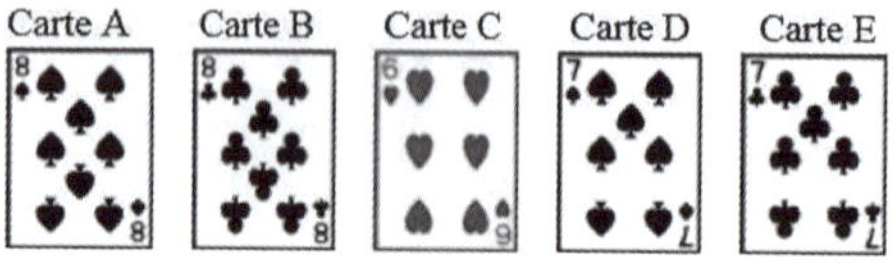

① Carte A
② Carte B
③ Carte C
④ Carte D
⑤ Carte E

---

102 **On dispose d'un dé classique, la mise est de deux euros à chaque tirage (mise non remboursée). Si c'est le numéro 4 ou 5 qui sort on gagne 3 euros, si c'est le numéro 6 qui sort on gagne 5 euros, dans les autres cas on perd. Quelle est l'espérance de gain en euros de ce jeu ?**

① –1 / 6
② 0
③ 3,5 / 6
④ 5,5 / 6
⑤ 11 / 6

---

103 **Une mairie vous demande de calculer la médiane des surfaces communales suivantes : 4 hectares, 20 hm², 1 000 dam², 500 ares, 30 000 m².**

① 4 hectares
② 20 hm²
③ 1 000 dam²
④ 500 ares
⑤ 30 000 m²

104 Vous disposez d'un dodécaèdre (polyèdre qui a 12 faces pentagonales) parfaitement équilibré. Sur chacune des faces, vous dessinez le calendrier d'un mois de l'année. Vous lancez et faites rouler votre dodécaèdre et vous attendez qu'il s'arrête dans une position stable : posé sur une face.

Quelle est la probabilité que le nom du mois que vous lisez sur la face du dessus comporte l'une des lettres de l'acronyme « iae » ?

① 75 %
② 80 %
③ 83 %
④ 86 %
⑤ 100 %

105 Pour ses déplacements professionnels, un homme d'affaires se rend dans 3 hôtels A, B et C avec les fréquences respectives de 20 %, 30 % et 50 %. Les taux de panne du wifi dans chaque hôtel sont respectivement de 2,5 % pour le premier, 2 % pour le second et 5 % pour le dernier. Sachant que cet homme d'affaires se retrouve ce soir dans une chambre dont le wifi est en panne, quelle est la probabilité qu'il se trouve dans l'hôtel B ?

① 15 %
② 16,66 %
③ 23,33 %
④ 25 %
⑤ 30 %

106 De combien de minutes l'heure de minuit est-elle dépassée si, vingt-deux minutes auparavant, vingt-trois heures étaient dépassées d'un nombre de minutes trois fois supérieur ?

① 16
② 17
③ 18
④ 19
⑤ 20

107 Compléter cette suite : 11, 18, 25, 39, 60, ...

① 91
② 93
③ 95
④ 97
⑤ 99

108 **Soit $f(x) = 3x^2$ et $g(x) = 2x + 1$.**
Combien vaut : $f(g(x)) - g(f(x))$?

① 0
② $6x^2 + 12x + 2$
③ $3.f(x) - 2.g(x)$
④ $f(x).g(x)$
⑤ $6x^3 + 3x^2$

109 **Soit un nouveau jeu de LOTO composé d'une grille de 12 numéros. On choisit quatre numéros dans cette grille. Le tirage est de quatre numéros sans remise. Quelle est la probabilité de trouver exactement deux bons numéros lors du tirage ?**

① 1/3
② 56/165
③ 1/4
④ 31/144
⑤ 27/64

110 **Sur ce quadrillage régulier on a dessiné cette figure. Combien de rectangles non carrés (largeur différente de la longueur) de toutes tailles dénombrez-vous ?**

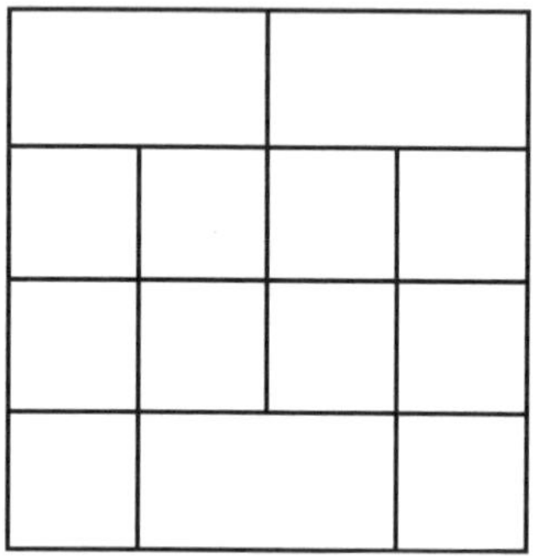

① 33
② 35
③ 37
④ 39
⑤ 41

111 **Compléter la suite :**
C – LXXXI – LXIV – IL – XXXVI – …

① CIV
② IIL
③ XIV
④ XXIII
⑤ XXV

112 Soit f(x) de la forme $x^3 + Ax^2 + Bx + C$.
Sachant que f(2) = –1, f(–2) = –17 et f(4) = 25, combien vaut f(1) ?

① –5
② –3
③ –2
④ –1/2
⑤ 1

113 Un âne parcourt un voyage à la vitesse de 10 km/h pendant la moitié du trajet, 1/5 du trajet à la vitesse de 8 km/h et le reste à la vitesse de 9 km/h.
Quel est le temps réalisé en moyenne par kilomètre par l'âne sur l'ensemble du trajet ?

① 6m20s
② 6m30s
③ 6m50s
④ 7m15s
⑤ 7m40s

114 Quel nombre complète logiquement cette série :
2678 ; 81315 ; 9446 ; 13810 ; … ?

① 4190
② 4191
③ 41091
④ 41110
⑤ 41191

115 Les échelles de température Celsius et Fahrenheit sont reliées par la relation : la température en Celsius est égale à cinq neuvième de celle en Fahrenheit à laquelle on a retranché 32. Quelle température en Fahrenheit correspond à 25 degrés Celsius ?

① –23
② –3,88
③ 13
④ 77
⑤ 89

116 Quatre amis Tom, Zoé, Lilou et Léa sont assis dans un amphi pour passer un examen. Voici ce que l'on observe sur leur positionnement :
– Zoé est à droite de Léa ;
– Lilou est à gauche de Tom ;
– Tom est entre Zoé et Léa.
Parmi les réponses proposées, quelle est celle qui vérifie toutes les observations faites ?

① Lilou-Léa-Tom-Zoé
② Lilou-Tom-Léa-Zoé
③ Lilou-Tom-Zoé-Léa
④ Tom-Lilou-Zoé-Léa
⑤ Léa-Tom-Lilou-Zoé

117 **En remplaçant les lettres S, I et M par des chiffres distincts, quelles sont les valeurs respectives de S, I et M permettant de rendre vraie l'égalité suivante :**

S I M = (S + I + M) × S × I × M

① 1, 2, 3
② 1, 3, 5
③ 2, 1, 5
④ 2, 4, 5
⑤ 5, 2, 6

118 **Un standard téléphonique d'une société a enregistré le nombre d'appels par jour sur une période de 52 jours :**

Nb-Appels	140	150	160	170	180	190	200	210	220	230	240	250
Nb-Jours	1	4	2	4	5	7	7	8	6	5	1	2

Quels sont les 3 quartiles de cette série de valeurs ?

① 160 / 170 / 180
② 160 / 180 / 200
③ 170 / 180 / 190
④ 170 / 190 / 210
⑤ 180 / 200 / 220

119 **Un automobiliste, qui a réalisé la moitié de son trajet pour se rendre sur son lieu de vacances, a parcouru les cent derniers kilomètres en consommant 6 L d'essence. Sa consommation moyenne est alors passée de 5,5 L/100 km à 5,6 L/100 km. Combien aurait-il dû consommer sur les cent derniers kilomètres pour diminuer sa consommation moyenne à 5,4 L/100 km ?**

① 4,9 L
② 5,0 L
③ 5,1 L
④ 5,2 L
⑤ 5,3 L

120 **Quel carré complète logiquement la suite des 3 carrés ci-dessous ?**

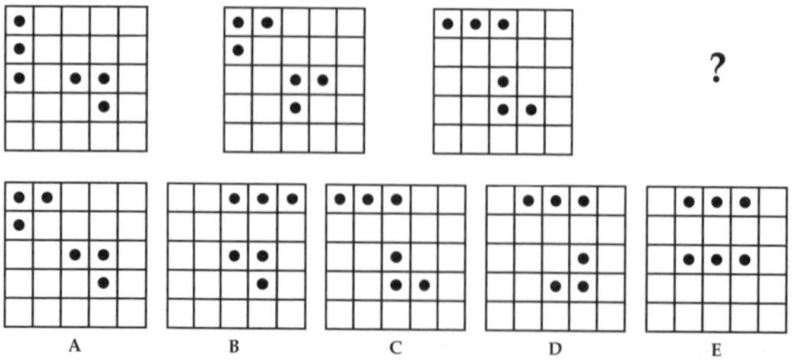

① A
② B
③ C
④ D
⑤ E

ÉPREUVE DE COMPRÉHENSION ET EXPRESSION ÉCRITE EN ANGLAIS

Session 2

1re PARTIE : EXPRESSION – 35 QUESTIONS

121 **… this race wasn't easy.**

1/ Win
2/ Winning
3/ To win
4/ Wins
5/ Won

122 **… it be alright if I opened the window because it's very hot in here?**

1/ Can
2/ Does
3/ Did
4/ Would
5/ Will.

123 **A seal of approval, can be an extremely … marketing device.**

1/ Values
2/ Valued
3/ Valuing
4/ Valuable
5/ To value

124 **After being a rising star of the Internet economy, Swizzco has become just … has been.**

1/ Other
2/ Another
3/ Otherwise
4/ Otherness
5/ Each other

125 **After the meeting, they said the talks were substantive but gave no details on progress or … steps.**

1/ Four
2/ Further
3/ For
4/ Off
5/ To

126 **All hazardous waste products should be … of in the special yellow containers.**

1/ Eliminated
2/ Processed
3/ Disposed
4/ Exposed
5/ Removed

127 **During the expansion of the sales team, fifteen new staff were … .**

1/ Taken
2/ Taken to
3/ Taken on
4/ Taken for
5/ Taken up

128 **Elena was the first-… woman elected to a national office in 2010, who represented the country in the House of Representatives.**

1/ Even
2/ To
3/ Ever
4/ For
5/ Off

129 **He … used public transport.**

1/ Selfdom
2/ Rare
3/ Sealed
4/ Sells them
5/ Seldom

130 **Her latest movie looks set to be a … when it is released later in the year.**

1/ Height
2/ Hit
3/ Hid
4/ Hide
5/ Hate

131 **Hostage situation in the restaurant Ends as Gunman is … Police.**

1/ Shoot
2/ To shoot
3/ Shot by
4/ Shot on
5/ Shot to

132 **I mustn't forget to call Jim this afternoon so can you … me around 4 o'clock?**

1/ Remember
2/ Recall
3/ Retell
4/ Remind
5/ Recount

133 **Many aspects of the car maintenance are handled by the company but you are responsible for having the servicing … .**

1/ Do
2/ Done
3/ Did
4/ Doing
5/ Be Done

134 **Many sports … themselves readily to television coverage, and therefore attract advertisers.**

1/ Allow
2/ Fend
3/ Mend
4/ Lend
5/ Send

135 **My friend advised me not to take on the project alone because I … to do it without significant assistance.**

1/ Should
2/ Could
3/ Would not
4/ Must
5/ Will not be able

136 **On … of the association of Antique dealers, I would like to thank all the members who have so actively supported our fund-raising efforts.**

1/ Between
2/ Beneath
3/ Behalf
4/ Below
5/ Beside

137 **Peter could be extremely … at times and this direct approach often exasperated his colleagues at work.**

1/ Brunt
2/ Helpful
3/ Blunt
4/ Eloquent
5/ Chatty

138 **Police investigators have … to the conclusion that there is insufficient evidence to warrant criminal proceedings.**

1/ Found
2/ Reached
3/ Arrived
4/ Made
5/ Come

139 **The auditors' report recommends that the company … its accounting procedures.**

1/ Reviewing
2/ Reviewed
3/ Reviewer
4/ Review
5/ To be reviewed

140 **The coach, …, is facing a growing corruption investigation that could soon lead to an indictment against him.**

1/ Meanwhile
2/ Mean
3/ While
4/ Whether
5/ Which

141 **The damning investigation found several instances … the law was broken.**

1/ What
2/ Which
3/ As
4/ For
5/ Where

142 **The director hosted a dinner for investors at a … hotel.**

1/ Lush
2/ Push
3/ Plus
4/ Splash
5/ Plush

143 **The exams were only days away so it was time for Emily to brush … on her French grammar.**

1/ Off
2/ Down
3/ Under
4/ Over
5/ Up

144 **The Hornets basketball team have just won the league championship for the third year in … .**

1/ Successful
2/ Success
3/ Successfully
4/ Succession
5/ Successive

145 **The housing crisis was showing no … of abating.**

1/ Sign
2/ Sing
3/ Assign
4/ Sane
5/ Song

146 **The Japanese team performed very well in the first rounds of the competition, … easily into the semi-finals.**

1/ Progressing
2/ Progressed
3/ Progress
4/ Progressive
5/ Progresses

147 **The new RangeRider utility vehicle … the latest automobile technology and is fully equipped with a range of computer assisted driving aids.**

1/ Features
2/ Consists
3/ Appears
4/ Belongs
5/ Confers

148 **The package was sent by express delivery so it … arrived the day before yesterday.**

1/ Have had
2/ Ought to
3/ Would be
4/ Must
5/ Should have

149 **The receptionist's pet … was employees who left their damp umbrellas to dry beside her desk.**

1/ Horror
2/ Hate
3/ Detest
4/ Dislike
5/ Despair

150 **The report into the government payments scandal was critical of the previous administration and particularly … concerning the misleading stories in the press.**

1/ Scathing
2/ Scandalous
3/ Scrupulous
4/ Scorched
5/ Scraped

151 **The town committee was very active in … the place looking good.**

1/ Holding
2/ Marking
3/ Keeping
4/ Helping
5/ Finding

152 **Train services on the Southern Line are running late … a malfunction in the signaling system.**

1/ Because
2/ On account
3/ As a result
4/ Due to
5/ Thus

153 **Tramco had … alot of changes in the past 5 years.**

1/ Understood
2/ Undergone
3/ Undergoes
4/ Underneath
5/ Underfoot

154 **We have currently only received eighty percent of the money owed and the remaining twenty percent is still … .**

1/ Outdated
2/ Outmoded
3/ Outlined
4/ Outstanding
5/ Outpaced

155 **When you are filling out the form for the company library, please … which department you work in.**

1/ Speak
2/ Tell
3/ State
4/ Share
5/ Commune

2e partie : Compréhension – 15 questions

Texte

BEING NAUGHTY IS NOTHING TO BE ASHAMED OF – IT'S A VITAL LIFE SKILL

Tim Lott

"Boys are naughtier than girls, and this remains true when they grow into adults."

"Naughtiness' is healthy – rules are there to be broken, and boundaries need to be explored and pushed

First published in The Guardian on Friday 21 July 2017.

1. I can't shake my fascination with Theresa May's response to the question: "What is the naughtiest thing you ever did?" She was doubtless being sincere rather than politically strategic in saying all she could think of was that she once ran through a mildly forbidden wheat field. There were kids like her at my school. They were usually bullied, and you can kind of see why.

2. I was myself up to the age of 12 an extremely well-behaved and rather timid (and bullied) child. Then I discovered naughtiness. And I really had a feast. I was a very naughty teenager (my elder brother was compulsively well-behaved, in the way elder siblings often are, while my younger brother took after me – his speciality was truancy).

3. I prised off street signs and dropped them down drains. When it snowed, I delighted in filling unlocked cars with it. I took any drug I could get my hands on. I hung around on street corners getting blind drunk on cheap cherry wine. And that's just the stuff I'm prepared to write down. I was pretty pathetic. On the other hand, I do think naughtiness was (and still is) sometimes the early stirrings of an independent mind, and not always a display of sullen, resentful narcissism (although for me, that was definitely a big part of it).

4. It can be healthy to test the boundaries, to kick against authority. Authority needs to be challenged or it becomes moribund. The definition of what is naughty, after all, is constantly changing – it wasn't so long ago that it was considered a good thing for boys to engage in a bit of recreational violence, and a girl who took on too many masculine character traits was derided as a tomboy. Not hitting back and not conforming to gender stereotypes were considered to be naughty and the rebels, in hindsight, are to be admired.

5. Now I have four children of my own, and they have all displayed varying degrees of naughtiness, although obviously I only know the stuff I have found out about. This, in my book, is healthy, for an entirely "good" child is probably one who is frightened, or at least, cowed.

6. People like Theresa May would like to stamp out naughtiness entirely. It's a characteristic typical of control freaks.

7. Fictional heroes and heroines are always rule-breakers. This is not a coincidence. Heroes go into the unknown and explore. They take risks, not least the risk of social disapproval. As Tim Minchin wrote in the score for the musical of Roald Dahl's Matilda, "Sometimes, you have to be a little bit naughty."

8. Of course, naughtiness can and often does go too far. Boys are naughtier than girls, and this remains true when they grow into adults when they will commit most of the crimes. I don't know why this is but it might perhaps be worth bearing in mind the male propensity for naughtiness when designing school curricula, so they don't get too

→

bored and seek to express their frustration in antisocial ways. As Mike Skinner of the Streets observed: "Geezers need excitement / If their lives don't provide them they incite violence."

9. Sport seems to be a pretty decent antidote to male naughtiness and also some kind of prophylactic against the shame of academic failure, which is also doubtless a cause of misbehaviour.

10. I suspect people like Theresa May would like to stamp out naughtiness entirely. It's a characteristic typical of control freaks. May is a successful careerist, of a sort. But I would imagine her to be, like many of her stripe, a somewhat closed-off and not fully individuated human being. Such creatures who have never pushed the boundaries of their own behaviour or tested those boundaries properly. If Theresa May had done so, she might have a better understanding of a wider society than the narrow borders of Oxfordshire where she, the vicar's daughter, was brought up, being relentlessly, unforgivingly – and finally, destructively – good.

Questions

156 In the following phrase from the introduction "Naughtiness" is healthy', the word "healthy" means:

1/ Improves fitness
2/ Prevents disease
3/ Has a positive role in challenging the status quo
4/ Physical activity
5/ Avoids boredom

157 In the following phrase taken from the first paragraph "I can't shake my fascination", the word "shake" means:

1/ Rattle
2/ Disturb
3/ Activate
4/ Loose
5/ Lose

158 In the following phrase taken from the first paragraph "They were usually bullied", the word "bullied" means:

1/ Mistreated
2/ Ignored
3/ Ostracised
4/ Punched
5/ Kicked

159 In the following phrase taken from the second paragraph "his speciality was truancy", the word "truancy" means:

1/ Being a gangster
2/ Drug dealing
3/ Armed robbery
4/ Stealing
5/ Missing classes

160 In the following phrase taken from the third paragraph "I prised off street signs", the word "prised" means:

1/ Pulled
2/ Pushed
3/ Hammered
4/ Forced
5/ Screwed

161 In the following phrase taken from the fourth paragraph "derided as a tomboy", the word "tomboy" means:

1/ Girl who violently attacks boys
2/ Boy who behaves like a girl
3/ Girl who behaves like a boy
4/ Boy who violently attacks girls
5/ Girls or boys who behaved like rebels

162 In the following phrase taken from the fourth paragraph "the rebels, in hindsight", the word "hindsight" means:

1/ In part
2/ Clearly
3/ Always
4/ Retrospectively
5/ Covertly

163 In the following phrase taken from the fifth paragraph "frightened or at least cowed", the word "cowed" means:

1/ Lazy
2/ Passive
3/ Intimidated
4/ Domesticated
5/ Silenced

164 In the following phrase taken from the sixth paragraph "typical of control freaks", the term "control freak" means:

1/ Control monster
2/ Out of control
3/ Social phenomenon
4/ Obsessed with control
5/ Auditor

165 In the following phrase taken from the third paragraph "early stirrings of an independent mind", the word "stirrings" means:

1/ Cooking
2/ Proof
3/ Workings
4/ High level activity
5/ Writings

166 In the seventh paragraph why is it important that "sometimes you have to be a little naughty":

1/ There is an unwritten obligation for children to be naughty
2/ For Society to progress it requires heroes to break the rules on occasion
3/ Society obliges us to be naughty at times
4/ In order to explore you must be naughty
5/ We must all seek social disapproval at times

167 **In the eighth paragraph how does the author explain why boys are naughtier than girls:**

1/ Boys are more violent than girls
2/ Girls are more violent than boys
3/ Boys require regular excitement and girls do not
4/ Girls require regular excitement and boys do not
5/ Boys take things too far

168 **In the following phrase from the ninth paragraph "a pretty decent antidote", the word "pretty" means:**

1/ Attractive
2/ Moderately
3/ Feeble
4/ Very
5/ Vaguely

169 **In the following phrase taken from the tenth paragraph "like many of her stripe", the word "stripe" means:**

1/ Experience
2/ Age
3/ Education
4/ Affiliation
5/ Race

170 **In the final paragraph how does the author summarise the benefits of embracing naughtiness:**

1/ It enables us to become Prime Minister
2/ It permits a broader understanding of society as a whole
3/ It enables us to change our social class
4/ It makes us very good
5/ It improves career prospects

Session 2

SCORE IAE-MESSAGE

ÉLÉMENTS DE RÉPONSE

GRILLE DES RÉPONSES COMPLÉTÉE

SESSION 2

SCORE IAE MESSAGE

Session : 17/03/18

Nom : ____________________

Prénom : ____________________

Date de naissance : ____/____/____

Centre : ____________________

Signature du candidat

N° d'inscription

0	0	0	0	0	0	0
1	1	1	1	1	1	1
2	2	2	2	2	2	2
3	3	3	3	3	3	3
4	4	4	4	4	4	4
5	5	5	5	5	5	5
6	6	6	6	6	6	6
7	7	7	7	7	7	7
8	8	8	8	8	8	8
9	9	9	9	9	9	9

MARQUAGE DES REPONSES

- Utilisez un crayon mine et une gomme propre ou un blanc correcteur
- Ne graphitez qu'une seule réponse par question

Marquage CORRECT ▬

INCORRECT ⊖ ═ ✕ ⁄ ◌

Culture G	Réponse (1 2 3 4 5)
1	4
2	2
3	2
4	2
5	3
6	3
7	1
8	4
9	4
10	2
11	3
12	3
13	2
14	4
15	4
16	3
17	4
18	3
19	3
20	4
21	1
22	3
23	3
24	4
25	3
26	3
27	3
28	4
29	4
30	5
31	5
32	5
33	3
34	4
35	2
36	2
37	2
38	4
39	2
40	4
41	5
42	2
43	5
44	3
45	4
46	2
47	5
48	5
49	3
50	2

Français	Réponse (1 2 3 4 5)
51	3
52	2
53	4
54	3
55	3
56	3
57	2
58	4
59	3
60	4
61	5
62	2
63	2
64	2
65	2
66	3
67	1
68	1
69	4
70	2
71	2
72	5
73	3
74	2
75	4
76	3
77	1
78	2
79	1
80	5
81	3
82	3
83	2
84	2
85	3
86	3
87	4
88	1
89	3
90	5
91	2
92	5
93	2
94	5
95	5
96	1
97	3
98	2
99	5
100	2

RLN	Réponse (1 2 3 4 5)
101	2
102	1
103	4
104	5
105	2
106	4
107	3
108	2
109	2
110	4
111	5
112	4
113	2
114	5
115	4
116	1
117	2
118	5
119	2
120	4

Anglais	Réponse (1 2 3 4 5)
121	2
122	4
123	4
124	2
125	2
126	3
127	3
128	3
129	5
130	2
131	3
132	4
133	2
134	4
135	5
136	3
137	3
138	5
139	4
140	1
141	5
142	5
143	5
144	4
145	1
146	1
147	1
148	5
149	2
150	1
151	3
152	4
153	2
154	4
155	3
156	3
157	5
158	1
159	5
160	4
161	3
162	4
163	3
164	4
165	3
166	2
167	3
168	2
169	4
170	2

Explications des réponses de l'épreuve de raisonnement logique et numérique

101 **Quelle carte complète la figure ci-dessous ?**

Carte A Carte B Carte C Carte D Carte E

① Carte A
② **Carte B**
③ Carte C
④ Carte D
⑤ Carte E

Sur chaque ligne et chaque colonne on trouve un 6 de cœur, un 7 de pique et un 8 de trèfle. Il manque donc le 8 de trèfle.

---

102 **On dispose d'un dé classique, la mise est de deux euros à chaque tirage (mise non remboursée). Si c'est le numéro 4 ou 5 qui sort on gagne 3 euros, si c'est le numéro 6 qui sort on gagne 5 euros, dans les autres cas on perd. Quelle est l'espérance de gain en euros de ce jeu ?**

① **–1 / 6**
② 0
③ 3,5 / 6
④ 5,5 / 6
⑤ 11 / 6

L'espérance de gain est égale à la somme de ce qu'on peut gagner (à savoir 3, 3 et 5 euros), moins la somme de ce que l'on a misé (à savoir 6 × 2 euros) pour chaque tirage possible, pondéré par le nombre de tirages possibles (6). Ce qui fait : (11 – 12) / 6 = –1 / 6 euro.

103 **Une mairie vous demande de calculer la médiane des surfaces communales suivantes : 4 hectares, 20 hm², 1 000 dam², 500 ares, 30 000 m².**

① 4 hectares
② 20 hm²
③ 1 000 dam²
④ 500 ares
⑤ 30 000 m²

En classant les 5 surfaces par ordre croissant on obtient :
30 000 m² – 4 hectares (40 000 m²) – 500 ares (50 000 m²) – 1 000 dam² (100 000 m²) – 20 hm² (200 000 m²).
La bonne réponse est donc en troisième position.

104 **Vous disposez d'un dodécaèdre (polyèdre qui a 12 faces pentagonales) parfaitement équilibré. Sur chacune des faces, vous dessinez le calendrier d'un mois de l'année. Vous lancez et faites rouler votre dodécaèdre et vous attendez qu'il s'arrête dans une position stable : posé sur une face. Quelle est la probabilité que le nom du mois que vous lisez sur la face du dessus comporte l'une des lettres de l'acronyme « iae » ?**

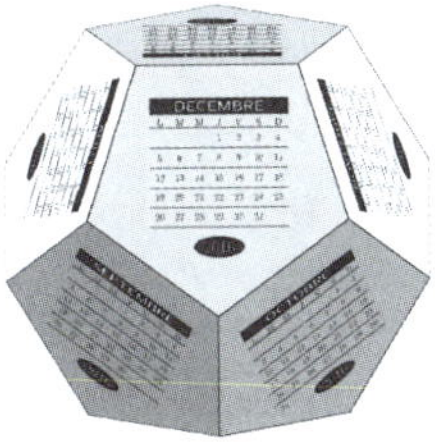

① 75 %
② 80 %
③ 83 %
④ 86 %
⑤ 100 %

Il s'agit donc juste de faire un tirage aléatoire des noms des mois de l'année et de compter combien possède la caractéristique demandée parmi l'ensemble des noms. On dénombre 6 mois dans l'année qui ont un « i » dans leur nom (janvier, février, avril, mai, juin, juillet), et 5 qui comportent un « a » (janvier, mars, avril, mai, aout) et 7 qui comportent un « e » (janvier, février, juillet, septembre, octobre, novembre et décembre). Tous les mois de l'année sont présents. Il y a donc 12 chances sur 12 de tomber sur un mois qui comporte une des lettres iae, soit 100 %.

Session 2

105 **Pour ses déplacements professionnels, un homme d'affaires se rend dans 3 hôtels A, B et C avec les fréquences respectives de 20 %, 30 % et 50 %. Les taux de panne du wifi dans chaque hôtel sont respectivement de 2,5 % pour le premier, 2 % pour le second et 5 % pour le dernier. Sachant que cet homme d'affaires se retrouve ce soir dans une chambre dont le wifi est en panne, quelle est la probabilité qu'il se trouve dans l'hôtel B ?**

① 15 %
② 16,66 %
③ 23,33 %
④ 25 %
⑤ 30 %

L'énoncé nous indique que P(A) = 0,2 ; P(B) = 0,3 et P(C) = 0,5. Si on note l'événement « wifi en panne » par NonWi, on a P(NonWi | A) = 0,025 ; P(NonWi | B) = 0,02 et P(NonWi | C) = 0,05. Nous devons donc résoudre la probabilité d'être dans l'hôtel B sachant que le wifi de la chambre est en panne soit P(B | NonWi). On a de plus :
P(B | NonWi) = P(B) × P(NonWi | B) / [P(A) × P(NonWi | A) + P(B) × P(NonWi | B) + P(C) × P(NonWi | C)]
Donc P(B | NonWi) = 0,3 × 0,02 / [(0,2 × 0,025) + (0,3 × 0,02) + (0,5 × 0,05)] = 0,006 / (0,005 + 0,006 + 0,025) = 0,006 / 0,036 = 1/6, soit 16,66 %.

106 **De combien de minutes l'heure de minuit est-elle dépassée si, vingt-deux minutes auparavant, vingt-trois heures était dépassé d'un nombre de minutes trois fois supérieur ?**

① 16
② 17
③ 18
④ 19
⑤ 20

Mettons en équation les données du problème :
soit x le nombre de minutes recherché, on a alors :
24h + x – 22 = 23h + 3x, soit 24h – 23h = 60 min = 2x + 22,
soit 2x = 38 et donc x = 19.

107 **Compléter cette suite : 11, 18, 25, 39, 60, ...**

① 91
② 93
③ 95
④ 97
⑤ 99

Dans cette suite, chaque terme est obtenu en faisant la somme des deux nombres qui le précèdent et en retirant 4. Par exemple : 11 + 18 – 4 = 25. Donc le terme suivant de cette suite est : 39 + 60 – 4 = 95.

108 Soit $f(x) = 3x^2$ et $g(x) = 2x + 1$.
Combien vaut : $f(g(x)) - g(f(x))$?

① 0
② $6x^2 + 12x + 2$
③ $3.f(x) - 2.g(x)$
④ $f(x).g(x)$
⑤ $6x^3 + 3x^2$

Développons :
$f(g(x)) - g(f(x)) = (3.(2x + 1)^2) - (2.(3x^2) + 1) = 3.(4x^2 + 4x + 1) - (6x^2 + 1) = 6x^2 + 12x + 2$

109 Soit un nouveau jeu de LOTO composé d'une grille de 12 numéros. On choisit quatre numéros dans cette grille. Le tirage est de quatre numéros sans remise.
Quelle est la probabilité de trouver exactement deux bons numéros lors du tirage ?

① 1/3
② 56/165
③ 1/4
④ 31/144
⑤ 27/64

Quatre numéros sont gagnants et huit sont perdants, la probabilité est donc :

$$\frac{\binom{4}{2}\binom{8}{2}}{\binom{12}{4}} = \frac{\frac{(4 \times 3)}{2} \times \frac{(8 \times 7)}{2}}{\frac{(12 \times 11 \times 10 \times 9)}{(4 \times 3 \times 2)}} = \frac{56}{165}$$

110 Sur ce quadrillage régulier on a dessiné cette figure.
Combien de rectangles non carrés (largeur différente de la longueur) de toutes tailles dénombrez-vous ?

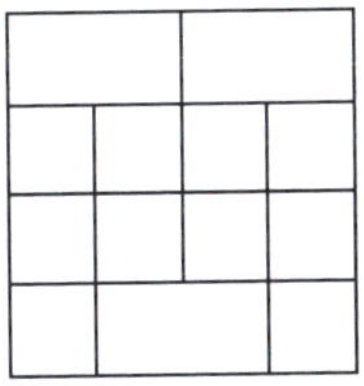

① 33
② 35
③ 37
④ 39
⑤ 41

Il y en a 15 de taille 2 × 1, 8 de taille 3 × 1, 4 de taille 4 × 1, 7 de taille 3 × 2, 3 de taille 4 × 2 et 2 de taille 4 × 3, soit un total de 15 + 8 + 4 + 7 + 3 + 2 = 39 rectangles.

111 Compléter la suite : C – LXXXI – LXIV – IL – XXXVI – …

① CIV
② IIL
③ XIV
④ XXIII
⑤ XXV

Il s'agit, en numérotation romaine, des nombres 100, 81, 64, 49, 36, soit les carrés de 10 à 6.
Le prochain nombre est $5^2 = 25$, soit XXV.

112 **Soit f(x) de la forme $x^3 + Ax^2 + Bx + C$. Sachant que f(2) = –1, f(–2) = –17 et f(4) = 25, combien vaut f(1) ?**

① –5

② –3

③ –2

④ –1/2

⑤ 1

D'après l'énoncé, on a :

$$\begin{cases} 2^3 + A \times 2^2 + B \times 2 + C = -1 \\ (-2)^3 + A \times (-2)^2 + B \times (-2) + C = -17 \\ 4^3 + A \times 4^2 + B \times 4 + C = 25 \end{cases} \longleftrightarrow \begin{cases} 4 \times A + 2 \times B + C = -9 \\ 4 \times A - 2 \times B + C = -9 \\ 8 \times A + 4B + C = -39 \end{cases}$$

Avec les deux premières relations, on en déduit que B = 0.
On obtient alors le système :

$$\begin{cases} 4 \times A + C = -9 \\ 16 \times A + C = -39 \end{cases}$$

En les soustrayant l'une à l'autre, on a :
12A = –30, soit A = –5/2. On en déduit alors que C = 1.
On obtient donc l'équation :
$x^3 - \frac{5}{2}x^2 + 1$, et f(1) vaut –1/2.

113 **Un âne parcourt un voyage à la vitesse de 10 km/h pendant la moitié du trajet, 1/5 du trajet à la vitesse de 8 km/h et le reste à la vitesse de 9 km/h. Quel est le temps réalisé en moyenne par kilomètre par l'âne sur l'ensemble du trajet ?**

① 6m20s

② 6m30s

③ 6m50s

④ 7m15s

⑤ 7m40s

Soit L la longueur du trajet. La durée de la première partie du trajet est de : $\frac{\frac{L}{2}}{10} = \frac{L}{20}$ (en heures).

La durée de la deuxième partie du trajet est de :
$\frac{\frac{L}{5}}{8} = \frac{L}{40}$ (en heures).

La durée de la troisième partie du trajet est de :
$\frac{L - \frac{L}{2} - \frac{L}{5}}{9} = \frac{\frac{3L}{10}}{9} = \frac{L}{30}$ (en heures).

La durée totale du trajet est donc de :
$\frac{L}{20} + \frac{L}{40} + \frac{L}{30} = \frac{13L}{120}$ (en heures).

La longueur est de L kilomètres. Donc la durée moyenne réalisée pour un kilomètre est de :
$\frac{13L}{120} \times \frac{1}{L} = \frac{13}{120}$ (en heures), soit en minutes : $\frac{13 \times 60}{120} = \frac{13}{2}$,
soit 6 minutes et 30 secondes par kilomètre.

114 **Quel nombre complète logiquement cette série : 2678 ; 81315 ; 9446 ; 13810 ; … ?**

Les éléments de la série proposée sont composés en ajoutant 2 à 2 les chiffres du nombre précédent :
2 + 6 = 8 ; 6 + 7 = 13 ; 7 + 8 = 15 -> 81315.
Pour le dernier élément, on a donc :
1 + 3 = 4 ; 3 + 8 = 11 ; 8 + 1 = 9 et 1 + 0 = 1, soit 41191.

① 4190
② 4191
③ 41091
④ 41110
⑤ 41191

115 **Les échelles de température Celsius et Fahrenheit sont reliées par la relation : la température en Celsius est égale à cinq neuvièmes de celle en Fahrenheit à laquelle on a retranché 32. Quelle température en Fahrenheit correspond à 25 degrés Celsius ?**

Il nous faut tout d'abord inverser la relation.
Soit C la température en Celsius et F la température en Fahrenheit ; si C = 5/9 × (F – 32), alors F = 9/5 × C + 32.
Donc, si C = 25, alors F = 45 + 32 = 77.

① –23
② –3,88
③ 13
④ 77
⑤ 89

116 **Quatre amis Tom, Zoé, Lilou et Léa sont assis dans un amphi pour passer un examen. Voici ce que l'on observe sur leur positionnement :**
– Zoé est à droite de Léa ;
– Lilou est à gauche de Tom ;
– Tom est entre Zoé et Léa.
Parmi les réponses proposées, quelle est celle qui vérifie toutes les observations faites ?

D'après 3 et 1 Léa – Tom – Zoé ; d'après 2 Lilou – Léa – Tom – Zoé.

① Lilou-Léa-Tom-Zoé
② Lilou-Tom-Léa-Zoé
③ Lilou-Tom-Zoé-Léa
④ Tom-Lilou-Zoé-Léa
⑤ Léa-Tom-Lilou-Zoé

117 **En remplaçant les lettres S, I et M par des chiffres distincts, quelles sont les valeurs respectives de S, I et M permettant de rendre vraie l'égalité suivante :**
S I M = (S + I + M) × S × I × M

① 1, 2, 3
② 1, 3, 5
③ 2, 1, 5
④ 2, 4, 5
⑤ 5, 2, 6

Il suffit de tester les réponses proposées pour déterminer celle qui vérifie la relation :

123 = ? (1 + 2 + 3) × 1 × 2 × 3 = 36 -> Faux

135 = ? (1 + 3 + 5) × 1 × 3 × 5 = 9 × 15 = 135 -> Vrai

215 = ? (2 + 1 + 5) × 2 x 1 × 5 = 8 × 10 = 80 -> Faux

245 = ? (2 + 4 + 5) × 2 × 4 × 5 = 11 × 40 = 440 -> Faux

526 = ? (5 + 2 + 6) × 5 × 2 × 6 = 13 × 60 = 780 -> Faux

Seule la réponse 2 convient donc.

118 **Un standard téléphonique d'une société a enregistré le nombre d'appels par jour sur une période de 52 jours :**

Nb-Appels	140	150	160	170	180	190	200	210	220	230	240	250
Nb-Jours	1	4	2	4	5	7	7	8	6	5	1	2

Quels sont les 3 quartiles de cette série de valeurs ?

① 160 / 170 / 180
② 160 / 180 / 200
③ 170 / 180 / 190
④ 170 / 190 / 210
⑤ 180 / 200 / 220

On construit le tableau des fréquences cumulées et, comme il y a 52 mesures, la médiane (Q2) est située entre le 26e et 27e ; elle correspond à 200 appels. Le 1er quartile est entre les 13e et 14e jours, soit 180 appels, et le 3e quartile est entre les 39e et 40e jours, soit 220 appels.

119 **Un automobiliste, qui a réalisé la moitié de son trajet pour se rendre sur son lieu de vacances, a parcouru les cent derniers kilomètres en consommant 6 L d'essence. Sa consommation moyenne est alors passée de 5,5 L/100 km à 5,6 L/100 km. Combien aurait-il dû consommer sur les cent derniers kilomètres pour diminuer sa consommation moyenne à 5,4 L/100 km ?**

① 4,9 L
② 5,0 L
③ 5,1 L
④ 5,2 L
⑤ 5,3 L

D'après les équations de la moyenne, avant ces 100 derniers km de trajet, si t est le total de litres consommés jusqu'à présent et n le nombre de centaines de km réalisé jusqu'à présent, on a alors : 5,5 = t/n et donc après les derniers 100 km : 5,6 = (t + 6) / (n + 1). Soit t = 5,5 n et donc n = (6 – 5,6) / (5,6 – 5,5) = 0,4 / 0,1 = 4. Il y a donc eu 400 km parcourus avant les 100 derniers. Des équations précédentes, on en déduit également, si c est la consommation réalisée sur les 100 derniers km, que : $c = (cm^2 - 5{,}5) \times 4 + cm2$. Donc si $m^2 = 5{,}4$, on a alors : $d = (5{,}4 - 5{,}5) \times 4 + 5{,}4 = -0{,}1 \times 4 + 5{,}4 = 5$ L.

120 **Quel carré complète logiquement la suite des 3 carrés ci-dessous ?**

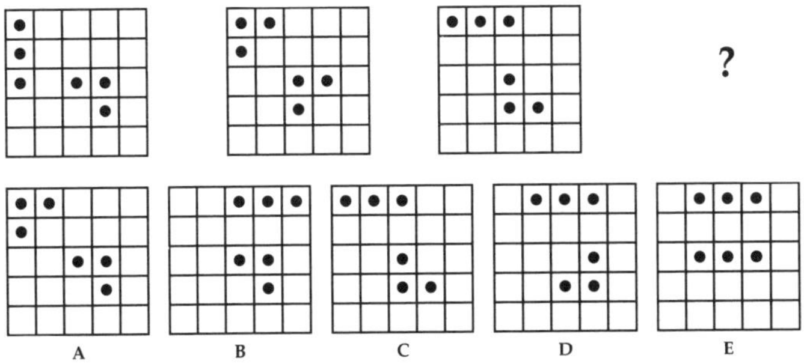

① A
② B
③ C
④ D
⑤ E

Les points à gauche du premier carré se déplacent en suivant le contour du carré et en tournant dans le sens des aiguilles d'une montre. Ceux du milieu tournent dans le sens contraire des aiguilles.

SCORE IAE-MESSAGE

SESSION DU 24 MARS 2018

Pour vous mettre dans la situation exacte de l'épreuve, nous avons reproduit la page de garde du document remis aux candidats à la session du 24 mars 2018.
Lisez-la attentivement avant de vous lancer.

N'oubliez pas d'utiliser la grille vierge de la page 120 pour y noter vos réponses puis de la comparer à la grille de la page 158 pour calculer votre score.

Session :

SCORE IAE MESSAGE

Nom : ____________________

Prénom : ____________________

Date de naissance : ___/___/___

Centre : ____________________

Signature du candidat

N° d'inscription

0	0	0	0	0	0	0
1	1	1	1	1	1	1
2	2	2	2	2	2	2
3	3	3	3	3	3	3
4	4	4	4	4	4	4
5	5	5	5	5	5	5
6	6	6	6	6	6	6
7	7	7	7	7	7	7
8	8	8	8	8	8	8
9	9	9	9	9	9	9

MARQUAGE DES REPONSES

- Utilisez un crayon mine et une gomme propre ou un blanc correcteur
- Ne graphitez qu'une seule réponse par question

Marquage CORRECT

INCORRECT

Culture G	1	2	3	4	5
1					
2					
3					
4					
5					
6					
7					
8					
9					
10					
11					
12					
13					
14					
15					
16					
17					
18					
19					
20					
21					
22					
23					
24					
25					
26					
27					
28					
29					
30					
31					
32					
33					
34					
35					
36					
37					
38					
39					
40					
41					
42					
43					
44					
45					
46					
47					
48					
49					
50					
	1	2	3	4	5

Français	1	2	3	4	5
51					
52					
53					
54					
55					
56					
57					
58					
59					
60					
61					
62					
63					
64					
65					
66					
67					
68					
69					
70					
71					
72					
73					
74					
75					
76					
77					
78					
79					
80					
81					
82					
83					
84					
85					
86					
87					
88					
89					
90					
91					
92					
93					
94					
95					
96					
97					
98					
99					
100					
	1	2	3	4	5

RLN	1	2	3	4	5
101					
102					
103					
104					
105					
106					
107					
108					
109					
110					
111					
112					
113					
114					
115					
116					
117					
118					
119					
120					
	1	2	3	4	5

Anglais	1	2	3	4	5
121					
122					
123					
124					
125					
126					
127					
128					
129					
130					
131					
132					
133					
134					
135					
136					
137					
138					
139					
140					
141					
142					
143					
144					
145					
146					
147					
148					
149					
150					
151					
152					
153					
154					
155					
156					
157					
158					
159					
160					
161					
162					
163					
164					
165					
166					
167					
168					
169					
170					
	1	2	3	4	5

SCORE IAE MESSAGE

3e session 2018

Samedi 24 mars 2018

SCORE IAE MESSAGE

session 3

À REMPLIR PAR LE CANDIDAT :

Nom : .... Prénom : ....

Identifiant Score IAE-Message : ....

Votre identité (nom et prénom), date de naissance, votre identifiant SIM, ainsi que le centre d'écrit et la session ont été pré-remplis sur la grille de réponses. Merci de les vérifier. Vous devez apposer votre signature dans la case prévue à cet effet. Le présent livret regroupe les quatre épreuves : Culture générale, économique et managériale ; Compréhension et expression écrite en français ; Raisonnement logique et numérique ; Compréhension et expression écrite en anglais, d'une durée de trois heures.

L'épreuve comprend cent soixante-dix (170) questions à choix multiple. Le tableau suivant fait apparaître leur répartition par matière, les pages où vous en prendrez connaissance, la durée indicative de leur traitement (durée qui n'est fournie que pour faciliter la gestion de votre temps).

Matière	**Pages du livret**	**Nombre de questions**	**Durée indicative de traitement**
Culture générale, économique et managériale	2 à 6	50	45 minutes
Compréhension et expression écrite en français	7 à 15	50	45 minutes
Raisonnement logique et numérique	16 à 18	20	45 minutes
Compréhension et expression écrite en anglais	19 à 25	50	45 minutes

Pour chaque question, cinq (5) réponses vous sont proposées ; **une seule réponse est correcte**.
Le barème de notation est le suivant :

	Épreuve de Culture générale, économique et managériale	Épreuve de Compréhension et expression écrite en français	Épreuve de Raisonnement logique et numérique	Épreuve de Compréhension et expression écrite en anglais
Bonne réponse	2 points	2 points	5 points	2 points
Mauvaise réponse, absence de réponse ou réponses multiples	0 point	0 point	0 point	0 point

Vos réponses devront être portées sur la grille codée qui vous est remise, et qui ne doit être ni pliée, ni écornée. Pour chacune des questions, graphitez entièrement une case (1, 2, 3, 4, 5) de la ligne numérotée correspondant à la question, en utilisant, pour permettre la lecture optique, un crayon de bois. En cas de correction, le blanc correcteur vous est vivement recommandé.

À la fin de l'épreuve, vous remettrez la grille codée au surveillant et vous lui restituerez également le présent livret.

RAPPELS

L'usage de la calculatrice, dictionnaire, lexique ou grammaire est formellement interdit.
Aucune sortie n'est autorisée pendant l'épreuve, toute sortie étant définitive.

Ce document contient 25 pages (compte tenu de cette page de garde).
Merci de vérifier que toutes les pages sont jointes au document.

Bonne chance !

Épreuve de culture générale, économique et managériale

1 **Avant le rétablissement en 2015 des relations diplomatiques entre les États-Unis et Cuba, à quelle année remontent les précédentes relations diplomatiques entre ces deux pays ?**

1/ 1914
2/ 1928
3/ 1945
4/ 1962
5/ 1974

2 **Parmi les ouvrages suivants, lequel est le plus traduit au monde ?**

1/ *Don Quichotte*
2/ *Harry Potter*
3/ *Le Petit Prince*
4/ *Le Seigneur des Anneaux*
5/ *Da Vinci Code*

3 **En 2016, la Banque mondiale a fixé le seuil de pauvreté à un revenu quotidien moyen inférieur à :**

1/ 1,25 dollar par jour
2/ 1,90 dollar par jour
3/ 2,50 dollars par jour
4/ 3,90 dollars par jour
5/ 5,25 dollars par jour

4 **Au cours de l'été 2017, quel cap a franchi la population mondiale ?**

1/ Celui des 6 milliards
2/ Celui des 6,5 milliards
3/ Celui des 7 milliards
4/ Celui des 7,5 milliards
5/ Celui des 8 milliards

5 **Dans quelle ville se déroula la bataille militaire décisive qui, en 1870, a mis un terme à la guerre franco-prussienne et entrainé la destitution de Napoléon III ?**

1/ À Reims
2/ À Toul
3/ À Sedan
4/ À Verdun
5/ À Belfort

6 **Qui a écrit *La Cantatrice chauve* ?**

1/ Eugène Ionesco
2/ André Malraux
3/ Jean-Paul Sartre
4/ Jean Cocteau
5/ André Tardieu

7 **En France, quel célèbre écrivain, historien, ayant été député européen, député des Alpes Maritimes et membre de l'Académie française, est décédé en juillet 2017 ?**

1/ Max Gallo
2/ Jacques Le Goff
3/ Alain Decaux
4/ Henri Emmanuelli
5/ Michel Rocard

8 **Pour quelle entreprise américaine l'actuel Secrétaire d'État américain Rex Tillerson a-t-il exercé les fonctions de PDG entre 2006 et 2016 ?**

1/ Google
2/ ExxonMobil
3/ Amazon
4/ Procter & Gamble
5/ 3M

9 **À quelle nation appartient l'île de la Passion et le droit de contrôler et d'exploiter tout autour de l'île une zone économique exclusive (ZEE) de 435 612 km carrés ?**

1/ À la France
2/ Au Mexique
3/ Au Chili
4/ Aux États-Unis
5/ Au Royaume-Uni

10 **Quel homme recherché par les troupes américaines a été capturé dans « un trou de souris », au sein d'une ferme en 2003 ?**

1/ Mohammed Ahmed al-Hanik
2/ Oussama Ben Laden
3/ Ayman al-Zawahiri
4/ Saddam Hussein
5/ Husayn al-Umari

11 **En décembre 2016, quelle banque, la plus ancienne du monde, a reçu l'aide financière de l'État italien pour éviter son effondrement ?**

1/ Banca Nazionale Del Lavoro
2/ Banca Monte dei Paschi di Siena
3/ Banca d'Italia
4/ Mediobanca
5/ Banca Popolare di Bergamo

12 **Quelle est la capitale de l'Albanie ?**

1/ Zagreb
2/ Tirana
3/ Skopje
4/ Pristina
5/ Sarajevo

13 **Parmi les propositions suivantes, laquelle ne peut pas être appliquée au Bitcoin ?**

1/ C'est un système de paiement en ligne
2/ Il fonctionne sur un logiciel libre
3/ C'est une crypto-monnaie
4/ Le système a annoncé une capitalisation proche de 10 milliards d'euros en 2016
5/ On ne peut souscrire un compte Bitcoin que via un serveur crypté

14 En France, de quel syndicat François Chérèque, décédé en janvier 2017, a-t-il été le secrétaire général de 2002 à 2012 ?

1/ SUD
2/ FO
3/ CGT
4/ CFDT
5/ UNSA

15 Quel écrivain américain, auteur à succès de *Dalva* ou *Légendes d'automne*, est décédé à 78 ans le 26 mars 2016 ?

1/ David Lodge
2/ Jim Harrison
3/ Cormac McCarthy
4/ Don DeLillo
5/ Toni Morrison

16 En quelle année s'est déroulée la chute de Constantinople, marquant la disparition de l'Empire byzantin ?

1/ En 1290
2/ En 1325
3/ En 1387
4/ En 1408
5/ En 1453

17 En quelle année l'île de Hong Kong a-t-elle été rétrocédée à la République Populaire de Chine par le Royaume-Uni ?

1/ En 2007
2/ En 1986
3/ En 1963
4/ En 1997
5/ En 1975

18 Dans quelle entreprise japonaise le système de Kanban visant à limiter les stocks d'une chaîne de production et à produire en flux tendu, a-t-il été mis en place pour la première fois dans les années 1950 ?

1/ Konica
2/ Toyota
3/ Fujitsu
4/ Honda
5/ Mitsui

19 Le boxeur Mohammed Ali est décédé le 3 juin 2016. Quel était son nom, avant sa conversion à l'Islam ?

1/ Mike Tyson
2/ Cassius Clay
3/ George Foreman
4/ Joe Frazier
5/ Jack Johnson

20 En France, Hervé Ghesquière est décédé en juin 2017. Pour quel fait a-t-il souvent fait la une de l'actualité ?

1/ Il était militant de l'extrême gauche et agitateur des plateaux télévision lors des émissions politiques
2/ Il était délégué syndical
3/ Il était à l'initiative de la « Nuit Debout », suite à la loi travail de Myriam El Kohmri
4/ Il était à l'initiative d'une tentative d'assassinat de François Hollande lorsqu'il était Président de la République
5/ Il a été détenu en otage pendant près de 550 jours en Afghanistan

21 En avril 2017, en France, qui occupe le poste de « Défenseur des Droits » ?

1/ Jean-Pierre Raffarin
2/ Michel Barnier
3/ Jacques Toubon
4/ Philippe de Villiers
5/ Bernard Accoyer

22 En juin 2017, quel animateur a quitté la chaine France 2 après avoir présenté l'émission « Télématin » pendant près de trente ans ?

1/ Gérard Holtz
2/ Willam Leymergie
3/ Julien Lepers
4/ Patrick Sabatier
5/ Alexandre Debanne

23 Le 25 mars 2017 pour les 60 ans de quel traité européen, les 27 chefs d'État et de gouvernement de l'Union européenne se sont-ils réunis ?

1/ Le traité de Paris
2/ Le traité de Rome
3/ L'Acte unique européen
4/ Le traité de Maastricht
5/ Le traité de Lisbonne

24 Quel groupe armé a déposé les armes le 8 avril 2017 ?

1/ L'EI
2/ L'IRA
3/ L'ETA
4/ Le PKK
5/ Les Zapatistes

25 À quel pays le territoire de Gibraltar appartient-il ?

1/ L'Espagne
2/ La France
3/ L'Italie
4/ Le Maroc
5/ Le Royaume-Uni

26 L'ordonnance de Villers-Cotterêt, signée en 1539, est célèbre car :

1/ Elle impose l'emploi du latin lors des messes
2/ Elle impose l'emploi du français à la cour
3/ Elle signe la fin de la Guerre de Cent ans
4/ Elle impose l'emploi du français dans les actes officiels
5/ Elle impose l'emploi du latin dans les actes officiels

27 Quel massif montagneux ne se trouve pas dans les Alpes ?

1/ Le Massif des Écrins
2/ Le Massif des Grandes Rousses
3/ La Chaîne de Belledonne
4/ Le Massif du Mont-Blanc
5/ La Haute-Bigorre

28 En 2020, quel pays accueillera les Jeux Olympiques d'été ?

1/ La Corée du Sud
2/ Singapour
3/ La Chine
4/ Le Japon
5/ Taïwan

29 **En France, en mars 2017, pour quel motif la ministre du Travail a-t-elle rendu publics les noms de deux entreprises Accor et Courtepaille, visant ainsi à dénoncer leurs pratiques ?**

1/ La corruption
2/ L'évasion fiscale
3/ La délocalisation de leurs emplois
4/ Un risque élevé de discrimination
5/ Les salaires jugés trop élevés des dirigeants

30 **En septembre 2015, de quel pays Juha Sipilä était-il le Premier ministre lorsqu'il a proposé d'héberger des réfugiés dans sa maison de campagne ?**

1/ La Suède
2/ La Norvège
3/ La Finlande
4/ Le Danemark
5/ La République Tchèque

31 **Parmi les pays suivants, lequel a annoncé en 2016 qu'il mettrait en place un revenu de base de 560 euros par mois pour ses citoyens ?**

1/ L'Autriche
2/ L'Afrique du Sud
3/ La Finlande
4/ L'Argentine
5/ La Suisse

32 **Parmi les nations suivantes, laquelle n'a pas rejoint la coalition en lutte contre l'État Islamique ?**

1/ Les Émirats arabes unis
2/ Le Maroc
3/ La Libye
4/ La Jordanie
5/ Bahreïn

33 **À quel élément naturel reconnaît-on Gibraltar ?**

1/ Ses fontaines d'eau chaude
2/ Ses neiges éternelles
3/ La multitude d'orangers
4/ Ses vagues très hautes, réputées pour le surf
5/ Son rocher

34 **En 2016, quel évènement lié à William Shakespeare a été célébré ?**

1/ Le 500e anniversaire de sa naissance
2/ Le 400e anniversaire de son mariage
3/ Le 300e anniversaire de la première représentation de *Macbeth*
4/ Le 400e anniversaire de sa mort
5/ Le 300e anniversaire de sa première représentation devant la Reine

35 **Quel pacte a réuni Benito Mussolini et Adolf Hitler en 1939 ?**

1/ Le Pacte de la Rose
2/ Le Pacte de Charbon
3/ Le Pacte d'Acier
4/ Le Pacte du Colisée
5/ Le Pacte de Versailles

36 Quel animal fabuleux le palais de Cnossos aurait-il abrité ?

1/ L'Hydre de Lerne
2/ Méduse
3/ Cerbère
4/ Le Minotaure
5/ Pégase

37 Parmi les peintres suivants, lequel appartenait au mouvement fauviste ?

1/ Vincent Van Gogh
2/ Claude Monet
3/ Leonard de Vinci
4/ Henri Matisse
5/ Raphaël

38 Qui est représenté dans un tableau d'Andy Warhol réalisé en 1973 et vendu 12,7 millions de dollars à Hong Kong en avril 2017 ?

1/ Mao Zedong
2/ Jackie Kennedy
3/ Michael Jackson
4/ Gandhi
5/ Nelson Mandela

39 Selon le FMI, parmi les 20 pays les plus riches du monde, un seul verra son PIB reculer (de l'ordre de 2 %) en 2017 par rapport à 2016, il s'agit :

1/ De la France
2/ Des États-Unis
3/ Du Royaume-Uni
4/ De l'Italie
5/ Du Japon

40 Quel est le nom du projet privé visant à envoyer des êtres humains vivre sur Mars en 2032 ?

1/ Together on Mars
2/ Go Mars
3/ Nasa M
4/ Mars One
5/ The conquest

41 En France, en novembre 2016, à quel candidat aux élections présidentielles de 2017, la conférence nationale du Parti communiste français a-t-elle refusé de se rallier avant que le vote des militants n'inverse la décision ?

1/ Jean-Luc Mélenchon
2/ Pierre Laurent
3/ Nathalie Arthaud
4/ Philippe Poutou
5/ Benoît Hamon

42 En 2017, quelles équipes se sont affrontées lors de la finale de la Coupe de France de football ?

1/ Losc / RC Lens
2/ PSG / FC Nantes
3/ PSG / Girondins de Bordeaux
4/ Angers / PSG
5/ Olympique Lyonnais / Olympique de Marseille

43 **En juillet 2017, en tennis, quel joueur a remporté le tournoi de Wimbledon pour la huitième fois battant ainsi le record de trophées dans ce tournoi ?**

1/ Rafael Nadal
2/ Novak Djokovic
3/ Roger Federer
4/ Andy Murray
5/ Richard Gasquet

44 **Quel poète et chanteur canadien, auteur de « Suzanne » et « So Long, Marianne » est décédé à New York le 7 novembre 2016 ?**

1/ Bob Dylan
2/ Leonard Cohen
3/ Ryan Adams
4/ Jeff Buckley
5/ Neil Diamond

45 **En avril 2017 qui est le maire de Londres, premier édile à être issu de l'immigration ?**

1/ Ed Miliband
2/ Theresa May
3/ Sadiq Kahn
4/ Jeremy Corbyn
5/ Boris Johnson

46 **En mars 2017, quel territoire d'Outre-mer français a été le théâtre d'une grève générale ?**

1/ La Polynésie française
2/ La Réunion
3/ Saint-Pierre-et-Miquelon
4/ La Guyane
5/ Saint-Barthélémy

47 **De quelle institution le chorégraphe et danseur étoile Benjamin Millepied a-t-il démissionné en tant que directeur de la danse en juillet 2016 ?**

1/ L'Opéra national de Paris
2/ Le New York City Ballet
3/ Le Théâtre du Châtelet
4/ L'Opéra national de Lyon
5/ Le Béjart Ballet Lausanne

48 **Quel est le premier chef d'État à s'être rendu à Washington pour rencontrer le Président Donald Trump ?**

1/ Vladimir Poutine
2/ Angela Merkel
3/ Theresa May
4/ Justin Trudeau
5/ Benyamin Netanyahou

49 **En France, en décembre 2016, quelle condamnation le Tribunal de grande instance de Paris a-t-il infligée à Jérôme Cahuzac pour des faits d'évasion fiscale ?**

1/ Deux ans de prison avec sursis
2/ Trois ans de prison avec sursis
3/ Trois ans de prison ferme
4/ Cinq ans de prison ferme
5/ Dix ans de prison ferme

50 **En mars 2017, dans quelle entreprise exerçait le dirigeant qui a dû présenter des excuses publiques après une altercation filmée avec l'un de ses partenaires ?**

1/ KPMG
2/ Walmart
3/ Unilever
4/ Uber
5/ British American Tobacco

ÉPREUVE DE COMPRÉHENSION ET EXPRESSION ÉCRITE EN FRANÇAIS

1RE PARTIE : EXPRESSION - 35 QUESTIONS

51 **Parmi les citations suivantes, quelle est celle que l'on peut classer comme un « oxymore » ?**

1/ « Comme la vie est lente et comme l'espérance est violente » (G. Appolinaire)
2/ « Petit-Poucet rêveur, j'égrenais dans ma course des rimes » (A. Rimbaud)
3/ « Rodrigue, as-tu du coeur » (P. Corneille)
4/ « Elle se hâte avec lenteur » (J. de la Fontaine)
5/ « Absence de preuve n'est pas la preuve d'absence »

52 **Quel pourrait-être le synonyme de « trivial » ?**

1/ Compétitif, concurrentiel
2/ Instinctif, machinal
3/ Absurde, insensé
4/ Commun, ordinaire
5/ Sain, bon pour la santé

53 **Parmi les propositions suivantes, laquelle est correcte ?**

1/ Les enfants se faisaient reprimander quand ils couraient partout
2/ L'oncle Auguste aimait réprimander les enfants de sa sœur
3/ Alfred réprimendait trop souvent son fils
4/ Alice ne répprimendait jamais son chat
5/ Agathe réppprimandait tous les jours son chat

54 **À quel mode et temps est conjuguée la première partie de la phrase suivante : « Si j'eusse étudié le Code civil pendant mes études, ma vie professionnelle aurait été bien plus simple » ?**

1/ Au présent du subjonctif
2/ À l'imparfait du subjontif
3/ Au passé du subjonctif
4/ Au plus-que-parfait du subjonctif
5/ Au conditionnel présent

55 Parmi les propositions suivantes, laquelle n'est pas un antonyme de « saveur » ?

1/ Le dégoût
2/ L'insipidité
3/ La laideur
4/ La fadeur
5/ La sapidité

56 Parmi les propositions suivantes, laquelle est correcte ?

1/ Cette entreprise propose beaucoup de postes vaquants, tu devrais proposer ta candidature
2/ Cette entreprise propose beaucoup de postes vaquans, tu devrais proposer ta candidature
3/ Cette entreprise propose beaucoup de postes vacans, tu devrais proposer ta candidature
4/ Cette entreprise propose beaucoup de postes vacants, tu devrais proposer ta candidature
5/ Cette entreprise propose beaucoup de postes vaccants, tu devrais proposer ta candidature

57 Dans cette phrase extraite de *La Peste* d'Albert Camus : « mais puisque l'ordre du monde est réglé par la mort, peut-être faut-il mieux pour Dieu qu'on ne […] pas en lui et qu'on lutte de toutes ses forces contre la mort », par quelle forme du verbe « croire » faut-il remplacer la partie entre crochets ?

1/ Croie
2/ Crois
3/ Croies
4/ Croit
5/ Croits

58 Parmi les propositions suivantes, laquelle est correcte ?

1/ Il pourrait soi prendre le train, soi prendre l'avion
2/ Chacun pour soit, clamaient les étudiants
3/ En soi, ce problème n'est pas difficile, pourtant je n'arrive pas à le résoudre
4/ Ce soit-disant marchand nous vole systématiquement
5/ Soi, qu'il parle ou se taise à jamais

59 Parmi les propositions suivantes, laquelle est correctement conjuguée au présent de l'indicatif ?

1/ Ce chien boie beaucoup d'eau mais aussi de la bière
2/ Il aboit dès qu'il voit une petite fille passer
3/ Il croie être le gardien de la maison
4/ Il broie du noir si on le laisse seul dans la maison
5/ Il larmoit et pleure toute la journée

60 **Parmi les propositions suivantes, laquelle est correcte ?**

1/ Il fait partie d'une étude médicale, il ne sait pas s'il a le vrai traitement ou un placébo
2/ Il fait partie d'une étude médicale, il ne sait pas s'il a le vrai traitement ou un placebeau
3/ Il fait partie d'une étude médicale, il ne sait pas s'il a le vrai traitement ou un placebo
4/ Il fait partie d'une étude médicale, il ne sait pas s'il a le vrai traitement ou un placébeau
5/ Il fait partie d'une étude médicale, il ne sait pas s'il a le vrai traitement ou un place et beau

61 **Parmi les propositions suivantes, laquelle est correctement conjuguée au passé simple ?**

1/ Godard entrait dans la pièce quand il vis la guêpe
2/ Je visitai l'église du village quand les enfants arrivèrent
3/ Ils mettèrent leur gilet et sautèrent dans l'eau
4/ Elles prendirent les clés et partirent aussitôt
5/ On prétendis que l'avion s'était écrasé suite à une défaillance technique

62 **Quel est le point commun entre les noms suivants « dame, échec, gage, menotte » ?**

1/ Ils ne sont ni féminins, ni masculins
2/ Ils ne prennent pas de « s » au pluriel
3/ Ils n'ont pas de synonyme
4/ Le sens du nom peut être différent au singulier et au pluriel
5/ Ils n'existent pas au pluriel

63 **Quelle est la particularité des noms « amour, orgue et délice » ?**

1/ Ils sont invariables
2/ Leur sens est différent au singulier et au pluriel
3/ Ils sont féminins au singulier et masculins au pluriel
4/ Ils sont masculins au singulier et féminins au pluriel
5/ Ils ne prennent pas de « s » au pluriel

64 **Parmi les propositions suivantes, laquelle est correcte ?**

1/ En Bretagne on aime les artichauds
2/ Annie fait des cauchemards tous les soirs
3/ Les badauds se massent devant le lieu du crime
4/ Les crapauts chantent la nuit
5/ La voiture était ensevelie sous la chaut

65 **Parmi les propositions suivantes, laquelle est correcte ?**

1/ La bataille a été difficile, l'armée en a payé un lourd tribud
2/ La bataille a été difficile, l'armée en a payé un lourd tribus
3/ La bataille a été difficile, l'armée en a payé un lourd tribu
4/ La bataille a été difficile, l'armée en a payé un lourd tribut
5/ La bataille a été difficile, l'armée en a payé un lourd tribue

66 **Parmi les propositions suivantes, laquelle est correcte ?**

1/ La situation climatique évoluera doucettement, nos chèvres paîtront de nouveau dans les prés, et nous pourrons prendre un déjeuner frugal en terrasse
2/ La situation climatique évolura doucettement, nos chèvres paisseront de nouveau dans les prés, et nous pourrons prendre un déjeuner frugal en terrasse
3/ La situation climatique évoluerat doucettement, nos chèvres paittront de nouveau dans les prés, et nous pourrons prendre un déjeuner frugal en terrasse
4/ La situation climatique évolurra doucettement, nos chèvres paiesseront de nouveau dans les prés, et nous pourrons prendre un déjeuner frugal en terrasse
5/ La situation climatique évolura doucettement, nos chèvres pèsseront de nouveau dans les prés, et nous pourrons prendre un déjeuner frugal en terrasse

67 **Parmi les propositions suivantes, laquelle n'est pas un « syllogisme » ?**

1/ Tous les hommes sont mortels, or les rois sont des hommes, donc les rois sont mortels
2/ L'injustice est combattue, la vieillesse est une injustice, donc la vieillesse est combattue
3/ Les chiens sont des mammifères, les caniches sont des chiens, donc les caniches sont des mammifères
4/ Les maladies sont douloureuses, les douleurs sont injustes, donc les maladies sont injustes
5/ Quelques hommes sont cruels, or les Français sont des hommes, donc les Français sont cruels

68 **Parmi les propositions suivantes, laquelle est correcte ?**

1/ Les journaux satyriques se retrouvent parfois devant les tribuneaux pour diffamation
2/ Les journaux satiryques se retrouvent parfois devant les tribuneaux pour diffamation
3/ Les journaux satyriques se retrouvent parfois devant les tribunaux pour diphamation
4/ Les journaux satiriques se retrouvent parfois devant les tribunaux pour diffamation
5/ Les journaux sathiriques se retrouvent parfois devant les tribuneaux pour diffamation

69 Parmi les propositions suivantes, laquelle est correcte ?

1/ En adhérent à cette association, Pauline s'engageait à se lever tous les dimanches
2/ Les divergeants sont des personnes rejetées dans les sociétés totalitaires
3/ Mon oncle est très influant dans le monde des affaires
4/ Il s'est montré très négligeant hier soir
5/ Il est entré dans la pièce en suffoquant

70 Parmi les propositions suivantes, laquelle est correcte ?

1/ La ville est si grande que sans carte il si perdra
2/ Le silence semble d'abord si profond mais peu à peu on s'y habitue
3/ On fit le tour du jardin, les premières fraises si montraient
4/ Quel malheur que le monde soit s'y perturbé
5/ Il saute dans l'eau si froide, si enfonce, ressentant un immense plaisir

71 Quelle est la bonne orthographe pour le terme correspondant à la définition suivante : « Acte de se ronger les ongles » ?

1/ Onychophagie
2/ Onichophagie
3/ Onycophagie
4/ Onicofagie
5/ Onycofagie

72 Quel pourrait-être le synonyme de « débonnaire » ?

1/ Radin, pingre
2/ Accommodant, indulgent
3/ Participatif, de bonne volonté
4/ De mauvaise foi
5/ De mauvais augure

73 Parmi les propositions suivantes, laquelle est correcte ?

1/ Madge promenat son regard sur les murs blancs
2/ Elle appréciât la sobriété de la pièce
3/ Pierre peignit aussitôt tous les murs en gris
4/ Madge assortissa les rideaux au couvre-lit
5/ Le matelas parvînt à amortir la chute de Madge

74 Parmi les propositions suivantes, laquelle est correcte ?

1/ Mange ta soupe, m'ordonnait souvent ma mère
2/ Ranges ta chambre, fais tes devoirs
3/ Plies les draps correctement et mets-les sur le lit
4/ Lit ce livre, il t'apportera beaucoup
5/ Arranges ces fleurs, le bouquet est affreux

75 **Parmi les propositions suivantes, laquelle est correcte ?**

1/ Jacques annonça à la cantonnade qu'il partirait très vite
2/ Les policiers demandaient à la cantonade si quelqu'un avait vu l'enfant
3/ Qu'elqu'un avait vu l'enfant de l'autre côté du lac
4/ Il arrivait chaque jour sous les quolibés
5/ Il se délèctait à l'avance de la scène finale

76 **Que signifie l'adjectif « incoercible » ?**

1/ Qu'on ne peut contenir
2/ Qu'on ne peut manger
3/ Qu'on ne peut croire
4/ Qu'on ne peut voir
5/ Qu'on ne peut dire sans choquer

77 **Parmi les propositions suivantes, laquelle est correcte ?**

1/ Quelque trois-cents personnes ont assisté au concert privé
2/ Quelque trois-cent personnes ont assisté au concert privé
3/ Quelques trois-cents personnes ont assisté au concert privé
4/ Quelques trois-cent personnes ont assisté au concert privé
5/ Quel que trois-cents personnes ont assisté au concert privé

78 **Dans cette phrase extraite de *24 heures de la vie d'une femme* de S. Zweig : « Comme était merveilleuse la vue qu'on avait des fenêtres sur le littoral festonné de rochers », quelle est la signification du mot « festonné » ?**

1/ Qui semble s'amuser
2/ Qui apparaissent et disparaissent de manière régulière
3/ Qui est parsemé de manière irrégulière
4/ Qui est décoré en forme de guirlandes suspendues
5/ Qui est dépourvu

79 **Que signifie l'adjectif « diaphane » ?**

1/ Qui ne voit pas dans le noir
2/ Sans prétention
3/ Qui mange de l'air
4/ Transparent
5/ Économe

80 **Parmi les propositions suivantes, laquelle n'est pas synonyme de « kafkaïen » ?**

1/ Grandiose
2/ Absurde
3/ Surréaliste
4/ Aberrant
5/ Ahurissant

81 **Qu'est-ce qu'une attitude « velléitaire » ?**

1/ Qui a du mal à prendre une décision, très hésitante
2/ Très vindicative, combattive
3/ Très bavarde
4/ Excentrique
5/ Qui a des difficultés à exécuter un ordre

82 **Parmi les propositions suivantes, laquelle est correcte ?**

1/ Les concurrents épèleront les mots donnés par le jury
2/ Vous étiquèterez tous les nouveaux produits
3/ Tu furèteras partout, comme à ton habitude
4/ Elles jèteront les aliments avariés dès ce soir
5/ Elle projètera de partir dès qu'elle connaîtra la vérité

83 **Parmi les propositions suivantes, laquelle est correcte ?**

1/ S'il est un domaine où l'éthique est importante, c'est bien dans l'intelligence artificielle
2/ Il prend sa voiture où ta voiture pour aller à Paris
3/ Tu peux t'asseoir ou tu veux, il y a de la place
4/ Dans les salles de classe, ou la diversité est grande, on note une nouvelle tension
5/ Le développement de compétences interculturelles où l'acquisition de savoirs nouveaux est important

84 **Parmi les propositions suivantes, laquelle est correcte ?**

1/ La plus part des objets sollicitent une perception
2/ Les œuvres d'arts sollicitent une perception d'ordre esthétique
3/ Un poème ou une peinture d'histoire est, en un sens un véhicules d'informations
4/ La plupart des objets peuvent à la fois transmettre des informations et avoir une fonction
5/ L'intention est attachée une fois pour toute à l'idée du travail à fournir

85 **Parmi les propositions suivantes, laquelle est correcte ?**

1/ Une haix entourait la terrace, la rendant invisible à tous
2/ Il faut tailler la haie tous les mois au moins
3/ Une fois par moi il s'en va en vacance
4/ Il aime partir en vacances, s'il pouvait il partirait une foi par mois
5/ Il couperait toute la hais s'il le pouvait

2e partie : Compréhension – 15 questions

Texte

Source : Augusta Conchiglia, « Le Mozambique hanté par l'assassinat de son premier président », *Le Monde Diplomatique*, août 2017, p. 10

Qui a tué Samora Machel ?

par Augusta Conchiglia

Alors que le Mozambique, secoué par des scandales, fragilisé par la chute du prix des matières premières, traverse l'une des plus graves crises de son histoire, la mort mystérieuse du président Samora Machel, survenue en 1986, hante le débat public. Avec le temps, les langues se délient ; la vérité commence à émerger. Et un faisceau d'indices désigne le gouvernement d'apartheid de l'Afrique du Sud.

Le 19 octobre 1986, le premier président du Mozambique indépendant, Samora Machel, 53 ans, meurt dans un accident d'avion sur le flanc de la colline de Mbuzini, dans le nord-est de l'Afrique du Sud. Il revenait, à bord d'un Tupolev 134A, de Mbala, dans le nord de la Zambie, où il avait participé à un sommet régional. Sur les trente-trois passagers – le président, son entourage et l'équipage soviétique –, neuf ont survécu.

Presque trente et un ans plus tard, les causes de cet accident demeurent mystérieuses. La version sud-africaine, qui pointe des erreurs commises par les pilotes, domine dans les chancelleries occidentales. Mais pour Moscou et Maputo, alors alliés, l'avion aurait été dévié de sa route par le signal d'une balise VOR (pour *very high frequency omnidirectional range*). Celle-ci émettait sur les mêmes fréquences que l'aéroport de Maputo, opportunément plongé dans le noir ce soir-là.

Immédiatement, l'URSS et le Mozambique exigent une enquête sur place. Membre, avec eux, d'une commission tripartite constituée après le désastre, l'Afrique du Sud tergiverse. Sourde à leurs protestations et à celles des consultants de l'Organisation de l'aviation civile internationale, elle ne délivre les boîtes noires qu'un mois après l'accident.

Les documents déclassifiés par la France à l'occasion du trentième anniversaire du crash, en 2016, dédouanent le pays de l'apartheid. Ils révèlent surtout le dilettantisme de la diplomatie hexagonale dans ce dossier. Un télégramme du 13 juillet 1987, signé de l'ambassadeur français à Maputo Gérard Cros, sous-entend, contre toute évidence, une négligence du président : « Machel avait été mis en garde contre l'obsolescence des appareils et les déficiences des procédures de pilotage des Soviétiques. »

Ces deux accusations ne figurent pas dans le rapport sud-africain publié le 9 juillet 1987 sous la direction du juge Cecil Margo. L'ancien officier de l'armée de l'air sud-africaine savait que le Tupolev 134A avait été construit en 1980 et équipé des instruments les plus modernes. Quant à l'ivresse supposée des pilotes, il s'agit d'une invention du ministre des affaires étrangères sud-africain Roelof Frederik « Pik » Botha, vingt-quatre heures après l'accident et avant toute autopsie. Le rapport sud-africain conclut à une erreur humaine, celle des pilotes. Mais il se contredit en suggérant que le crash « a été la conséquence d'une action préméditée à travers un VOR au Mozambique même », tout en ajoutant que… « l'existence d'une fausse balise ne peut pas être mise en cause dans l'accident » !

→

Pour Pretoria, l'initiative de trop

Margo avait lui-même été pilote de bombardiers pendant la Seconde Guerre mondiale, puis en 1948 en Israël, où il s'était rendu à la demande de son ami le Premier ministre David Ben Gourion. Sa carrière d'enquêteur spécialisé dans les accidents d'avion avait débuté en 1961, avec le crash du DC-6 qui avait coûté la vie au secrétaire général de l'Organisation des Nations unies (ONU), Dag Hammarskjöld, près de Ndola, en Rhodésie du Nord (actuelle Zambie). Son enquête avait également conclu à une erreur des pilotes. Depuis quelques années, cette version est contestée par l'ONU, qui, en 2016, a demandé la réouverture du dossier[1].

Dans le cas du crash de Mbuzini, des témoignages sont venus corroborer la thèse du Mozambique et de la Russie, qui, en 1996, réclamaient encore l'ouverture d'une enquête et l'analyse approfondie des débris de l'avion – en partie emportés par des Sud-Africains, « tels des trophées de chasse », selon les termes de la veuve du président mozambicain, Mme Graça Machel (qui en 1998 épousa Nelson Mandela en secondes noces).

Parti chercher du secours, l'un des survivants, M. Fernando Manuel João, garde du corps de Machel, raconte avoir trouvé, à son retour sur les lieux, des unités d'élite de l'armée sud-africaine, plusieurs officiers de haut rang et des membres de l'exécutif, dont le puissant ministre de la Défense, Magnus Malan. Les militaires fouillaient l'avion à la recherche des valises diplomatiques, n'hésitant pas à demander aux blessés quelles places occupaient le président Machel et ses collaborateurs. Les premiers secours n'arrivèrent que huit heures après. Trop tard pour certains blessés…

Machel était le père de l'indépendance du Mozambique, auparavant colonie portugaise. Commandant de la guérilla lancée en 1964 par le Front de libération du Mozambique (Frelimo), il en prend la tête en 1970, un an après l'assassinat par colis piégé d'Eduardo Mondlane, premier chef du Frelimo. Reconnu par Lisbonne comme interlocuteur unique dans les négociations entamées après la chute de la dictature portugaise en 1974, il accède au pouvoir le 25 juin 1975. Soutenu par l'aile marxiste du Front, le jeune président de 42 ans pose les jalons d'une économie socialiste qui fait rapidement fuir des dizaines de milliers d'anciens colons. Il lance une politique volontariste – voire autoritaire – de « rationalisation » du monde rural inspirée par l'expérience tanzanienne des villages ujamaa[2]. Cela lui vaut l'opposition des chefferies traditionnelles du centre et du nord du pays.

Pourtant, ce n'est pas dans les campagnes que surgit le principal mouvement de lutte contre le Frelimo. Créée par la bourgeoisie et par des colons blancs de la Rhodésie voisine (actuel Zimbabwe), qui reprochent au Front de soutenir la guérilla de M. Robert Mugabe[3], la Résistance nationale mozambicaine (Renamo) regroupe des mercenaires et met à profit le mécontentement des campagnes. Elle mène ses premières actions d'éclat à partir de 1977.

Après l'indépendance du Zimbabwe, en 1980, et l'accession de M. Mugabe – toujours au pouvoir en 2017 – au poste de Premier ministre, l'Afrique du Sud prend la relève de l'opposition à Machel, lequel a décidé d'accueillir le Congrès national africain (ANC, mouvement antiapartheid) en exil. Pretoria soutient la Renamo par tous les moyens, militaires et économiques. Avec un produit intérieur brut vingt-cinq fois supérieur, à l'époque, à celui du Mozambique, l'Afrique du Sud est déjà la première puissance d'Afrique subsaharienne. Très dépendant de son voisin, notamment pour le trafic du port de Maputo, le Mozambique se retrouve exsangue en quelques années. Les attaques de la Renamo entravent tout effort agricole ; ses sabotages des lignes à haute tension du barrage de Cahora Bassa privent le pays d'électricité.

1 Susan Williams, *Who killed Hammarskjöld? The UN, the Cold War and White Supremacy in Africa*, Hurst, Londres, 2011.
2 Lire Bernard Joinet, « Le socialisme tanzanien et les contraintes du système financier international », *Le Monde diplomatique*, octobre 1981.
3 Cf. Christian Geffray, *La Cause des armes au Mozambique. Anthropologie d'une guerre civile*, Credu-Karthala, Paris, 1990.

→

Machel cherche alors un compromis avec Pretoria. En mars 1984, il signe avec le Premier ministre sud-africain Pieter Willem Botha l'accord de Nkomati (ville sud-africaine proche de la frontière avec le Mozambique). Dans ce pacte de bon voisinage, les deux pays s'engagent à cesser de soutenir les mouvements de guérilla gênant l'autre partenaire et à reprendre la coopération économique[4].

Maputo s'exécute très rapidement en mettant fin à la liberté d'action sur son territoire de la branche militaire de l'ANC, dont il expulse les principaux responsables – seuls les cadres politiques, pour la plupart des chercheurs et des universitaires, demeureront dans le pays jusqu'à la fin de l'apartheid. Pretoria, en revanche, ne respecte pas sa part du contrat, se contentant de transférer au Malawi, son allié, l'essentiel de la logistique opérationnelle de la Renamo. Désormais, c'est de ce territoire enclavé que la rébellion mozambicaine mène ses opérations et ravitaille ses bases.

Sans rien abandonner de ses idéaux marxistes, et quelque peu insouciant de la progression des idées libérales dans ses propres rangs, Machel compte alors sur l'amitié que lui a témoignée la Première ministre britannique Margaret Thatcher. La Dame de fer lui est reconnaissante de sa contribution au succès des accords de Lancaster House de 1979, qui scellaient l'indépendance du Zimbabwe à la condition notable que certains droits soient garantis à la minorité blanche[5]. En septembre 1985, un an après l'accord de Nkomati, Machel est reçu par le président américain Ronald Reagan, qui le félicite à son tour pour la « relation constructive » engagée avec l'Afrique du Sud et les perspectives économiques qu'elle ouvre. Mais ni Londres ni Washington, alors complaisants avec le régime d'apartheid, ne font pression sur Pretoria pour qu'il respecte le pacte de non-agression.

Quelques jours avant sa mort, Machel réunit un mini-sommet régional à Maputo avec des pays de la « ligne de front ». Il exige du président du Malawi, Hastings Kamuzu Banda, qu'il cesse son soutien à la Renamo, en le menaçant de fermer la frontière, ce qui priverait son pays d'accès à l'océan Indien. Les États de la « ligne de front »[6] étaient une coalition régionale informelle née à la fin des années 1960 dans le but de résister aux multiples pressions, économiques puis militaires, du pays de l'apartheid. Mais, au-delà de l'affirmation d'une solidarité, la majorité de ses membres dépendaient trop de l'Afrique du Sud pour prendre des mesures fermes, comme le boycott, à l'encontre de leur puissant voisin.

Le jour du crash, des chefs d'État de la « ligne de front » réunis en Zambie, Machel en tête, veulent obtenir de Mobutu Sese Seko, président du Zaïre (qui deviendra en 1997 la République démocratique du Congo), qu'il cesse de soutenir la guérilla de l'Union pour l'indépendance totale de l'Angola (Unita), elle aussi financée par l'Afrique du Sud. « Pour Pretoria, c'est l'initiative de trop. C'est peut-être alors qu'il est décidé de tuer Samora Machel ou, au moins, de lui faire très peur », nous explique Colin Darch, chercheur sud-africain de l'université du Cap et auteur de plusieurs études sur le Mozambique[7].

À Maputo enfle la rumeur d'une attaque imminente de l'Afrique du Sud. L'explosion d'une mine sur la frontière, attribuée à l'ANC (qui dément), blesse des soldats sud-africains. En représailles, Pretoria suspend le recrutement des travailleurs mozambicains dans ses mines d'or ; un quasi-acte de guerre vis-à-vis d'un pays aux coffres désespérément vides et dont quelque 100 000 ressortissants sont régulièrement employés chez son voisin, sans compter les 170 000 ouvriers clandestins.

4 Lire Victoria Brittain et Kevin Watkins, « Impossible réconciliation en Angola et au Mozambique », *Le Monde diplomatique*, février 1994.

5 Lire « Fin de règne à Harare », *Le Monde diplomatique*, septembre 2005.

6 Angola, Botswana, Lesotho, Malawi, Mozambique, Swaziland, Tanzanie, Zambie et Zimbabwe.

7 Colin Darch, « A guerra e as mudanças sociais recentes em Moçambique (1986-1992). Cenários para o futuro », *Estudos Afro-Asiáticos*, n° 23, São Paulo, décembre 1992.

« Avant l'accident d'avion, les relations entre les deux pays avaient atteint leur niveau le plus bas », se souvient Andre Thomashausen, professeur à l'université de Pretoria, à l'époque proche de plusieurs dirigeants de la Renamo en formation politique en Afrique du Sud. « Le Mozambique était aigri par l'intensification de la rébellion de la Renamo depuis Nkomati, et l'Afrique du Sud avait réuni assez de preuves du soutien du Frelimo à l'ANC. » Mais ces événements ont également produit des conséquences en matière de politique intérieure. « L'échec de l'accord de Nkomati et de la politique de Machel, poursuit l'universitaire, a favorisé la défaite de l'aile réformiste du Parti national, incarnée par le ministre des affaires étrangères "Pik" Botha. Les "sécurocrates" ont alors pris le pouvoir. »

« L'accord n'a jamais été respecté »

Comme le révèlent des procès instruits en 1994, après la chute de l'apartheid, contre les tueurs des forces spéciales, tel Eugene de Kock, les ultras mènent une campagne haineuse contre le Mozambique, en exagérant les dégâts causés par son soutien à l'ANC. Au cours d'une des audiences, « Pik » Botha admet que d'importantes décisions du gouvernement sud-africain ont en fait été prises sur la base de mensonges. « L'accord de Nkomati n'a jamais été respecté par les éléments ultras des forces armées et de sécurité de Pretoria. Machel avait fait l'objet de plusieurs tentatives d'assassinat que nous avions réussi à empêcher à temps », nous confie M. Sergio Vieira, ministre de la sécurité mozambicain lors de l'accident.

En 1996, la Commission vérité et réconciliation (CVR) mise en place sous la présidence Mandela pour les crimes commis pendant l'apartheid recueille plusieurs témoignages sur l'accident du Tupolev. « Le faisceau de soupçons de la commission impliquant l'armée sud-africaine, le renseignement militaire et les forces spéciales justifie l'ouverture d'une nouvelle enquête judiciaire », déclare en 1998 le chef des investigations de la commission, M. Dumisa Ntsebeza. Ouverture qui n'aura pas lieu, en dépit de la promesse solennelle faite par Mandela lors du dixième anniversaire du crash. « Des questions demeurent sans réponse concernant ce voyage qui s'est terminé par la mort d'un des plus grands dirigeants de l'Afrique », avait-il déclaré sur les lieux de l'accident, avant d'ajouter : « Nous ne ménagerons pas nos efforts pour découvrir et faire connaître la vérité. »

La presse sud-africaine a parfois évoqué l'hypothèse d'une complicité mozambicaine, notamment dans la haute hiérarchie militaire[8]. « Est-il question de protéger quelqu'un en Afrique du Sud ou quelqu'un au Mozambique ?, s'interroge Colin Darch. S'il y a eu un complot, ce que je crois vraisemblable, il a impliqué beaucoup de monde. » Il paraît certain qu'au moins deux techniciens de la tour de contrôle de l'aéroport de Maputo, MM. Cornelio Vasco Cumbe et António Cardoso de Jesus, ont été recrutés et payés par l'agent sud-africain Craig Williamson. Lequel est également à l'origine de l'assassinat de plusieurs militants antiapartheid refugiés à l'étranger, dont Ruth First, à Maputo en 1982, et Dulcie September, représentante de l'ANC, à Paris en 1988. Il revient à une enquête de prouver définitivement la culpabilité de Pretoria dans cet accident.

Augusta Conchiglia
Journaliste

8 Cf. Debora Patta, « How Samora Machel signed his own death warrant : South Africa, Malawi fingered », Malawiana, 16 octobre 2016.

Questions

86 Parmi les propositions suivantes, laquelle est une définition correcte du terme « dilettantisme » ?

1/ Doctrine d'après laquelle l'homme ne peut atteindre la vérité dans un domaine ou sur un sujet déterminé
2/ Comportement, attitude intellectuelle ou politique, étude qui privilégie l'observation des faits par rapport à la théorie
3/ Méthode qui ne s'appuie que sur l'expérience concrète, particulière
4/ Attitude d'une personne exerçant une activité comme un passe-temps, généralement de façon fantaisiste
5/ Conduite, notamment de dirigeant, mettant au premier rang de ses principes d'action, l'initiative personnelle

87 De quel pays Robert Mugabe a-t-il été Premier ministre dès les années 1980 ?

1/ Le Lesotho
2/ Le Mozambique
3/ Le Zimbabwe
4/ Le Malawi
5/ La République démocratique du Congo

88 Parmi les pays suivants, lequel ne fait pas partie de la coalition créée dans les années 1960, pour lutter contre les pressions de l'Afrique du Sud ?

1/ Le Swaziland
2/ La Zambie
3/ L'Angola
4/ Le Mozambique
5/ La Namibie

89 Parmi les informations suivantes concernant Cecil Margo, laquelle est erronée ?

1/ Il a enquêté sur le crash aérien qui a coûté la vie à Dag Hammarskjöld
2/ Il a dirigé le rapport de l'Afrique du Sud sur le crash qui a coûté la vie au président Machel
3/ Il a été pilote de bombardiers pendant la Première Guerre mondiale
4/ Un de ses rapports a été remis en question par l'Organisation des Nations Unies
5/ Il a été pilote en Israël et il a été l'ami de David Ben Gourion

90 Parmi les personnalités suivantes, laquelle était présente sur les lieux de l'accident, le jour du crash qui a coûté la vie à Samora Machel ?

1/ Magnus Malan
2/ Roelof Frederik Botha
3/ Sergio Viera
4/ Cornelio Vasco Cumbe
5/ Gérard Cros

91 **Quel est le nom de la commission créée par le second époux de la veuve de Samora Machel, pour enquêter sur les crimes commis en Afrique sous le régime de l'apartheid ?**

1/ Frelimo
2/ Unita
3/ Vérité et Réconciliation
4/ Expiation
5/ Non-agression

92 **Parmi les personnalités suivantes, citées dans l'article, laquelle est un agent de Pretoria, responsable, selon l'article, de meurtre de militantes antiapartheid ?**

1/ Dumisa Ntsebeza
2/ Craig Williamson
3/ Eugene de Kock
4/ Pieter Willem Botha
5/ Andre Thomashausen

93 **Parmi les personnalités suivantes, laquelle est l'auteur d'un ouvrage enquêtant sur la mort d'un secrétaire des Nations unies survenue sur l'actuel territoire zambien ?**

1/ Bernard Joinet
2/ Augusta Conchiglia
3/ Ruth First
4/ Debora Patta
5/ Susan Willliams

94 **Parmi les personnalités suivantes, citées dans l'article, laquelle a perdu la vie dans un attentat au colis piégé ?**

1/ Dulcie September
2/ Ruth First
3/ Eduardo Mondlane
4/ Dag Hammarskjöld
5/ Antonio Cardoso de Jesus

95 **Parmi les informations suivantes, issues de l'article, et concernant le crash de l'avion de Samora Machel, laquelle est erronée ?**

1/ Le soir du crash de Mbuzini, l'aéroport de la capitale du Mozambique était privé d'électricité
2/ L'avion qui transportait Samora Machel était un DC-6
3/ Le personnel navigant de l'avion de Samora Machel était d'origine soviétique
4/ Deux techniciens mozambicains de l'aéroport de Maputo avaient été corrompus et impliqués
5/ L'avion a été attiré par un signal émis depuis une fausse balise

96 **Parmi les villes suivantes, laquelle est située en Afrique du Sud ?**

1/ Ndola
2/ Nkomati
3/ Mbala
4/ Maputo
5/ Cahora Bassa

97 Parmi les informations suivantes, citées dans l'article, laquelle concerne le ministre des Affaires étrangères sud-africain à l'époque du crash de l'avion de Samora Machel ?

1/ Il est le signataire de l'accord de Nkomati
2/ Il a admis que d'importantes décisions du gouvernement auquel il appartenait ont été prises sur la base d'informations mensongères
3/ Il a publiquement dénoncé la négligence du président Machel comme la raison du crash de Mbuzini
4/ Il a initié les accords de Lancaster House pour négocier l'indépendance du Zimbabwe
5/ Il a pris la décision d'interdire le recrutement de mineurs originaires du Mozambique pour l'extraction de l'or sud-africain

98 Parmi les informations suivantes, concernant la Renamo, laquelle est erronée ?

1/ Après les accords de Nkomati, elle a installé ses opérations au Malawi
2/ Elle mène des actions de sabotage sur le site d'un grand barrage mozambicain
3/ Elle a commencé à faire parler d'elle dès 1977
4/ Elle est soutenue par Hastings Kamuzu Banda
5/ Elle est responsable de l'explosion d'une mine à la frontière entre le Mozambique et l'Afrique du Sud

99 En février 1991, le Président sud-africain Frederik De Klerk annonce son intention de mettre un terme au régime d'apartheid en Afrique du Sud. D'après le texte, quand ont commencé les premiers procès contre les tueurs des forces spéciales ?

1/ En 1992
2/ En 1993
3/ En 1994
4/ En 1997
5/ En 1999

100 Parmi les informations suivantes, concernant la présidence de Samora Machel et ses décisions politiques, laquelle est erronée ?

1/ Il s'inspire de politiques de développement social et économique expérimentées en Tanzanie
2/ Il met en place une économie socialiste au Mozambique qui a pour effet de chasser de nombreux colons et de remettre d'aplomb la puissance économique du Mozambique
3/ Il milite contre la guérilla qui vise l'indépendance angolaise
4/ Il a bénéficié du soutien de Margaret Thatcher et Ronald Reagan, malgré ses positions marxistes
5/ Il prend la décision de chasser les responsables militaires du Congrès national africain du Mozambique après les accords de Nkomati

ÉPREUVE DE RAISONNEMENT LOGIQUE ET NUMÉRIQUE

101 **Une entreprise est composée d'employés répartis dans trois équipes de 7, 9 et 4 personnes. Le directeur décide de tirer au sort deux personnes parmi le personnel pour leur offrir un voyage. Quelle est la probabilité que les deux personnes fassent partie de la même équipe ?**

① 1/3
② 19/60
③ 63/190
④ 121/380
⑤ 73/200

102 **Quel est le plus petit multiple commun à 15, 33 et 55 ?**

① 121
② 165
③ 495
④ 1 815
⑤ 27 225

103 **Soit un groupe de dix personnes dont la moyenne d'âge est de 23 ans et 8 mois. Un couple de jumelles les rejoint et cette moyenne tombe à 21 ans et 7 mois. Quel est l'âge des jumelles ?**

① 10 ans et 6 mois
② 10 ans et 10 mois
③ 11 ans et 2 mois
④ 11 ans et 6 mois
⑤ 22 ans et 6 mois

104 **Calculer le quotient suivant :**

$$\frac{x^3 - 2x + 1}{-x^2 - x + 1}$$

① $-x - 1$
② $-x + 1$
③ $x - 1$
④ $x + 1$
⑤ $2x - 1$

105 **Soit un échantillon statistique comportant les cinq données suivantes : 8, 8, 8, 8 et 18.
Calculer l'écart-type de cet échantillon.**

① 2
② 2,5
③ 3
④ 3,5
⑤ 4

106 **Les développeurs informatiques de chez X-station codent 1 800 lignes à 4 personnes en 3 heures. Dans la société Playbox, on code 2 500 lignes à 5 personnes en 4 heures.
Si on suppose que tous les développeurs développent au même rythme et qu'ils gardent leur rythme, combien ces 9 développeurs pourraient écrire de code ensemble pendant 8 heures ?**

① 9 675
② 9 725
③ 9 750
④ 9 800
⑤ 10 000

107 **Un afficheur digital est un affichage qui se fait à l'aide de segments, comme sur cette image.
C'est ainsi que fonctionnent beaucoup de montres et d'appareils grand public. Chaque chiffre est représenté au moyen de 7 segments allumés ou éteints selon les cas (sur l'image ci-dessous est affiché le nombre 47 en 7 segments). Combien de nombres valides différents (entre 00 et 99) pourront être écrits sur un tel afficheur avec exactement 10 segments allumés ?**

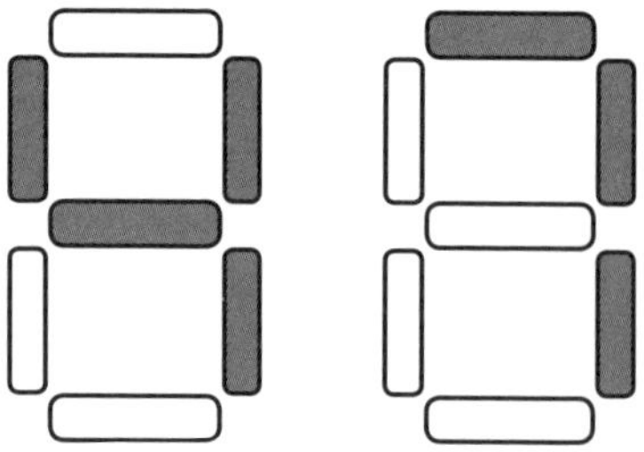

① 9
② 11
③ 13
④ 15
⑤ 17

108 Chez un fabriquant d'objets connectés, on teste les circuits après leur fabrication. Quand il y a un défaut, on le détecte dans 95 % des cas, par contre, le test indique qu'un circuit valide est défaillant dans 5 % des cas. Sachant qu'on estime le taux d'erreur réel à 2 % des circuits, quelle est la probabilité qu'un circuit détecté comme défaillant le soit réellement ?

① 19/68
② 2 %
③ 1/4
④ 21/64
⑤ 5 %

109 Sur cette figure représentant un cube évidé, combien comptez-vous d'arêtes ?

① 24
② 36
③ 48
④ 60
⑤ 72

110 Par définition, un diviseur (ou multiple) strict d'un entier naturel n est un entier naturel diviseur (ou multiple) de n et distinct de n. Combien de multiples stricts de 42 sont des diviseurs stricts de 504 ?

① 0
② 1
③ 2
④ 3
⑤ 4

111 Compléter la suite :
1, 2, 4, 8, 16, 23, 28, 38, 49, 62, …

① 70
② 72
③ 73
④ 75
⑤ 76

112 Si m et c dénotent respectivement le score moyen et le score médian de cette série statistique, que vaut m-c ?

Score	[0 ; 1000[	[1000 ; 2000[	[2000 ; 3000[	[3000 ; 4000[	[4000 ; 5000[
Effectif	18	6	35	20	1

① –200
② –100
③ 0
④ 100
⑤ 200

113 Soit f, g et h trois fonctions réelles telles que $f(x) = (x - 1)^2$, $g(x) = (x + 1)^2$ et $h(x) = f(g(x))$. Que vaut la dérivée $h'(-3)$?

① –36
② –24
③ –9
④ 1
⑤ 9

114 Compléter la suite logique suivante :
351, 154, 453, 357, 757, 762, ...

① 261
② 273
③ 468
④ 867
⑤ 973

115 Trois sociétés sont cotées en bourse et le cours de leurs actions respecte les propriétés suivantes :
– Entreprise 1 : le cours monte 80 % du temps
– Entreprise 2 : le cours monte 60 % du temps
– Entreprise 3 : le cours monte 50 % du temps
On choisit un jour au hasard. Quelle est la probabilité que les cours aient tous monté ce jour-là ?

① 12,5 %
② 24 %
③ 33,3 %
④ 35 %
⑤ 63,3 %

116 Quelle valeur manquante complète logiquement le tableau ?

267 182 385	89 275 222	129 109 276	9 185 311
85	53	20	?

① 26
② 76
③ 126
④ 176
⑤ 226

117 En partant des lettres déjà placées, et en sachant que chaque ligne, chaque colonne et chaque carré de 3 × 3 contient une seule et unique fois toutes les lettres de A à I, quelle lettre doit être placée dans la cellule noire de cette grille ?

	C		F	G	H	I	A	B
F	G	B	A	I		C		H
A	I	H	C	D	B		F	G
H		I	G	F	A		B	C
	B	F	H	■	C	G	I	A
G	A	C	I	B		H		F
I	F	A		C	G	B	H	
B	H	G	D	A	I	F	C	
C			B	H	F	A	G	I

① B
② C
③ D
④ E
⑤ F

118 Vous marchez 16 km vers le nord à 8 km/h, puis 12 km vers l'ouest à 9 km/h. Vous décidez ensuite de rentrer en ligne droite à la vitesse moyenne de 5 km/h.
En combien de temps serez-vous revenu à votre point de départ ?

① 3h45
② 3h50
③ 3h55
④ 4h00
⑤ 4h15

119 Par quelle combinaison des opérations classiques (+, –, ×, /) est-il possible d'obtenir 20 en utilisant 5 fois le chiffre 5 ?

5 ? 5 ? 5 ? 5 ? 5

① + × – ×
② × × – ×
③ / × × ×
④ × – × /
⑤ + + × ×

120 Si Greg échange les chiffres de son âge, il obtient l'âge de sa fille. Quand cette dernière est née, il avait entre 20 et 30 ans.
Mais quel âge avait-il exactement ?

① 21
② 22
③ 23
④ 24
⑤ 27

Épreuve de compréhension et expression écrite en anglais

1re partie : expression – 35 questions

121 **All of our company's products are manufactured in … with the highest international quality and safety standards.**

1/ Compliance
2/ Reliance
3/ Appliance
4/ Defiance
5/ Insistence

122 **I don't understand what has happened to Mary, she should … back before now.**

1/ Have been
2/ Came
3/ Arriving
4/ Arrived
5/ To come

123 **The meeting next week is very important and it is vital you … there to present your views.**

1/ Be
2/ Were
3/ Being
4/ Was
5/ Will be

124 **Jenny … pink as the boy she liked brushed past her on the crowded bus.**

1/ Brushed
2/ Rushed
3/ Blurted
4/ Beamed
5/ Blushed

125 **When Lisa Chow's car was being repaired she … another by the owner of the garage.**

1/ Was borrowed
2/ Was lent
3/ Borrowed
4/ Was being borrowed
5/ Lent

126 **We have been working for many years on the next generation of battery and only recently got the … we were hoping for.**

1/ Breakdown
2/ Breakout
3/ Breakthrough
4/ Breakup
5/ Breaking

127 … a routine inspection, maintenance engineers discovered signs of metal fatigue in one of the plane's engines.

1/ During
2/ If
3/ But
4/ When
5/ While

128 … Dr. Hendrie nor Dr. Matthews will be available for consultations during the month of August.

1/ Neither
2/ Or
3/ But
4/ Nor
5/ And

129 A city council official has said that the recent spike in pollution levels can mainly be … to adverse meteorological conditions.

1/ Contributed
2/ Attributed
3/ Explained
4/ Caused
5/ Indicated

130 The company has never fulfilled its environmental obligations so it's … time we changed this policy and went green.

1/ Around
2/ Towards
3/ Far
4/ About
5/ Near

131 In 2012 they found a solution … this problem.

1/ At
2/ For
3/ From
4/ To
5/ By

132 The resort was very family … .

1/ Oriental
2/ Orientated
3/ Original
4/ Regional
5/ Orient

133 The system appears simple after a few weeks' use but it is certainly much … for people starting out.

1/ Hard
2/ Hardest
3/ Harder
4/ Hardly
5/ Hardier

134 The Gaynor Bridge has collapsed and repair work is being … by the continuing bad weather.

1/ Hemmed
2/ Hinted
3/ Harmed
4/ Healed
5/ Hampered

135 **Mr. Atkinson's supervisor is not satisfied with the quality of his work and has recommended that he … assigned to another position.**

1/ Be
2/ Been
3/ Has been
4/ Being
5/ Had been

136 **He had nobody to blame but … for the situation he was in.**

1/ Him
2/ Herself
3/ Himself
4/ Her
5/ His

137 **Ms. Harris will be free on Thursday and will be happy to meet you at … time is the most convenient for you.**

1/ Whoever
2/ Wherever
3/ However
4/ Whenever
5/ Whatever

138 **In order to improve the speed and efficiency of distribution of our products, we have recently created a separate … service.**

1/ Logical
2/ Logic
3/ Logistics
4/ Logics
5/ Logged

139 **… has been written … Mike, who was the best employee of the month in July.**

1/ More / On
2/ Much / About
3/ Most / At
4/ Many / Of
5/ Much / By

140 **All complaints were brushed … by the commission of enquiry, and the sale was allowed to proceed.**

1/ Beside
2/ Aside
3/ Offside
4/ Onside
5/ Up

141 **After years of … peace efforts that have yielded no progress, the President is deeply unpopular at home.**

1/ Off
2/ On-and-off
3/ On
4/ One
5/ By and at

142 **Bob James has offered to look … the report when I have finished it before I submit it.**

1/ Off
2/ Away
3/ Over
4/ In
5/ To

143 **They live in a remote … of the island.**

1/ Pert
2/ Pond
3/ Pear
4/ Port
5/ Part

144 **At Fairburn Abbey School, students are not … to use their mobile phones when in class.**

1/ Permitting
2/ Permission
3/ Permitted
4/ Permit
5/ Permits

145 **The … village is a popular tourist destination.**

1/ Rural
2/ Floral
3/ Rival
4/ Frugal
5/ Feral

146 **Tom's departure from the company came as a … .**

1/ Shake
2/ Shook
3/ Shank
4/ Shock
5/ Sock

147 **David was particularly untidy as a child and would … his clothes around the bedroom when getting undressed.**

1/ String
2/ Fling
3/ Slang
4/ Flip
5/ Fleck

148 **What he said was later … by documents leaked by the staff.**

1/ Disproves
2/ Disproving
3/ To disprove
4/ By disprove
5/ Disproved

149 **Having some understanding of the levers of power that are available to a President if he chooses to exercise them is … and disturbing.**

1/ Scare
2/ Scary
3/ To scare
4/ Careful
5/ Carried

150 **When the president of Lott Enterprises was discovered to have lied to Congress, all their business dealings came … .**

1/ On consideration
2/ To investigation
3/ Under scrutiny
4/ To focus
5/ For concern

151 **There was alot of excitement surrounding the … and coming rock band.**

1/ On
2/ In
3/ Up
4/ Over
5/ At

152 **All objections to the housing development plan … overruled, the project will go ahead as planned.**

1/ Are now having
2/ Is having now
3/ Were now having
4/ Having now been
5/ Had now been

153 **You don't need to worry, John will phone us as soon as he … .**

1/ Arrives
2/ Arrive
3/ Will arrive
4/ Will have arrived
5/ Will be arrived

154 **Since the collapse of their mediated peace talks three years …, the sides have grown further apart and have been plagued by repeated rounds of violence.**

1/ Again
2/ At
3/ With
4/ To
5/ Ago

155 **Unlike many of its competitors, the Havada brand still relies … local craftsmen to produce its signature leather bags.**

1/ On
2/ For
3/ With
4/ From
5/ By

Texte

ANIMAL RIGHTS ACTIVISTS AND INUIT CLASH OVER CANADA'S INDIGENOUS FOOD TRADITIONS

Seal meat on a Toronto restaurant's menu has stirred up a decades-long conflict over anti-hunting campaigns, which the Inuit say threaten their existence

Selena Randhawa

Wednesday 1 November 2017 10.00 GMT

1. A newly opened restaurant in Toronto sparked heated online debate recently by revealing that two dishes on its menu would contain seal meat. Kū-kŭm Kitchen, an Indigenous-owned and operated restaurant, was targeted by an online petition which gained more than 6,300 signatures. The controversy again highlighted the often uncomfortable relationship between animal rights and environmental groups and indigenous communities who are struggling with profound issues of poverty and deprivation.

2. In Toronto, the protest against Kū-kŭm Kitchen's seal-based dishes prompted a counter-petition by local artist Aylan Couchie, who claims the original petition was ill-informed and that seal products hold historical and cultural significance for Indigenous communities. Couchie contends that targeting a small Indigenous business when hundreds of other restaurants in Toronto use meat from inhumane sources is anti-Indigenous.

3. The crux of this latest controversy, however, is the meat's source: SeaDNA, which provides the restaurant with its seal meat, is a company that takes part in the commercial seal hunt every year in Canada. According to Joseph Shawana, head chef and owner of Kū-kŭm Kitchen: "We did our due diligence when sourcing our meat. All hunters [at SeaDNA] go through rigorous training to ensure they hunt the seals as humanely as possible. And they only harvest what they need – that is something intrinsic in our Indigenous culture. Only take what you need, not what you want."

4. Shawana says he is happy to discuss the issue with the protesters, telling them: "Come visit me at the restaurant: I'd love to answer any questions." In his view, the controversy stems from misinformation. "The Inuit have never harvested white seal pups – that is very frowned upon. Also, Canada has a huge, federally regulated seal industry. The seal hunt is not what it was like before, when the seal population was less than a million – now it's over seven million."

5. The commercial seal hunt has been a contentious subject between animal rights activists and Indigenous groups for decades. In the 1970s, the International Fund for Animal Welfare (Ifaw) began to mobilise public opinion against the annual hunt of baby harp seals (known as "whitecoats") off Canada's east coast. The organisations used photographs of helpless baby seals being clubbed to death by fishermen to create protest campaigns.

6. After immense public support, in 1983 the European Economic Community (ECC) banned the importing of seal skin and furs for two years. Public opinion against the seal hunt was so strong that demand for seal pelts and furs dropped dramatically all over the world. As animal rights organisations celebrated the collapse of Canada's east-coast whitecoat sealing industry, the Inuit in northern Canada – who do not hunt seal pups, only adult harp seals – suffered from the collapse of the market for seal pelts. Despite a written exemption for Indigenous Inuit hunters, markets across the Arctic crashed.

→

7. In 1983-85, when the ban went into effect, the average income of an Inuit seal hunter in Resolute Bay fell from Can$54,000 to $1,000. The government of the Northwest Territories estimated that nearly 18 out of 20 Inuit villages lost almost 60% of their communities' income. And life in these areas has not got any better since. The region is plagued with the highest unemployment rate in Canada, and the highest suicide rates in the world.

8. Irena Knezevic, a professor at Carleton University in Ottawa specialising in communication around food and health, believes that historically, campaigns by organisations such as People for the Ethical Treatment of Animals (Peta) and Ifaw have gravely impacted Inuit communities. "It is disingenuous to say the commercial hunt does not affect or impact the Indigenous hunt. It does, and if you look at it, less than 100,000 seals are killed in Canada each year – while at the same time, two million minks are farmed and killed in Canada every year but we don't see much promotional material with minks by these organisations."

9. Ashley Byrne, campaign specialist at Peta, says the organisation's stance has always been against the commercial seal hunt, not that of the Inuit: "We have always been very clear about the fact that our campaign is focused entirely on ending the commercial field slaughter only." When asked what Peta's response is to the Inuit community impacted by the campaigns, Byrne suggests public support for cruel products will fall and that alternatives should be explored by the Inuit and the Canadian government.

10. "We've always advocated for job retraining, for people to be able to use their skills in industries that aren't dying; [industries] that aren't being propped up by tax dollar [subsidies]." According to the Inuit, however, moving into another industry is not only impossible, but offensive: for them, seal hunting holds great cultural significance. As for Kū-kŭm Kitchen, its owner Shawana has no plans to change his restaurant's menu: "I am paying homage to our northern brothers and sisters," he says. "I will continue to sell seal meat."

Questions

156 What is implied by the subtitle?

1/ Seal meat is only one of the issues of conflict
2/ This dispute has been recently reignited
3/ Some Inuit are anti-hunting
4/ The dispute is only one of many disagreements with animal rights activists
5/ This dispute is the worst ever seen in Canada

157 What is implied about Kū-Kŭm Kitchen?

1/ It used to propose more dishes containing seal meat
2/ It is owned and run by the Canadian government
3/ It costs a lot to eat there
4/ Not all the dishes contain seal meat
5/ It doesn't have many customers

158 What is said about the indigenous people in Canada?

1/ They own many restaurants
2/ They are not rich
3/ They rarely eat seal meat
4/ They often raise petitions
5/ They have only recently started buying local restaurants

159 Which of the following best describes how Aylan Couchie feels about the petition against seal meat?

1/ It was based on a lack of information
2/ It was needed to address a serious problem
3/ It overemphasised the importance of seal meat to local indigenous people
4/ It didn't take into account the care taken to select the best meat for the restaurant
5/ It was created too hastily

160 According to the article, how did Aylan Couchie respond to the petition?

1/ By contacting the governor of the state
2/ With a letter to the press
3/ By raising money
4/ In an interview with the press
5/ With a second petition

161 According to the article, what is the real reason for the petition against Kū-Kŭm Kitchen?

1/ The seal meat used is not of the best quality
2/ It is against the company that supplies the meat to the restaurant
3/ It is against the owner, Joseph Shawana
4/ It is part of a wider campaign to close indigenous businesses
5/ It is to improve the care taken in seal hunting

162 How does Joseph Shawana respond to the criticism of SeaDNA?

1/ He says he would prefer that no seals were hunted
2/ He says SeaDNA's seal meat provides the best value for money
3/ He says the seal hunting is done in an acceptable way
4/ He says SeaDNA have greatly improved their hunting practices
5/ He says SeaDNA are the only reliable company for seal meat

163 What does Joseph Shawana say about seals in Canada?

1/ The number of seals poses a danger to other species
2/ The number of seals is now much larger than before
3/ The seal population is falling in numbers
4/ Indigenous people no longer hunt baby seals
5/ It is necessary to reduce the population to keep numbers down

164 What is said about the 1983 hunting ban?

1/ It lasted too long
2/ It raised the market price of seal fur
3/ All its effects were positive
4/ It was welcomed by the Inuit in northern Canada
5/ It was influenced by public pressure

165 What does Irena Knezevic say about the campaigns by Peta and Ifaw?

1/ They have contributed to the high suicide rate among the Inuit
2/ Hunting of mink is less cruel and should be encouraged by Peta and Ifaw
3/ It is inappropriate to highlight seal hunting when more minks than seals are killed
4/ They have had a devastating effect on the Canadian economy
5/ Other campaign groups don't have the same view of seal hunting

166 The word "sparked" in paragraph 1 could best be replaced by?

1/ Increased
2/ Fuelled
3/ Triggered
4/ Stimulated
5/ Confirmed

167 The phrase "due diligence" in paragraph 3 implies that Kū-Kŭm Kitchen:

1/ Researched the seal meat provider
2/ Chose the cheapest seal meat provider
3/ Chose the most expensive provider
4/ Is not to blame for the source of the seal meat
5/ Is currently changing seal meat provider

168 Something which is "intrinsic" to a culture (paragraph 3) is:

1/ Frequently changing
2/ Difficult to understand
3/ Limited to certain groups
4/ Difficult to defend
5/ Irreplaceable

169 The word "disingenuous" in paragraph 8 is closest in meaning to:

1/ Deliberately misleading
2/ Misunderstood
3/ Not well enough explained
4/ Open to disagreement
5/ Ambiguous

170 A "subsidy" as used in paragraph 10 is:

1/ A bribe paid to the government
2/ Government money used to help businesses
3/ Money used to retrain people
4/ Tax collected from local businesses
5/ Money paid to people who have lost their jobs

SESSION 3

SCORE IAE-MESSAGE

ÉLÉMENTS DE RÉPONSE

session 3

Grille des réponses complétée

SCORE IAE MESSAGE

Session : 24/03/18

N° d'inscription

Nom :

Prénom :

Date de naissance : ___/___/___

Centre :

Signature du candidat

MARQUAGE DES REPONSES

- Utilisez un crayon mine et une gomme propre ou un blanc correcteur
- Ne graphitez qu'une seule réponse par question

Marquage CORRECT

INCORRECT

Culture G	Réponse
1	4
2	3
3	2
4	4
5	3
6	1
7	1
8	2
9	1
10	4
11	2
12	2
13	5
14	4
15	2
16	5
17	4
18	2
19	2
20	5
21	3
22	2
23	2
24	3
25	5
26	4
27	5
28	4
29	4
30	3
31	3
32	3
33	5
34	4
35	3
36	4
37	4
38	1
39	3
40	4
41	1
42	4
43	3
44	2
45	3
46	4
47	1
48	3
49	3
50	4

Français	Réponse
51	4
52	4
53	2
54	4
55	3
56	4
57	1
58	3
59	4
60	3
61	2
62	4
63	4
64	3
65	4
66	1
67	5
68	4
69	5
70	2
71	1
72	2
73	3
74	1
75	2
76	1
77	1
78	4
79	4
80	1
81	1
82	3
83	1
84	4
85	2
86	4
87	3
88	5
89	3
90	1
91	3
92	2
93	5
94	3
95	2
96	2
97	2
98	5
99	3
100	2

RLN	Réponse
101	3
102	2
103	3
104	2
105	5
106	4
107	5
108	1
109	3
110	5
111	1
112	2
113	2
114	2
115	2
116	3
117	4
118	4
119	4
120	5

Anglais	Réponse
121	1
122	1
123	1
124	5
125	2
126	3
127	1
128	1
129	2
130	4
131	4
132	2
133	3
134	5
135	1
136	3
137	5
138	3
139	2
140	2
141	2
142	3
143	5
144	3
145	1
146	4
147	2
148	5
149	2
150	3
151	3
152	4
153	1
154	5
155	1
156	2
157	4
158	2
159	1
160	5
161	2
162	3
163	2
164	5
165	3
166	3
167	1
168	5
169	1
170	2

EXPLICATIONS DES RÉPONSES DE L'ÉPREUVE DE RAISONNEMENT LOGIQUE ET NUMÉRIQUE

101 **Une entreprise est composée d'employés répartis dans trois équipes de 7, 9 et 4 personnes. Le directeur décide de tirer au sort deux personnes parmi le personnel pour leur offrir un voyage.**
Quelle est la probabilité que les deux personnes fassent partie de la même équipe ?

① 1/3
② 19/60
③ 63/190
④ 121/380
⑤ 73/200

Le personnel est composé de 20 personnes. La probabilité que la première personne tirée au sort soit de la première équipe de 7 personnes est donc de $\frac{7}{20}$.
Dans ce cas, la probabilité que la deuxième personne soit de la même équipe est de $\frac{6}{19}$ (la première personne ne peut plus être choisie). Donc la probabilité que les deux personnes soient de la première équipe est de $\frac{7 \times 6}{19 \times 20}$.
En raisonnant de la même manière pour les trois équipes, on obtient : $\frac{7 \times 6}{19 \times 20} + \frac{9 \times 8}{19 \times 20} + \frac{4 \times 3}{19 \times 20} = \frac{47 + 72 + 12}{19 \times 20} = \frac{126}{19 \times 20} = \frac{63}{190}$

102 **Quel est le plus petit multiple commun à 15, 33 et 55 ?**

① 121
② 165
③ 495
④ 1 815
⑤ 27 225

15 = 3 × 5, 33 = 3 × 11 et 55 = 5 × 11 ; le plus petit multiple est donc : 3 × 5 × 11 = 165.

103 **Soit un groupe de dix personnes dont la moyenne d'âge est de 23 ans et 8 mois. Un couple de jumelles les rejoint et cette moyenne tombe à 21 ans et 7 mois. Quel est l'âge des jumelles ?**

① 10 ans et 6 mois
② 10 ans et 10 mois
③ 11 ans et 2 mois
④ 11 ans et 6 mois
⑤ 22 ans et 6 mois

Pour les dix personnes initiales, l'âge total est de :
(10 × 23 ans) + (10 × 8 mois) = 230 ans + 80 mois
= 236 ans et 8 mois.
Pour les douze personnes, l'âge total est de :
(12 × 21 ans) + (12 × 7 mois) = 252 ans + 84 mois = 259 ans.
L'âge cumulé des deux jumelles est donc de :
259 ans – (236 ans + 8 mois) = 22 ans et 4 mois. L'âge des jumelles est la moitié, soit onze ans et deux mois chacune.

104 **Calculer le quotient suivant :**

$$\frac{x^3 - 2x + 1}{-x^2 - x + 1}$$

① $-x - 1$
② $-x + 1$
③ $x - 1$
④ $x + 1$
⑤ $2x - 1$

On peut procéder par identification sachant que le quotient sera de la forme (ax + b). On doit donc trouver a et b tel que :
$X^3 - 2x + 1 = (ax + b)(-x^2 - x + 1)$
$X^3 - 2x + 1 = ax^3 - ax^2 + ax - bx^2 - bx + b$
On en déduit que a = –1 et b = 1, ce qui vérifie également que (– a – b = 0) et que (a – b = 2). Le quotient est donc : –x + 1.

105 **Soit un échantillon statistique comportant les cinq données suivantes : 8, 8, 8, 8 et 18. Calculer l'écart-type de cet échantillon.**

① 2
② 2,5
③ 3
④ 3,5
⑤ 4

On calcule tout d'abord la moyenne qui vaut :
(8 + 8 + 8 + 8 + 18) / 5 = 50 / 5 = 10.
Ensuite nous allons calculer la variance qui vaut :

$$\frac{(4 \times (8-10)^2 + (18-10)^2)}{5} = \frac{(4 \times 4 + 64)}{5} = \frac{80}{5} = 16$$

L'écart-type est la racine carrée de la variance ; il vaut donc 4.

106 **Les développeurs informatique de chez X-station codent 1 800 lignes à 4 personnes en 3 heures. Dans la société Playbox, on code 2 500 lignes à 5 personnes en 4 heures. Si on suppose que tous les développeurs développent au même rythme et qu'ils gardent leur rythme, combien ces 9 développeurs pourraient écrire de code ensemble pendant 8 heures ?**

① 9 675
② 9 725
③ 9 750
④ 9 800
⑤ 10 000

Chez X-station, on en déduit que les 4 personnes écrivent 600 (1 800 / 3) lignes de code à l'heure. Chez Playbox, c'est 625 (2 500 / 4) lignes à l'heure. Ensemble pendant 8 heures, le résultat sera de : 1 225 × 8 = 9 800 lignes.

107 **Un afficheur digital est un affichage qui se fait à l'aide de segments, comme sur cette image. C'est ainsi que fonctionnent beaucoup de montres et d'appareils grand public. Chaque chiffre est représenté au moyen de 7 segments allumés ou éteints selon les cas (sur l'image ci-dessous est affiché le nombre 47 en 7 segments). Combien de nombres valides différents (entre 00 et 99) pourront être écrits sur un tel afficheur avec exactement 10 segments allumés ?**

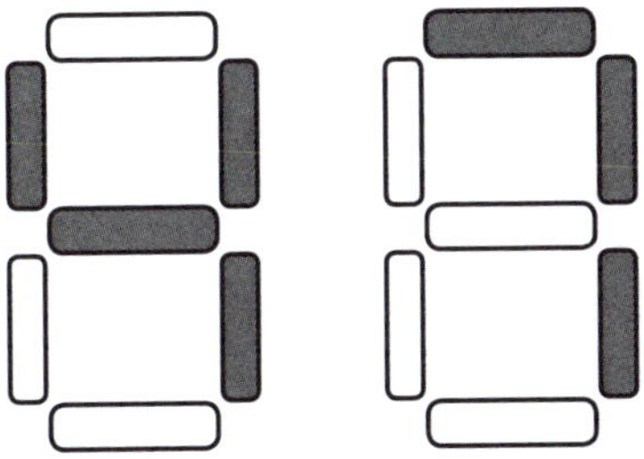

① 9
② 11
③ 13
④ 15
⑤ 17

Voyons le nombre de segments nécessaires pour chaque chiffre : 0(6), 1(2), 2(5), 3(5), 4(4), 5(5), 6(6), 7(3), 8(7), 9(6).
Avec 10 segments allumés, nous pourrons donc en allumés 7 et 3 {8}{7}, 6 et 4 {0-6-9}{4} ou 5 et 5 {2-3-5}{2-3-5}. On peut donc écrire : 78, 87, 04, 64, 94, 40, 46, 49, 22, 23, 25, 32, 33, 35, 52, 53 et 55, soit 17 nombres.

108 **Chez un fabriquant d'objets connectés, on teste les circuits après leur fabrication. Quand il y a un défaut, on le détecte dans 95 % des cas, en revanche, le test indique qu'un circuit valide est défaillant dans 5 % des cas.**
Sachant qu'on estime le taux d'erreur réel à 2 % des circuits, quelle est la probabilité qu'un circuit détecté comme défaillant le soit réellement ?

① $\frac{19}{68}$
② 2 %
③ $\frac{1}{4}$
④ $\frac{21}{64}$
⑤ 5 %

Notons D un réel défaut, et T un test positif.

$$P(D|T) = \frac{P(D).\,P(T)}{P(D)\,P(T) + P(D)\,P(T)} = \frac{2\,\% \times 95\,\%}{2\,\% \times 95\,\% + 98\,\% \times 5\,\%}$$

$$= \frac{19}{(19 + 49)} = \frac{19}{68}$$

109 **Sur cette figure représentant un cube évidé, combien comptez-vous d'arêtes ?**

① 24
② 36
③ 48
④ 60
⑤ 72

On compte 36 arêtes sur les faces extérieures. On compte 12 arêtes sur les faces intérieures. Cela fait donc un total de 48 arêtes.

110 **Par définition, un diviseur (ou multiple) strict d'un entier naturel n est un entier naturel diviseur (multiple) de n et distinct de n. Combien de multiples stricts de 42 sont des diviseurs stricts de 504 ?**

① 0
② 1
③ 2
④ 3
⑤ 4

Les factorisations de 42 et 504 sont respectivement $2 \times 3 \times 7$ et $2^3 \times 3^2 \times 7$. Les autres multiples de 42 étant des diviseurs de 504 sont : $2^2 \times 3 \times 7$, $2 \times 3^2 \times 7$, $2^3 \times 3 \times 7$ et $2^2 \times 3^2 \times 7$ (c'est-à-dire 84, 126, 168 et 252).

111 **Compléter la suite : 1, 2, 4, 8, 16, 23, 28, 38, 49, 62, …**

① 70
② 72
③ 73
④ 75
⑤ 76

Chaque terme s'obtient en ajoutant au précédent la somme de ses chiffres : 28 + 2 + 8 = 38 ; 38 + 3 + 8 = 49, 49 + 4 + 9 = 62 ; 62 + 6 + 2 = 70.

112 **Si m et c dénotent respectivement le score moyen et le score médian de cette série statistique, que vaut m-c ?**

Score	[0 ; 1000[	[1000 ; 2000[	[2000 ; 3000[	[3000 ; 4000[	[4000 ; 5000[
Effectif	18	6	35	20	1

① –200
② –100
③ 0
④ 100
⑤ 200

L'effectif total est 90.
On a : m = (18 × 500 + 6 × 1 500 + 35 × 2 500 + 20 × 3 500 + 11 × 4 500) / 90, ou plus simplement : m = (0 × 18 + 1 × 6 + 2 × 35 + 3 × 20 + 4 × 11) / 90 × 1 000 + 500 = 180 / 90 × 1 000 + 50 = 2 500.
Pour calculer la médiane d'une telle série, on établit tout d'abord l'effectif cumulé (18, 24, 59, 79, 90). La médiane, qui est le score correspondant à l'effectif cumulé 45 (50 % de 90) se situe dans l'intervalle [2 000 ; 3 000[et se calcule par interpolation linéaire à partir des effectifs cumulés 24 et 59 :
(59 – 24) / (3 000 – 2 000) = (45 – 24) / (c – 2 000),
soit 35 / 1 000 = 21 / (c – 2 000), donc c = 2 000 + 21 000 / 35 = 2 600, et m – c = –100.

113 **Soit f, g et h trois fonctions réelles telles que $f(x) = (x - 1)^2$, $g(x) = (x + 1)^2$ et $h(x) = f(g(x))$. Que vaut la dérivée $h'(-3)$?**

① –36
② –24
③ –9
④ 1
⑤ 9

$h(x) = f(g(x)) = f((x + 1)^2) = ((x + 1)^2 - 1)^2 = (x^2 + 2x + 1 - 1)^2$
$= x^4 + 4x^3 + 4x^2$
$h'(x) = 4x^3 + 12x^2 + 8x = 4x\,(x^2 + 3x + 2)$
$h'(-3) = -12.(9 - 9 + 2) = -24$

114 **Compléter la suite logique suivante : 351, 154, 453, 357, 757, 762, ...**

① 261
② 273
③ 468
④ 867
⑤ 973

Pour chaque nouveau nombre, on commence par inverser les chiffres du nombre précédent, puis on ajoute 1 la première fois, puis 2, etc. Par exemple, 351 devient 153 + 1 = 154, 154 devient 451 + 2 = 453, etc. Donc, 762 devient 267 + 6 = 273.

115 **Trois sociétés sont cotées en bourse et le cours de leurs actions respectent les propriétés suivantes :**
– Entreprise 1 : le cours monte 80 % du temps
– Entreprise 2 : le cours monte 60 % du temps
– Entreprise 3 : le cours monte 50 % du temps
On choisit un jour au hasard. Quelle est la probabilité que les cours aient tous monté ce jour-là ?

① 12,5 %
② 24 %
③ 33,3 %
④ 35 %
⑤ 63,3 %

Cela correspond au produit des probabilités :
0,8 × 0,6 × 0,5 = 0,24.

116 **Quelle valeur manquante complète logiquement le tableau ?**

267 182 385	89 275 222	129 109 276	9 185 311
85	53	20	?

① 26
② 76
③ 126
④ 176
⑤ 226

Pour chaque colonne, la valeur sur la dernière ligne correspond à la plus petite différence entre deux nombres des trois premières lignes (par exemple, pour la première colonne, on a : 385 – 267 = 118, 385 – 182 = 203 et 267 – 182 = 85, donc la dernière ligne contient la valeur 85).
La réponse est donc 126 (= 311 – 185).

117 En partant des lettres déjà placées, et en sachant que chaque ligne, chaque colonne et chaque carré de 3 × 3 contient une seule et unique fois toutes les lettres de A à I, quelle lettre doit être placée dans la cellule noire de cette grille ?

	C		F	G	H	I	A	B
F	G	B	A	I		C		H
A	I	H	C	D	B		F	G
H		I	G	F	A		B	C
	B	F	H	■	C	G	I	A
G	A	C	I	B		H		F
I	F	A		C	G	B	H	
B	H	G	D	A	I	F	C	
C			B	H	F	A	G	I

① B
② C
③ D
④ E
⑤ F

En analysant les réponses proposées et la grille, on peut tout de suite éliminer les réponses B, C et F car déjà ces lettres sont déjà présentes dans le carré central. La résolution d'un « sudoku » de ce type peut se faire de plusieurs manières, l'une d'entre elles est de commencer par remplir le carré de 3 × 3 en haut et au milieu : il manque juste le E ; on peut remplir la case manquante dans cette même colonne par un D, alors la case noire au milieu du carré central peut être remplie par un E.

118 Vous marchez 16 km vers le nord à 8 km/h, puis 12 km vers l'ouest à 9 km/h. Vous décidez ensuite de rentrer en ligne droite à la vitesse moyenne de 5 km/h. En combien de temps serez-vous revenu à votre point de départ ?

① 3h45
② 3h50
③ 3h55
④ 4h00
⑤ 4h15

Pour calculer la distance du retour, nous pouvons utiliser Pythagore : $16^2 + 12^2 = 256 + 144 = 400$. La distance retour est donc de 20 km, qui seront réalisés en 4 h à raison de 5 km/h.

119 **Par quelle combinaison des opérations classiques (+, –, ×, /) est-il possible d'obtenir 20 en utilisant 5 fois le chiffre 5 ?**
5 ? 5 ? 5 ? 5 ? 5

Pour obtenir 20, on peut par exemple faire l'opération suivante : (5 × 5 – 5) × (5 / 5) = 25 – 5 = 20. C'est donc la réponse 4 qui est correcte. Les autres sont toutes fausses et donnent respectivement 5, 100, 125 et 135.

① + × – ×
② × × – ×
③ / × × ×
④ × – × /
⑤ + + × ×

120 **Si Greg échange les chiffres de son âge, il obtient l'âge de sa fille. Quand cette dernière est née, il avait entre 20 et 30 ans. Mais quel âge avait-il exactement ?**

Soit x et y les chiffres des dizaines et des unités de l'âge de Greg qui s'écrit donc xy, et l'âge de sa fille est donc yx. On sait que la différence des âges entre Greg et sa fille est comprise entre 20 et 30 ans ; comme la différence est conservée avec le temps, elle s'écrit toujours xy – yx. Mais xy – yx = 10x + y – 10y – x = 9(x – y), donc la différence entre les âges est un multiple de 9. Le seul multiple compris entre 20 et 30 est 27.

① 21
② 22
③ 23
④ 24
⑤ 27

SCORE IAE-MESSAGE

SESSION DU 7 AVRIL 2018

Pour vous mettre dans la situation exacte de l'épreuve, nous avons reproduit la page de garde du document remis aux candidats à la session du 7 avril 2018.
Lisez-la attentivement avant de vous lancer.

N'oubliez pas d'utiliser la grille vierge de la page 168 pour y noter vos réponses puis de la comparer à la grille de la page 206 pour calculer votre score.

SCORE IAE MESSAGE

Session :

Nom : ______________________

Prénom :______________________

Date de naissance : ___/___/___

Centre : ______________________

Signature du candidat

N° d'inscription

0	0	0	0	0	0	0
1	1	1	1	1	1	1
2	2	2	2	2	2	2
3	3	3	3	3	3	3
4	4	4	4	4	4	4
5	5	5	5	5	5	5
6	6	6	6	6	6	6
7	7	7	7	7	7	7
8	8	8	8	8	8	8
9	9	9	9	9	9	9

MARQUAGE DES REPONSES

- Utilisez un crayon mine et une gomme propre ou un blanc correcteur
- Ne graphitez qu'une seule réponse par question

Marquage CORRECT

INCORRECT

Culture G	1	2	3	4	5
1					
2					
3					
4					
5					
6					
7					
8					
9					
10					
11					
12					
13					
14					
15					
16					
17					
18					
19					
20					
21					
22					
23					
24					
25					
26					
27					
28					
29					
30					
31					
32					
33					
34					
35					
36					
37					
38					
39					
40					
41					
42					
43					
44					
45					
46					
47					
48					
49					
50					
	1	2	3	4	5

Français	1	2	3	4	5
51					
52					
53					
54					
55					
56					
57					
58					
59					
60					
61					
62					
63					
64					
65					
66					
67					
68					
69					
70					
71					
72					
73					
74					
75					
76					
77					
78					
79					
80					
81					
82					
83					
84					
85					
86					
87					
88					
89					
90					
91					
92					
93					
94					
95					
96					
97					
98					
99					
100					
	1	2	3	4	5

RLN	1	2	3	4	5
101					
102					
103					
104					
105					
106					
107					
108					
109					
110					
111					
112					
113					
114					
115					
116					
117					
118					
119					
120					
	1	2	3	4	5

Anglais	1	2	3	4	5
121					
122					
123					
124					
125					
126					
127					
128					
129					
130					
131					
132					
133					
134					
135					
136					
137					
138					
139					
140					
141					
142					
143					
144					
145					
146					
147					
148					
149					
150					
151					
152					
153					
154					
155					
156					
157					
158					
159					
160					
161					
162					
163					
164					
165					
166					
167					
168					
169					
170					
	1	2	3	4	5

SCORE IAE MESSAGE

4e session 2018

Samedi 7 avril 2018

SCORE IAE MESSAGE

session 4

À REMPLIR PAR LE CANDIDAT :

Nom : .... Prénom : ....

Identifiant Score IAE-Message : ....

Votre identité (nom et prénom), date de naissance, votre identifiant SIM, ainsi que le centre d'écrit et la session ont été pré-remplis sur la grille de réponses. Merci de les vérifier. Vous devez apposer votre signature dans la case prévue à cet effet. Le présent livret regroupe les quatre épreuves : Culture générale, économique et managériale ; Compréhension et expression écrite en français ; Raisonnement logique et numérique ; Compréhension et expression écrite en anglais, d'une durée de trois heures.

L'épreuve comprend cent soixante-dix (170) questions à choix multiple. Le tableau suivant fait apparaître leur répartition par matière, les pages où vous en prendrez connaissance, la durée indicative de leur traitement (durée qui n'est fournie que pour faciliter la gestion de votre temps).

Matière	Pages du livret	Nombre de questions	Durée indicative de traitement
Culture générale, économique et managériale	2 à 6	50	45 minutes
Compréhension et expression écrite en français	7 à 15	50	45 minutes
Raisonnement logique et numérique	16 à 19	20	45 minutes
Compréhension et expression écrite en anglais	20 à 25	50	45 minutes

Pour chaque question, cinq (5) réponses vous sont proposées ; **une seule réponse est correcte**.
Le barème de notation est le suivant :

	Épreuve de Culture générale, économique et managériale	Épreuve de Compréhension et expression écrite en français	Épreuve de Raisonnement logique et numérique	Épreuve de Compréhension et expression écrite en anglais
Bonne réponse	2 points	2 points	5 points	2 points
Mauvaise réponse, absence de réponse ou réponses multiples	0 point	0 point	0 point	0 point

Vos réponses devront être portées sur la grille codée qui vous est remise, et qui ne doit être ni pliée, ni écornée. Pour chacune des questions, graphitez entièrement une case (1, 2, 3, 4, 5) de la ligne numérotée correspondant à la question, en utilisant, pour permettre la lecture optique, un crayon de bois. En cas de correction, le blanc correcteur vous est vivement recommandé.

À la fin de l'épreuve, vous remettrez la grille codée au surveillant et vous lui restituerez également le présent livret.

RAPPELS

L'usage de la calculatrice, dictionnaire, lexique ou grammaire est formellement interdit.
Aucune sortie n'est autorisée pendant l'épreuve, toute sortie étant définitive.

Ce document contient 25 pages (compte tenu de cette page de garde).
Merci de vérifier que toutes les pages sont jointes au document.

Bonne chance !

ÉPREUVE DE CULTURE GÉNÉRALE, ÉCONOMIQUE ET MANAGÉRIALE

1 **En France, parmi les films suivants lequel a fait le plus d'entrées ?**

1/ « Titanic »
2/ « Avatar »
3/ « La grande vadrouille »
4/ « Intouchables »
5/ « Bienvenue chez les chtis »

2 **En 2017, pour quel film dramatique Isabelle Huppert a-t-elle obtenu le « Golben Globe » de la meilleure actrice et une nomination aux Oscars pour le prix de la meilleure actrice ?**

1/ « Le patient anglais »
2/ « Amour »
3/ « La Porte du Paradis »
4/ « Elle »
5/ « L'avenir »

3 **Lequel de ces pays n'est pas frontalier d'Israël ?**

1/ L'Égypte
2/ La Syrie
3/ L'Irak
4/ La Jordanie
5/ Le Liban

4 **En quelle année la loi *Veil* sur l'IVG a-t-elle été promulguée ?**

1/ En 1945
2/ En 1955
3/ En 1965
4/ En 1975
5/ En 1985

5 **Lors du festival de Cannes 2017 quel film a reçu la Palme d'Or ?**

1/ « 120 battements par minute » de Robin Campillo
2/ « Les Proies » de Sofia Coppola
3/ « In the fade » de Fatih Akin
4/ « You were never really here » de Lynne Ramsay
5/ « The Square » de Ruber Östlund

6 **En mars 2017, quelle nouvelle console de jeux vidéo a été lancée ?**

1/ La Nintendo Switch
2/ La Wii U
3/ La PS4
4/ La Xbox One
5/ La Sega MegaDrive

7 **En juillet 2017, le ministre français des Comptes publics, Gérald Darmanin, a annoncé une baisse de l'enveloppe budgétaire consacrée à l'aide publique au développement de :**

1/ 14 millions d'euros
2/ 50 millions d'euros
3/ 140 millions d'euros
4/ 500 millions d'euros
5/ 1 milliard d'euros

8 **En France, selon le 22e rapport (janvier 2017) de la fondation Abbé Pierre, combien de français sont concernés par le mal-logement ?**

1/ 1,2 million
2/ 3,8 millions
3/ 7,4 millions
4/ 10,6 millions
5/ 12,1 millions

9 **En France, en 1977, à quel endroit se sont déroulées d'importantes manifestations d'écologistes contre le projet d'extension d'un camp militaire ?**

1/ Dans le Larzac
2/ À Millau
3/ À Rodez
4/ Au Creissels
5/ À La Cavalerie

10 **Du 17 au 21 juillet 2016 dans quelle ville l'ONU a-t-elle organisé le Forum mondial sur l'investissement sous le signe du développement durable ?**

1/ À Singapour
2/ À Nairobi
3/ À Sotchi
4/ À Ottawa
5/ À Oslo

11 **Le 7 mai 1945, dans quelle ville l'Allemagne a-t-elle signé sa reddition?**

1/ À Versailles
2/ À Paris
3/ À Berlin
4/ À Nuremberg
5/ À Reims

12 **Quel Président turc le coup d'État du 15 juillet 2016 visait-il à faire tomber ?**

1/ Bachar El-Assad
2/ Recep Tayyip Erdoğan
3/ Abdullah Gül
4/ Fethullah Gülen
5/ Abdel Fattah al-Sissi

13 **En France, quelle actrice, chanteuse et réalisatrice, décédée en juillet 2017, fut la première femme élue à l'Académie des beaux-arts de l'Institut de France et la seule femme à présider deux fois le jury du Festival de Cannes en 1975 et en 1995 ?**

1/ Jeanne Moreau
2/ Marthe Villalonga
3/ Bernadette Lafont
4/ Line Renaud
5/ Anouk Aimée

14 **Dans quelle ville d'Europe l'auteur de l'attentat de Berlin de décembre 2016 a été tué après une « cavale » de quatre jours à travers l'Europe ?**

1/ À Lyon
2/ À Copenhague
3/ À Vienne
4/ À Milan
5/ À Barcelone

15 **Quelle est la particularité de la ville de Kaliningrad ?**

1/ C'est une ville qui refuse le commerce avec l'extérieur
2/ C'est une ville totalement fortifiée à laquelle on ne peut accéder qu'à certaines heures de la journée
3/ C'est une ville de haute montagne à laquelle on ne peut accéder que par les airs (funiculaire ou avion)
4/ C'est une ville russe enclavée entre la Pologne et la Lituanie
5/ C'est une ville ukrainienne à l'origine des tensions entre l'Ukraine et la Russie

16 **En avril 2018, qui est le Président de la Banque centrale européenne ?**

1/ Mario Draghi
2/ Jean-Claude Juncker
3/ Christine Lagarde
4/ Jean-Claude Trichet
5/ José Barroso

17 **En 2017, dans quelle ville le départ de la première étape du Tour de France cycliste a-t-il été donné ?**

1/ À Liège
2/ À Paris
3/ À Amsterdam
4/ À Berlin
5/ À Düsseldorf

18 **Quel était le prénom du petit réfugié syrien de 3 ans mort dans le naufrage d'un bateau en Turquie et dont la photo a été relayée dans de nombreux medias créant une vive émotion ?**

1/ Aylan
2/ Evan
3/ Dylan
4/ Marwan
5/ Dragan

19 **En France, en juin 2017, quel homme politique a démissionné de son poste de secrétaire du Parti socialiste au lendemain des résultats des élections législatives ?**

1/ Manuel Valls
2/ Jean-Christophe Cambadélis
3/ Benoît Hamon
4/ Claude Bartolone
5/ Harlem Désir

20 **Quelle est la particularité du Kosovo ?**

1/ Son indépendance n'a jamais été proclamée
2/ Il n'y a pas de chef d'État mais simplement un gouvernement composé de ministres
3/ Son indépendance auto-proclamée n'est pas entièrement reconnue par la communauté internationale
4/ C'est l'une des cinq monarchies absolues du monde
5/ Il y existe un président de la République qui se partage les pouvoirs avec un monarque

21 **En France, quel réalisateur, concepteur et animateur d'émissions de télévision, pionnier de la télévision française et parfois surnommé « Monsieur Cinéma » en référence à l'une de ses anciennes émissions, est décédé en octobre 2016 ?**

1/ Jean-Luc Delarue
2/ Pierre Tchernia
3/ Patrick Roy
4/ Philippe Bouvard
5/ Jacques Martin

22 **Quelle personnalité politique climato-sceptique notoire Donald Trump a-t-il nommée à l'Agence de protection de l'environnement ?**

1/ Rick Perry
2/ Gina McCarthy
3/ Al Gore
4/ Scott Pruitt
5/ James Mattis

23 **En date d'avril 2018, quel est le titre du dernier film de Quentin Tarantino, sorti en salles en France en janvier 2016 ?**

1/ « Les huit salopards »
2/ « Les neuf salopards »
3/ « Les dix salopards »
4/ « Les onze salopards »
5/ « Les douze salopards »

24 **En France, quel candidat aux élections présidentielles s'est rallié à Marine Le Pen pour le second tour et a remporté la 8e circonscription de l'Essonne aux élections législatives de juin 2017 ?**

1/ Jean-Frédéric Poisson
2/ François Asselineau
3/ Nicolas Dupont-Aignan
4/ Philippe De Villiers
5/ Jean Lassalle

25 **En avril 2018, quel dirigeant de la Corée du Nord, qui après avoir menaçé de frapper l'île de Guam avec un missile nucléaire en 2017, tente d'engager un dialogue avec la Corée du Sud et les États-Unis ?**

1/ Kim Jong-Il
2/ Kim II-Sung
3/ Ko Young-Hee
4/ Kim Jong-Chol
5/ Kim Jong-Un

26 **Quel pays du Royaume-Uni a demandé l'organisation d'un référendum sur son indépendance après le déclenchement de la procédure de sortie de l'Union européenne (Brexit) ?**

1/ L'Écosse
2/ L'Angleterre
3/ Le Pays de Galles
4/ L'Irlande du Nord
5/ L'Irlande du Sud

27 Parmi les propositions suivantes, laquelle correspond à la résolution 2229 relative au Tribunal pénal international pour l'ex-Yougoslavie adoptée par le Conseil de sécurité de l'ONU le 19 décembre 2016 ?

1/ La clôture des instructions des affaires présentées au tribunal
2/ La prorogation des mandats des juges du tribunal jusqu'au 30 novembre 2017 au plus tard
3/ La mise en examen des personnes relève désormais des juridictions nationales
4/ L'affirmation que le *statu quo* est la seule solution viable à court terme
5/ L'organisation d'une conférence de la paix relève d'une décision nationale

28 En avril 2017, quel pays a adopté un texte permettant de poser un bracelet électronique aux personnes suspectées de commettre des actes terroristes ?

1/ Les États-Unis d'Amérique
2/ L'Inde
3/ L'Allemagne
4/ Le Canada
5/ La Belgique

29 Parmi les propositions suivantes, laquelle est correcte ?

1/ La IVe République en France a été constituée en 1946 et est morte en 1958, victime d'une instabilité politique
2/ La IVe République en France a été constituée en 1940, par Pétain, et est morte en 1945 avec la libération de la France
3/ La IVe République en France a été constituée en 1870 avec la chute du IIIe Empire. Elle sera abolie en 1940 avec l'Occupation
4/ La IVe République en France a été constituée en 1958 avec le retour du Général de Gaulle
5/ La IVe République a été constituée par René Coty

30 Parmi les États suivants, lequel a participé militairement à la coalition de 22 États mobilisés autour des États-Unis contre l'organisation État islamique entre août 2016 et juillet 2017 ?

1/ La Grèce
2/ Le Danemark
3/ La Suède
4/ L'Autriche
5/ La Lituanie

31 Parmi les États suivants, lequel s'est lancé dès 2008 dans le vaste programme d'infrastructure portuaire civile et militaire de Doqum ?

1/ Le Qatar
2/ Le sultanat d'Oman
3/ Les Émirats arabes unis
4/ Le Koweït
5/ Le Bahreïn

32 **Quel pays présidait Otto Pérez Molina démissionnaire en septembre 2015 de sa fonction de Président de la République ?**

1/ La Colombie
2/ Le Brésil
3/ Les Philippines
4/ Le Guatemala
5/ Le Costa Rica

33 **Quel territoire annexé en 2014 par la Russie est considéré par l'Ukraine comme faisant partie de son propre espace territorial ?**

1/ La Crimée
2/ Les îles Kouriles
3/ La Sibérie
4/ La Tchétchénie
5/ Le Daghestan

34 **En 2017, quel événement a marqué la Colombie ?**

1/ La destitution du Président de la République
2/ Un tremblement de terre provoquant plus de 500 morts
3/ L'assassinat du Premier ministre
4/ Un accord de paix et le désarmement des FARC
5/ Le démantèlement des plus gros cartels de drogue

35 **Quel détroit, situé entre la péninsule Malaise et l'île indonésienne de Sumatra, a pris une importance stratégique de premier ordre, en étant la principale route d'approvisionnement en pétrole de deux des principaux consommateurs mondiaux, le Japon et la Chine, et est aussi l'un des plus longs détroits au monde ?**

1/ Le détroit de Béring
2/ Le détroit des Dardanelles
3/ Le détroit de Malacca
4/ Le détroit de Bass
5/ Le détroit d'Ormuz

36 **En France, quel club de football évoluant dans le championnat français de Ligue 1 a accédé aux quarts de finale de la ligue des champions 2017 ?**

1/ Le Paris Saint-Germain
2/ L'Olympique Lyonnais
3/ L'AS Monaco
4/ L'Olympique de Marseille
5/ Le FC Nantes

37 **Parmi les États suivants, lequel est devenu le 50e État des États-Unis en 1959 ?**

1/ L'Utah
2/ La Floride
3/ Hawaï
4/ Le Nebraska
5/ Le Nouveau-Mexique

38 **En octobre 2016, dans quel pays une nouvelle constitution, soutenue par le Président Alassane Ouattara, a-t-elle été adoptée par référendum ?**

1/ Le Cameroun
2/ Le Nigéria
3/ La Côte d'Ivoire
4/ Le Sénégal
5/ Le Togo

39 **Quel est le nom de l'opération conduite par l'agence européenne Frontex effective depuis le 1er novembre 2014 censée soutenir l'Italie pour faire face au sauvetage de migrants affluant par voie maritime ?**

1/ L'opération Serval
2/ L'opération Triton
3/ L'opération Sentinelle
4/ L'opération Lampedusa
5/ L'opération Mare Nostrum

40 **Dans quelle ville française, chaque année, début décembre, célèbre-t-on la Fête des Lumières ?**

1/ À Lille
2/ À Paris
3/ À Strasbourg
4/ À Lyon
5/ À Marseille

41 **Qui est l'auteur de l'actuel plafond de l'Opéra Garnier ?**

1/ Raphaël
2/ Gustave Courbet
3/ Marc Chagall
4/ Charles Lebrun
5/ Nicolas Poussin

42 **En France, quel journaliste et fondateur de l'hebdomadaire *Le Point* est décédé en novembre 2016 ?**

1/ Christophe Barbier
2/ Serge July
3/ Hubert Beuve-Méry
4/ Claude Imbert
5/ Philippe Tesson

43 **« Public Enemy » est un célèbre groupe américain de :**

1/ Rock
2/ Pop
3/ Rap
4/ Jazz
5/ R'n'B

44 **Quel est le département français pour lequel la décision prise par le Conseil départemental de demander aux bénéficiaires du RSA de travailler bénévolement sept heures par semaine, a été jugée illégale en octobre 2016 par le tribunal administratif ?**

1/ Territoire de Belfort
2/ Bouches du Rhône
3/ Haut-Rhin
4/ Pas-de-Calais
5/ Seine-Saint-Denis

45 Quelle était la nationalité de l'artiste Papa Wemba décédé en avril 2016 ?

1/ Ivoirienne
2/ Camerounaise
3/ Malienne
4/ Congolaise
5/ Sénégalaise

46 Quelle est la capitale de Chypre ?

1/ La Valette
2/ Zagreb
3/ Héraklion
4/ Nicosie
5/ Skopje

47 En octobre 2016, quels sont les deux économistes qui se sont vu décerner le Prix de la Banque de Suède en sciences économiques en mémoire d'Alfred Nobel ?

1/ Oliver Hart et Bengt Holmström
2/ Michael Jensen et William Meckling
3/ Peter Doeringer et Joseph Piore
4/ Fischer Black et Myron Scholes
5/ Paul Lawrence et Jay Lorsch

48 Qu'est ce que le « quechua » ?

1/ Un type de tente
2/ La monnaie du Pérou
3/ Une famille de langues parlées en Amérique du Sud
4/ Un État des États-Unis
5/ Un État mexicain

49 Qu'appelle-t-on le « salaire d'efficience » en sciences économiques ?

1/ Un niveau de salaire inférieur au salaire de marché pour baisser le coût du travail
2/ Un niveau de salaire équivalent au salaire de marché
3/ Un niveau de salaire supérieur au salaire de marché pour maximiser la productivité
4/ Un niveau de salaire qui couvre les besoins vitaux des salariés et de leurs familles
5/ Un niveau de salaire indexé sur la performance individuelle des salariés

50 Entre l'annonce du Brexit et juin 2017, la monnaie britannique, la Livre Sterling, a connu par rapport à l'euro :

1/ Une hausse de son cours de l'ordre de 20 %
2/ Une hausse de son cours de l'ordre de 10 %
3/ Une relative stagnation de son taux de change
4/ Une dépréciation de l'ordre de 15 %
5/ Une dépréciation de l'ordre de 30 %

Épreuve de compréhension et expression écrite en français

1re partie : expression - 35 questions

51 **Parmi les citations suivantes, quelle est celle que l'on peut classer comme une « métaphore » ?**

1/ « Qui se ressemble s'assemble »
2/ « C'est une nuit d'été, nuit dont les vastes ailes » (Lamartine)
3/ « Je ne me lasserai jamais de lire un Zola »
4/ « La clarté sombre des réverbères » (C. Baudelaire)
5/ « Vivre simplement pour que d'autres puissent simplement vivre » (M. Gandi)

52 **Parmi les propositions suivantes, laquelle est correcte ?**

1/ À l'instare de ses ancêtres, il reprendra l'entreprise familiale
2/ À l'instar de ses ancêtres, il reprendra l'entreprise familiale
3/ À la star de ses ancêtres, il reprendra l'entreprise familiale
4/ À l'unstare de ses ancêtres, il reprendra l'entreprise familiale
5/ À l'inssetard de ses ancêtres, il reprendra l'entreprise familiale

53 **Parmi les propositions suivantes, laquelle est correcte ?**

1/ Cécile me parut avoir de l'humeur, mais je n'y fis pas attention
2/ Sophie charmat son fiancé grâce à son chant si mélodieux
3/ Cécile n'aimai rien tant que de sauter à la corde
4/ Sophie riat tellement qu'elle en tombat à la renverse
5/ Cécile eus beaucoup de fièvre la nuit dernière

54 **Dans la phrase « Les étudiants, ayant reçu leur convocation, pourront passer le score demain dans la salle d'examen », quel(s) terme(s) est un complément circonstanciel ?**

1/ Les étudiants
2/ Ayant reçu leur convocation
3/ Le score
4/ Demain
5/ D'examen

55 Dans la phrase « Il nous a expliqué sa situation avec afféterie », que signifie « afféterie » ?

1/ Des manières prétentieuses
2/ De manière très directe
3/ Dans un langage vulgaire
4/ De manière incompréhensible
5/ De manière confuse

56 Parmi les propositions suivantes, laquelle est correcte ?

1/ Ce malheureux chien a une pate cassée, il ne peut plus courir
2/ Alice adore les pâtes, elle en mangerait tous les jours
3/ Les quatre pâttes de notre chat sont blanches, il est adorable
4/ Elle préfère les pates à la carbonera
5/ Demain nous achèterons des pattes pour le dîner

57 Parmi les propositions suivantes, laquelle est correcte ?

1/ Le photographe, à qui rien ne sauraient échapper, fut le seul à le reconnaitre
2/ L'avertissement de Paul ne réussissa qu'à enflammer Jacques
3/ Il osa, dès lors, suivre sa belle inconnue et finit par l'aborder
4/ Jacques attendait de voir disparaître le mari puis courrait jusqu'à sa bien-aimée
5/ En pénétrant dans le mur de la clôture il ressentis une sensation de résistance

58 Parmi les propositions suivantes, laquelle est incorrecte ?

1/ Nous vainquions ces armées, les uns avec les autres
2/ Avec leurs armées, ils vainquirent leurs adversaires
3/ Grâce à son arme magique, ce héros vainct tous ses ennemis
4/ Avec cette persévérance, il vaincra la maladie
5/ En vainquant la pauvreté, ce pays a fait d'énormes progrès sociaux

59 Parmi les propositions suivantes, laquelle est correcte ?

1/ Eva avait prévu une cérémonie empreinte d'une grande solennité pour sa réception
2/ Eva trouvait que la cérémonie manquait de solannité
3/ Elle voulait laisser une emprunte digne d'elle
4/ Intelligeamment elle introduisit une musique douce et sophistiquée
5/ Et, debout devant tous, solannelle, elle annonça la grande nouvelle

60 Parmi les propositions suivantes, laquelle est correcte ?

1/ Il a enfin découvert la peau aux roses
2/ Il a enfin découvert le peau aux roses
3/ Il a enfin découvert le poteau rose
4/ Il a enfin découvert le pote aux roses
5/ Il a enfin découvert le pot aux roses

61 **Parmi les propositions suivantes, laquelle est correcte ?**

1/ C'était lui signifier qu'il ne pouvait pas compter sur ces deux emplois
2/ Il se demandait qu'est-ce qu'ils pourraient lui faire
3/ Elle aurait acheté cette commode si le magasin ne fermait pas
4/ Il demanda aux enfants qu'ils rangent leur chambre
5/ Il avait pensé que Laure prendra le train à deux heures

62 **Parmi les propositions suivantes, laquelle est correcte ?**

1/ Il est bourré de remords depuis la mort de sa sœur
2/ Il est tordu de remords depuis la mort de sa sœur
3/ Il est bourrelé de remords depuis le décès de sa sœur
4/ Il est bourru de remords depuis le décès de sa sœur
5/ Il est boursoufflé de remords depuis le décès de sa sœur

63 **Dans la phrase « Il a trouvé une solution tout à fait triviale », que signifie le mot « trivial » ?**

1/ Démesuré
2/ Banal
3/ Original
4/ Inadapté
5/ Incohérent

64 **Parmi les propositions suivantes, laquelle est correcte ?**

1/ Il m'a demandé de palié à nos erreurs rapidement
2/ Il m'a demandé de palier nos erreurs rapidement
3/ Il m'a demandé de palier à nos erreurs rapidement
4/ Il m'a demandé de pallier nos erreurs rapidement
5/ Il m'a demandé de pallier à nos erreurs rapidement

65 **Parmi les propositions suivantes, inspirées des *Liaisons dangereuses*, laquelle est correcte ?**

1/ Je vous expliquerais le billet de Danceny, ce soir
2/ Ce beau Héros de roman s'endore dans la félicité
3/ En rentrant chez moi, je lus votre lettre et la trouvai lumineuse
4/ Ce n'est qu'après avoir bien concerté mon plan que je parvenus à prendre du repos
5/ Il sera désespéré et se tiendrat pour battu

66 **Parmi les propositions suivantes, laquelle est correcte ?**

1/ Il tenait des propos falacieux corroborrés par ses acolytes
2/ Il tenait des propos falassieux coroborés par ses acolytes
3/ Il tenait des propos phalacieux corobhorrés par ses acolytes
4/ Il tenait des propos fallacieux corroborés par ses acolytes
5/ Il tenait des propos fallacieux corroborrés par ses acollites

67 **Parmi les propositions suivantes, laquelle ne contient pas de pléonasme ?**

1/ Sophie préparait d'avance tous ses discours
2/ Ils allaient faire construire une maison neuve d'ici deux ans
3/ Elle a tellement reculé en arrière qu'elle est rentrée dans le mur
4/ Pierre et Jacques se réunissent souvent ensemble pour discuter de leurs élèves
5/ Ils ont prévu, avant-hier, de changer le titre du film

68 **Dans la phrase « Je me lave et je me coiffe », les deux verbes utilisés sont des verbes ?**

1/ Défectifs
2/ D'état
3/ Pronominaux
4/ Auxiliaires
5/ Impersonnels

69 **Parmi les propositions suivantes, laquelle est correcte ?**

1/ Il avait gagnées les faveurs de la Marquise en lui écrivant des vers
2/ Ce prétendu régiment était une association fondé par divers brigands
3/ Les brevets qu'elle décernait à ce qu'elle jugeait dignes portait le nom de calottes
4/ Il avait entendu raconter que Racine aimait improviser des traductions
5/ Le fameux helléniste approuva chaleureseument ce projet

70 **Parmi les propositions suivantes, laquelle est correcte ?**

1/ Ces peuples étaient semis-nomades depuis des siècles
2/ Il avait douze ans et demis quand son père est mort
3/ Le coucou suisse sonne les demies, c'est parfois insupportable
4/ Ils ont bu deux demi dans le jardin en profitant du soleil
5/ Les enfants ont tracé deux demis cercles avec des craies

71 **Parmi les propositions suivantes, laquelle est correcte ?**

1/ Les petites astériques renvoient à des notes intéressantes
2/ Les astérisques moyennes renvoient au nom des auteurs cités
3/ Les grandes astériques renvoient à des textes en langue étrangère
4/ Les petits astérisques renvoient à mes propres œuvres
5/ Les grands astériques renvoient à des auteurs latins

72 **Parmi les propositions suivantes, laquelle n'est pas une conjonction de coordination ?**

1/ Et
2/ Or
3/ Car
4/ Ni
5/ Que

73 Parmi les propositions suivantes, laquelle est correcte ?

1/ Il aimait les rideaux rouges sombres de la chambre
2/ Paul avait des yeux bleus verts que tout le monde admirait
3/ Elle a acheté trois robes rouges cerises, elles sont très belles
4/ Elle a trouvé des chaussures roses et les a achetées
5/ Marie a des yeux marrons, très beaux

74 Parmi les propositions suivantes, laquelle est correctement conjuguée à l'imparfait de l'indicatif ?

1/ Je croyait qu'il plaisantait quand il me menaçais
2/ Pierrette paraitrai s'attendrir en écoutant mon discours
3/ Vous paraissiez timide et effrayé hier quand nous sommes entrés dans la pièce
4/ Vous faisez peine à voir ainsi vêtue, mettez un manteau
5/ Nous faisons toujours ce trajet en voiture

75 Parmi les propositions suivantes, laquelle est correcte ?

1/ Le rapport du sujet à la culture serait bien d'aquisition et d'apprentissage
2/ Le rapport du sujet à la culture ne pourrait être d'auto-justification mais bien d'aprentissage
3/ On considère que le sujet a un rapport d'acquisition à la culture
4/ Le sujet a un raport d'apprentissage à la culture
5/ On peut penser que le sujet n'a pas un rapport inné mais bien d'aprenttissage à la culture

76 Dans cette phrase extraite de *Mirage* de Thomas Mann : « On ne saurait dire qu'elle éprouvât un intérêt particulier pour son fils, rouquin poussé en hauteur », quel est le temps utilisé pour le verbe « éprouver » ?

1/ Imparfait du subjonctif
2/ Passé antérieur de l'indicatif
3/ Plus-que-parfait du subjonctif
4/ Présent du conditionnel
5/ Passé simple de l'indicatif

77 La phrase « Je suis mort de faim » est une figure de style. Laquelle ?

1/ Un pléonasme
2/ Un euphémisme
3/ Une métaphore
4/ Une hyperbole
5/ Un chiasme

78 **Parmi les propositions suivantes, laquelle est correcte ?**

1/ Peut-être souris-tu à quel que pauvre malheureux errant seul
2/ Il faudrait prendre quelque couvertures pour les nouveaux venus
3/ Quelle que soit son travail, elle le fait bien
4/ Prenons garde, quel que témoin curieux dira tout
5/ Quel que soit le temps, la lune est toujours là, sur son clocher jauni

79 **Dans cette phrase extraite de *La Promesse de l'aube* de R. Gary : « Aucun de nous n'ayant vu ses cheveux devenir blancs après le passage de Michka, je considère cette histoire comme apocryphe », quelle est la signification de « apocryphe » ?**

1/ Dont l'authenticité n'est pas établie
2/ Qui appartient, qui est propre à la bible
3/ Dont l'auteur est inconnu
4/ Au caractère prophétique et prémonitoire
5/ Qui vise à illustrer une vérité morale

80 **Par quel adverbe peut-on remplacer « concomitamment » ?**

1/ Pareillement
2/ Sincèrement
3/ Étonnamment
4/ Certainement
5/ Simultanément

81 **Parmi les propositions suivantes, laquelle est correcte ?**

1/ Son discours est sibilin, l'assemblée ne réussit pas à suivre le fil de ses idées
2/ Son discours est cibylin, l'assemblée ne réussit pas à suivre le fil de ses idées
3/ Son discours est sybillin, l'assemblée ne réussit pas à suivre le fil de ses idées
4/ Son discours est cibylain, l'assemblée ne réussit pas à suivre le fil de ses idées
5/ Son discours est sibyllin, l'assemblée ne réussit pas à suivre le fil de ses idées

82 **Parmi les propositions suivantes, laquelle est correcte ?**

1/ Souvent, il faut payer un lourd tribu pour vivre librement
2/ Souvent, il faut payer un lourd tribut pour vivre librement
3/ Souvent, il faut payer une lourde tribue pour vivre librement
4/ Souvent, il faut payer un lourd tribü pour vivre librement
5/ Souvent, il faut payer un lourd tribbu pour vivre librement

83 L'imparfait de l'indicatif est un temps que l'on utilise pour exprimer :

1/ Un fait qui a déjà eu lieu au moment où nous nous exprimons mais qui peut encore se dérouler
2/ Des faits accomplis, en général brefs et d'une durée déterminée, dont l'action se situe avant une autre action. Souvent utilisé dans une proposition subordonnée après une conjonction de temps comme quand, lorsque, ...
3/ Une action du passé qui exprime une succession d'évènements qui ne sont pas liés entre eux
4/ Une action (souvent brève) achevée du passé lors de récits écrits
5/ Une action du passé (souvent brève et ponctuelle) qui suit une autre, et/ou qui indique souvent la rupture ou l'arrêt de l'action en cours

84 Une personne « cauteleuse » est une personne :

1/ Irritante
2/ Sournoise
3/ Souffrant d'arthrose
4/ Souffrant de troubles psychiques
5/ Grincheuse

85 Un « cuistre » est :

1/ Une personne brutale et violente
2/ Une personne amusante
3/ Un ustensile de cuisine
4/ Un instrument de musique indien
5/ Une personne pédante et prétentieuse

Texte

Source : William Irigoyen, « Un parti essoré par son alliance avec Angela Merkel, une société qui bouillonne aux marges », *Le Monde Diplomatique*, juillet 2017, p. 16 et 17

Les sociaux-démocrates allemands sans boussole

par William Irigoyen

Les élections législatives allemandes du 24 septembre prochain ne s'annoncent pas sous les meilleurs auspices pour le Parti social-démocrate. Au-delà de ses déboires électoraux lors des derniers scrutins régionaux et de ses alliances acrobatiques, le noyau même de son idéologie paraît désintégré. Dans les municipalités, les militants déconcertés cherchent en vain une ligne claire.

Par une matinée pluvieuse de printemps, un groupe d'élèves marche le long de la Stadthalle à Bad Godesberg. Aucun des adolescents ne prend la peine de jeter un coup d'œil à ce bâtiment suranné dont la ville est propriétaire et qui a servi de décor à un congrès historique du Parti social-démocrate allemand (SPD). En novembre 1959, la formation marxiste fondée en 1875 à Gotha « *approuve une économie libre de marché partout où la concurrence s'affirme* », revendique son appartenance au bloc de l'Ouest et affiche sa volonté de s'ouvrir à d'autres catégories sociales que les seuls ouvriers. À peine prône-t-elle encore à l'époque « *l'instauration d'un ordre économique et social nouveau* » et concède-t-elle que « *la propriété collective est une forme légitime du contrôle public à laquelle aucun État moderne ne peut renoncer* »[1]…

Presque six décennies plus tard, ce programme de reddition apparaîtrait d'un insupportable radicalisme aux dirigeants contemporains du parti. Entre 1998 et 2005, le SPD au pouvoir avec les Verts a imposé l'« Agenda 2010 », un dynamitage de la protection sociale (retraites, chômage, droit du travail). Partenaire junior[2] de la « grande coalition » dirigée par Mme Angela Merkel entre 2005 et 2009, puis entre 2013 et 2017, il est devenu inaudible : équivoque lorsqu'il fallait empêcher le ministre des finances, M. Wolfgang Schäuble, de serrer le garrot qui asphyxie la Grèce ; déconcerté lorsque la chancelière mettait en place le salaire minimum, une proposition-phare du SPD ; désorienté lorsque la même plaidait pour l'accueil des réfugiés, en 2015.

Trois défaites successives

Saluée par la presse et les instituts de sondage comme un tournant décisif, l'élection triomphale à la tête du parti, en mars dernier, de l'ancien président du Parlement européen, M. Martin Schulz, devait remettre le parti sur les rails et préparer la victoire aux élections législatives du 24 septembre prochain, après douze années de règne conservateur (*lire « Malvoyants ou malfaisants ? »*). Mais trois défaites successives, en mars et mai, lors des scrutins régionaux de la Sarre, du Schleswig-Holstein et de Rhénanie-du-Nord-Westphalie, ont dégonflé la bulle et douché les espoirs. Même si elles comptent au nombre des spécificités de la vie politique allemande, les alliances régionales du SPD

1 SPD, « Le programme fondamental du Parti social-démocrate allemand » (PDF), Friedrich Ebert Stiftung, 1959.
2 Partenaire d'une coalition dirigée par un parti ayant obtenu plus de sièges.

accentuent ce sentiment d'inconsistance. Le parti codirige quatre régions avec les conservateurs de l'Union chrétienne-démocrate (CDU)[3]. Dans trois autres, il partage le pouvoir avec Die Linke, la gauche radicale. Au point qu'il faut s'interroger : fort de structures solides et de têtes d'affiche connues, le SPD existe-t-il encore en tant que formation politique capable de proposer un projet de société ? Dispose-t-il encore d'une boussole idéologique ou bien ne vit-il plus que pour perpétuer ses positions de pouvoir, dût-il les partager avec la droite ?

À s'en tenir aux déclarations d'intention, la question paraît sans objet. Le parti dit vouloir refonder l'économie sociale de marché, faire de l'État un moteur de la croissance et de la création d'emplois, taxer davantage les hauts revenus, réguler les marchés financiers, lutter contre l'utilisation abusive de travailleurs intérimaires, élargir les droits de participation des salariés dans les comités d'entreprise, etc. *A priori*, peu de points communs avec les objectifs des chrétiens-démocrates, avocats d'un libre-échange encore plus débridé et d'allègements fiscaux, opposés au rétablissement de l'impôt sur la fortune et grands pourfendeurs de la dette publique. Les différentes coalitions CDU-SPD, tant nationales que régionales, révèlent pourtant une porosité programmatique entre ces deux formations. Elles donnent surtout le sentiment que les sociaux-démocrates font davantage de concessions politiques à leurs adversaires que l'inverse. D'où un sentiment d'abandon chez les militants et les sympathisants.

Originaire de Dülmen, commune de la Ruhr où l'on reconvertit d'anciennes usines en élégants pavillons, M. André Stinka, candidat du SPD lors du dernier scrutin régional de Rhénanie-du-Nord-Westphalie, reconnaît un décalage entre les discours et la réalité : « *Nous ne cessons, dans le parti, d'évoquer le sort des femmes seules avec enfants. Mais qui d'entre nous les connaît vraiment ? Certains élus ne parlent plus aux gens auxquels ils sont censés s'adresser.* » Aujourd'hui à la retraite, M. Rainer Einenkel, l'ancien président du comité d'entreprise d'Opel, se montre plus catégorique. Le SPD, déplore-t-il, « *a délaissé les travailleurs parce qu'il pensait qu'ils allaient disparaître d'eux-mêmes* ». Ce constat s'appuie sur une longue expérience de terrain, durant laquelle il a négocié avec des élus locaux sociaux-démocrates de nombreux dossiers sociaux liés notamment aux fermetures d'usines : « *Le problème du SPD, ajoute-t-il, est sa propension à gouverner avec les uns et les autres. Ce parti a un problème avec ses propres racines. On pourrait dire la même chose des chrétiens-démocrates, mais la CDU reste beaucoup plus attachée à ses fondements idéologiques.* »

Chancelier de 1998 à 2005, M. Gerhard Schröder a porté ce brouillage idéologique à son paroxysme. De concert avec la « troisième voie » néolibérale de M. Anthony Blair au Royaume-Uni, le dirigeant social-démocrate a lancé le « nouveau centre » : sous couvert de course à la compétitivité, il a réduit les aides de l'État, flexibilisé le travail et exigé que chacun se prenne davantage en main. En quelques années, les travailleurs pauvres ont remplacé les chômeurs indemnisés – tout le contraire en somme de la philosophie politique dont se réclame le SPD. Le parti s'est alors coupé de sa base militante et il a perdu les élections. Comble de l'ironie, lors de sa première déclaration de politique générale fin 2005, la nouvelle chancelière a rendu hommage à l'audace de son prédécesseur…

Deux ans après naissait Die Linke, mouvement de gauche profondément hostile à cette orientation sociale-libérale. Privilégier les coalitions avec ce parti pourrait aider le SPD à raffermir son ancrage à gauche. Mais, sur le plan national, la question suscite des débats enflammés : « *Le SPD ne peut faire alliance avec Die Linke, notamment parce que cette dernière milite pour la sortie de l'OTAN* » – et même pour sa dissolution –, tranche l'ancien eurodéputé social-démocrate Helmut Kuhne. Les deux partis gouvernent pourtant ensemble dans les Länder de Berlin, du Brandebourg, mais aussi de Thuringe, dont Erfurt, la capitale, abrite le siège du parlement régional. M. Matthias Hey, le président du

3 Mecklembourg-Poméranie-Occidentale, Sarre, Saxe, Saxe-Anhalt.

groupe social-démocrate de cette région, voit en M. Bodo Ramelow, le chef de l'exécutif régional (Ministerpräsident) issu de Die Linke, un politicien « *réaliste* » avec lequel son parti fait volontiers front commun « *quand il s'agit de lutter contre l'inégalité dans un pays à plus d'un million de millionnaires* ». Mais il reconnaît l'existence de désaccords politiques profonds avec son partenaire. L'an dernier, par exemple, quand la coalition nationale CDU-SPD voulait expulser des déboutés du droit d'asile algériens, marocains ou tunisiens, Die Linke et les Verts s'y étaient opposés.

Mutation sociologique

Nombre d'élus SPD rencontrés affirment que leur « *allié naturel* » au Parlement pourrait tout à fait être Die Linke si ce parti n'était composé « *que de pragmatiques* ». Sous-entendu : des élus de l'Est habitués à former des coalitions avec les sociaux-démocrates, contrairement à ceux de l'Ouest, mélange « *d'anciens communistes, d'anarchistes, de déçus de nos rangs* », comme les qualifie non sans aigreur M. Andreas Bausewein, le maire SPD d'Erfurt. Mais avant cela, ajoute-t-il, « *il faut s'interroger sur les raisons pour lesquelles le parti est aujourd'hui dans une situation si difficile : il a muté sociologiquement. Il a perdu ses électeurs traditionnels, les ouvriers* ». Autre argument souvent mis en avant pour expliquer la désaffection dont il souffre : le Parti social-démocrate ne serait porteur d'aucun contre-modèle de société, ni même d'un projet politique global, après avoir remporté l'essentiel de ses combats – premières conventions collectives, lutte pour la reconnaissance des syndicats, journée de huit heures, création des conseils d'entreprise, de l'assurance-chômage, détente vis-à-vis de la République démocratique allemande et du bloc de l'Est dans les années 1970 (*Ostpolitik*), etc.

Et si, à force de diriger avec la CDU, les sociaux-démocrates s'étaient condamnés à n'être que la conscience sociale de la droite allemande ? Au parlement régional de Mecklembourg-Poméranie-Occidentale, à Schwerin, où le SPD siège comme partenaire d'une coalition dirigée par les chrétiens-démocrates, on balaie ces reproches d'un revers de la main. « *Il y a des différences de fond* », assure M. Thomas Krüger, président du groupe social-démocrate. « *Nous voulons davantage de négociations collectives sur l'égalité salariale entre l'Est et l'Ouest. Ce n'est pas le cas de la CDU. Sur la durée du travail, nos collègues et nous ne disons pas la même chose. Nous militons aussi pour la gratuité de l'enseignement. Ce n'est pas leur cas. Et puis ils veulent tout privatiser. Nous, nous réaffirmons l'importance de l'État.* » Dans d'étroites limites toutefois, selon un principe fixé à Bad Godesberg : « *la concurrence dans toute la mesure du possible – la planification autant que nécessaire* ».

D'après M. Benjamin Himmler, employé de la Friedrich Ebert Stiftung, une fondation politique pourtant proche du SPD, le Parti social-démocrate « *est devenu conservateur. Il œuvre pour le statu quo. Pas étonnant qu'il soit devenu l'allié naturel de la CDU* ». M. Himmler le promet : si, à l'issue des prochaines élections, la « grande coalition » est reconduite à Berlin, il rend sa carte. Pour le moment, il s'interroge comme d'autres sur les capacités de M. Schulz, nommé tête de liste du parti après le désistement de M. Sigmar Gabriel, à incarner un renouveau. L'ancien président du Parlement européen multiplie les signes contradictoires. Il reconnaît que les réformes de M. Schröder ont créé une génération de « *travailleurs pauvres* », affirme vouloir mieux indemniser le chômage, donner un coup de pouce aux retraites, lutter contre les abus de contrats à durée déterminée – autant de prises de position qui plaisent à M. Reiner Hoffmann, président de la Confédération allemande des syndicats (DGB). Incontestablement, les syndicats et le SPD entretiennent de meilleures relations que sous la mandature Schröder.

Mais M. Schulz sait aussi s'aligner sur des positions plus conservatrices. Par exemple, quand il évoque l'hypothèse d'une sortie de la Grèce de la zone euro si les « *réformes nécessaires* » ne sont pas menées. « *La conception de la justice sociale du candidat officiel du SPD n'apparaît pas encore clairement aux yeux des électeurs* », estime Martin Koschkar, politiste de l'université de Rostock.

→

Martin Schulz, un « produit » médiatique

Cela n'a pas échappé à Mme Sahra Wagenknecht. Jugée trop radicale par de nombreux sociaux-démocrates, la candidate officielle de Die Linke appelle le SPD à revenir à ses fondamentaux. Notamment à un extrait précis de son programme de Berlin, signé en 1989[4] : « *Les révolutions citoyennes contemporaines ont davantage promis la liberté, l'égalité et la fraternité qu'elles ne les ont réalisées. C'est la raison pour laquelle le mouvement des travailleurs réclame une société solidaire avec la liberté pour tous. Une expérience historique fondamentale doit être accomplie : il ne suffit pas de réparer les dégâts du capitalisme. Un nouvel ordre économique et social est nécessaire.* »

Dans ses ouvrages sur le SPD[5], le politiste Franz Walter a décrit la lente dérive idéologique et sociologique de ce parti du prolétariat vers le « nouveau centre ». À le lire, celui-ci n'aurait plus de « *but socialiste* ». Il a souvent été reproché à M. Schulz sa trop grande proximité avec son homologue de la Commission, le libéral Jean-Claude Juncker. Pour les élections de septembre, il ne semble disposé à donner qu'un léger coup de barre à gauche afin de marquer une différence, mais sans affirmer de rupture. Son plus grand « capital » tient à sa biographie atypique et à sa personnalité sympathique, proche de la population. Le « produit » plaît à des médias dont les engouements sont brefs. Lui se rêve en nouveau Willy Brandt, chancelier de 1969 à 1974. À l'époque, le SPD comptait plus d'un million de militants, contre un peu moins de 445 000 aujourd'hui. Fort d'un message politique clair, il n'avait alors aucun concurrent sérieux à sa gauche.

William Irigoyen
Journaliste

4 SPD, « Grundsatzprogramm der Sozialdemokratischen Partei Deutlschlands » (PDF), Berlin, 20 décembre 1989.
5 Franz Walter, *Die SPD. Vom Proletariat zur neuen Mitte*, Alexander Fest, Berlin, 2002, et Die SPD. Biographie einer Partei, Rowohlt Taschenbuch (3e édition), Reinbek, 2015.

Questions

86 Selon l'article, parmi les propositions suivantes, laquelle ne reflète pas les causes qui font perdre au parti SPD son influence ?

1/ Sa difficulté à affirmer des positions claires, d'adhésion ou d'opposition face aux décisions sur pouvoir allemand
2/ Ses alliances contestées avec d'autres partis aux positions divergentes voire contradictoires
3/ Sa mutation sociologique et la perte de son électorat d'origine
4/ L'émergence d'un concurrent sérieux à sa gauche tandis que le SPD est devenu plus conservateur
5/ Son adhésion aux politiques de l'Union européenne vis-à-vis de l'écologie

87 Laquelle de ces formations politiques allemande milite pour la dissolution de l'OTAN ?

1/ La Friedrich Erbert Stiftung
2/ Die Linke
3/ Les Verts
4/ Le SPD
5/ Le CDU

88 Parmi les propositions suivantes, laquelle est un synonyme de l'adjectif « suranné » ?

1/ Vieillot
2/ Collectif
3/ Redondant
4/ Rébarbatif
5/ Contigu

89 Dans quelle ville a eu lieu un congrès du SPD, au cours duquel a été fixé le principe selon lequel le parti encourage la concurrence mais prône l'intervention de l'État dans l'économie si elle est nécessaire ?

1/ Berlin
2/ Gotha
3/ Bad Godesberg
4/ Erfurt
5/ Dülmen

90 Parmi les propositions suivantes, laquelle reflète le mieux les propos rapportés dans l'article, d'André Stinka ?

1/ Le SPD a supposé à tort que les travailleurs disparaîtraient d'eux-mêmes
2/ Le SPD est déconnecté de la réalité sociale des classes populaires du pays
3/ Le SPD devrait réaffirmer sa volonté que l'État intervienne pour réguler l'économie
4/ La gouvernance de Gerhard Schröder a eu pour conséquence de paupériser les travailleurs
5/ Le SPD est devenu conservateur

91 **Parmi les informations suivantes, citées dans l'article, laquelle est erronée ?**

1/ Helmut Kuhne est un eurodéputé social-démocrate
2/ Schwerin abrite le parlement de Mecklembourg-Poméranie-Occidentale
3/ « L'agenda 2010 » était une réforme constitutionnelle
4/ Les élections législatives sont fixées au 24 septembre
5/ Les conservateurs ont dirigé le pays pendant douze ans

92 **Selon l'article, parmi les informations suivantes, laquelle est juste ?**

1/ Le programme de Berlin du SPD, signé en 1990, prônait un renouvellement de l'ordre économique et social
2/ Franz Walter est politiste et professeur à l'université de Rostock
3/ Matthias Hey est président du comité d'entreprise d'Opel
4/ Le SPD a été fondé à Gotha au XIXe siècle
5/ Wolfgang Schaüble a été chancelier de 2009 à 2013

93 **Parmi les personnalités suivantes, laquelle n'a pas présidé le parti SPD ?**

1/ Sigmar Gabriel
2/ Willy Brandt
3/ Martin Schultz
4/ Gerhard Schröder
5/ Angela Merkel

94 **Selon l'article, parmi les propositions suivantes, laquelle ne fait pas partie du programme affiché du SPD ?**

1/ La taxation des hauts revenus
2/ La lutte contre les abus liés au statut des travailleurs intérimaires
3/ La privatisation des secteurs publics
4/ La gratuité de l'enseignement
5/ La lutte pour l'égalité salariale entre l'est et l'ouest allemands

95 **Quelle était l'orientation originelle du parti lors de sa formation initiale ?**

1/ Social-libérale
2/ Libertarienne
3/ Marxiste
4/ Contre-révolutionnaire
5/ Nationaliste

96 **D'après l'article, quelle est la particularité des länder allemands dans le cadre de la fédération ?**

1/ Ils reconnaissent les langues régionales dans leurs administrations
2/ Ils disposent chacun de leur propre parlement régional
3/ Ils élisent un chancelier régional
4/ Ils peuvent appliquer leurs propres lois dans le domaine de l'enseignement et de la culture
5/ Ils élisent des grands électeurs qui nomment le président du pays

97 Lequel de ces länder allemands ne fait pas partie des länder qui ont enregistré des candidatures de coalition du SPD avec un autre parti, Die Linke ou le CDU, lors d'un scrutin régional ?

1/ Brandenbourg
2/ Rhénanie-du-Nord-Westphalie
3/ Sarre
4/ Mecklenbourg-Poméranie-Occidentale
5/ Berlin

98 D'après l'article, laquelle des personnalités suivantes représente le milieu syndical ?

1/ Benjamin Himmler
2/ Martin Koschkar
3/ Sahra Wagenknecht
4/ Reiner Hoffmann
5/ Andreas Bausewein

99 Parmi les propositions suivantes, concernant Martin Schultz, laquelle ne correspond pas aux informations données dans l'article ?

1/ Il a présidé le Parlement européen
2/ Il entretient de meilleures relations avec les syndicats que son prédécesseur
3/ Il s'est prononcé pour une sortie de la Grèce de la zone euro si les réformes austères ne sont pas appliquées
4/ Il souhaite rompre avec les habituelles grandes coalitions pratiquées par le SPD
5/ Il bénéficie d'une image sympathique et valorisante dans les médias

100 D'après l'article, quelle proposition du SPD a été mise en application par Angela Merkel ?

1/ La hausse des indemnités de chômage
2/ Les allègements fiscaux sur les entreprises
3/ La mise en place du salaire minimum
4/ La réduction des aides de l'état
5/ La flexibilisation du droit du travail

ÉPREUVE DE RAISONNEMENT LOGIQUE ET NUMÉRIQUE

101 **Un jeu consiste à lancer trois dés à six faces, numérotées de 1 à 6, avec le but d'obtenir des résultats identiques sur plusieurs dés. Un joueur marque un nombre de points correspondant aux nombres de dés identiques sur son lancer (1 point si les trois valeurs obtenues par les dés sont différentes, 2 points si l'on obtient une paire, et 3 points si l'on obtient un brelan soit 3 valeurs identiques). Quelle est l'espérance du nombre de points que l'on obtient en un lancer ?**

① 11/9
② 25/18
③ 53/36
④ 325/216
⑤ 2

102 **Parmi tous les nombres obtenus par permutation de 25 599, combien sont compris entre 30 000 et 60 000 ?**

① 12
② 15
③ 16
④ 20
⑤ 24

103 **Quel est le plus petit multiple commun à 12, 15 et 18 ?**

① 144
② 180
③ 216
④ 225
⑤ 360

104 **Quel nombre complète la logique du schéma ?**

		14		
		84		
18	108	??	27	45
		70		
		49		

① 47
② 58
③ 63
④ 88
⑤ 106

105 **Il est admis que les notes obtenues par les candidats au score suivent une loi normale de moyenne 200 et d'écart-type 30. Si les données statistiques sont correctes, quel pourcentage d'étudiants a obtenu moins de 140 points ?**

① 1 %
② 2,50 %
③ 5 %
④ 20 %
⑤ 33,33 %

106 **Marie-Berthe a acheté un gros paquet de bonbons, elle en mange la moitié le premier jour avant de se sentir malade. Le second jour, elle mange un tiers de ce qu'il reste, et fait de même le troisième jour. Il lui reste alors 12 bonbons. Combien y avait-il de bonbons au départ ?**

① 52
② 54
③ 60
④ 66
⑤ 216

107 **Quel terme complète logiquement cette suite : {D+3}, {C+5}, {E+4}, {G+3}, … ?**

① {J + 2}
② {B + 7}
③ {E + 5}
④ {C + 9}
⑤ {F + 5}

108 **Quel nombre remplace logiquement le point d'interrogation ?**

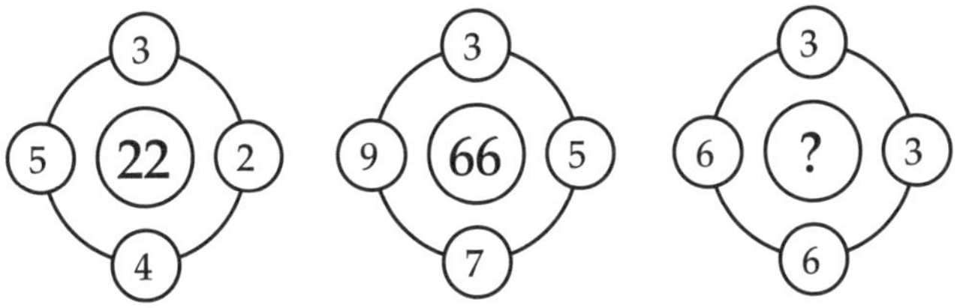

① 11
② 33
③ 36
④ 43
⑤ 44

109 **Soit une écluse de 12 mètres de large sur 100 mètres de long, pleine d'eau. Quand on la vide, le débit maximum est fixé à 20 mètres cubes d'eau par seconde pour éviter d'abîmer les berges en aval. De quelle hauteur le niveau d'eau baissera-t-il chaque seconde ?**

① 60 mm
② 1,666 cm
③ 2 cm
④ 33,333 mm
⑤ 0,6 cm

110 Un crâne humain possède environ 5 décimètres carrés de surface chevelue. Sachant que nous possédons en moyenne 200 cheveux par centimètre carré et que chacun grandit d'environ 0,15 décimètre par mois, quelle est la longueur de cheveux qui pousse annuellement sur une tête ?

① 15 000 mètres
② 18 000 000 cm
③ 21 600 mètres
④ 150 000 cm
⑤ 18 km

111 Quelle carte complète la figure ?

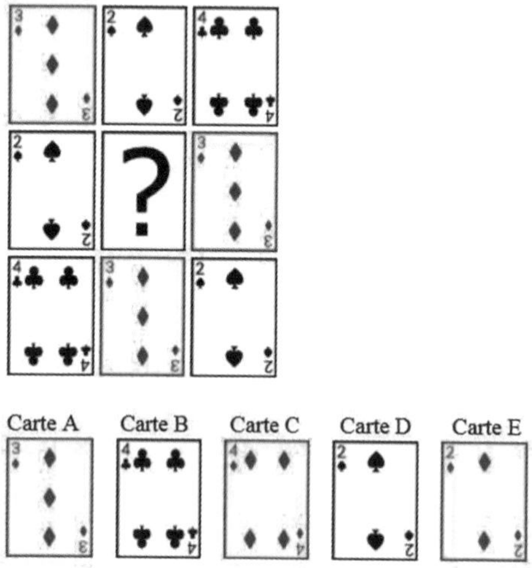

① Carte A
② Carte B
③ Carte C
④ Carte D
⑤ Carte E

112 Quel mot possède la même propriété logique que la suite suivante : BOGEY, FLÉAU, INSÉRER, ASSEZ, CAILLOUX ?

① PARFOIS
② JAMAIS
③ HÉROS
④ TOUJOURS
⑤ MÉCHANTS

113 Dans une entreprise, trois quarts des employés sont en contrat à durée indéterminée (CDI). Parmi ces employés en CDI, les deux tiers sont des hommes. Sachant que 60 % des employés de l'entreprise sont des hommes, quelle est la probabilité qu'un homme de l'entreprise soit en CDI ?

① 66,7 %
② 75 %
③ 80 %
④ 83,3 %
⑤ 87,5 %

114 Un rectangle R est quatre fois plus long que large.
Un carré C a la même aire que R.
Que vaut le rapport entre les périmètres de R et C ?

① 0,75
② 0,80
③ 1
④ 1,20
⑤ 1,25

115 Quel nombre peut logiquement remplir la cellule vide de cette grille ?

13	16	2	21
16	60	10	12
19	44	11	23
18	72	12	24
13	56	7	?

① 21
② 22
③ 23
④ 24
⑤ 26

116 La société OriQl'R est très réputée pour sa fabrication d'air froid pour rafraîchir. Elle livre plusieurs producteurs de réfrigérateurs ou de climatiseurs, leur permettant ainsi de refroidir leurs produits.
Hier, la société a produit 330 caisses d'air, le camion de livraison a pu les transporter en faisant plusieurs voyages complètement rempli. Il restait 7 caisses, que le chauffeur a décidé de laisser pour le lendemain. Aujourd'hui, l'usine a produit 341 caisses.
Le chauffeur a transporté toutes les caisses en faisant 2 voyages de plus qu'hier. Tous les voyages d'aujourd'hui étaient remplis sauf le dernier où il restait de la place pour 9 caisses.
Combien de caisses peut-il mettre dans son camion au maximum ?

① 17
② 19
③ 21
④ 23
⑤ 25

117 Des oiseaux sont posés sur les branches d'un peuplier et d'un platane, ils discutent entre eux. Un des oiseaux perchés sur le peuplier dit à un des oiseaux posé sur le platane : « Si tu nous rejoins sur notre branche, notre nombre sera la moitié du vôtre. » L'autre lui répond alors « Si c'est toi qui vient chez nous, on sera cinq fois plus nombreux. » Combien y a t-il d'oiseaux sur le peuplier ?

① 3
② 4
③ 5
④ 6
⑤ 7

118 Un automobiliste, qui a réalisé la moitié de son trajet pour se rendre sur son lieu de vacances, a parcouru la dernière heure à la vitesse de 130 km/h. Sa vitesse moyenne est alors passée de 110 km/h à 115 km/h. À quelle vitesse aurait-il dû rouler pour augmenter sa vitesse moyenne à 125 km/h ?

① 140
② 150
③ 155
④ 160
⑤ 170

119 Quel nombre complète logiquement cette série : 2 ; 6 ; 18 ; 54 ; … ?

① 82
② 96
③ 108
④ 110
⑤ 162

120 De 2000 à 2016, l'équipe de France de basketball gagnait 7 matchs sur 10 quand Tony Parker jouait, et seulement 40 % de ses matchs quand il ne jouait pas. Il est précisé qu'il ne peut y avoir de match nul (à égalité) au basket, il y aura prolongation jusqu'à victoire d'une des deux équipes. Sachant qu'il a joué 8 matchs sur 10 de l'équipe de France lors de cette période, et que la France a battu l'Espagne 80 à 66 lors de l'Euro 2013, quelle est la probabilité que Tony Parker ait joué ce match ?

① 1 chance sur 2
② 1 chance sur 3
③ 2 chances sur 5
④ 3 chances sur 4
⑤ 7 chances sur 8

Épreuve de compréhension et expression écrite en anglais

1re partie : expression – 35 questions

121 **It was discovered that only a limited amount of information had been communicated to the legislator and several vital facts had been … .**

1/ Withheld
2/ Parted
3/ Tutored
4/ Conferred
5/ Aggrieved

122 **Despite the falling share prices, there is … growing optimism that a breakthrough in the new technologies will arrive soon.**

1/ The same
2/ Although
3/ Withstanding
4/ Nonetheless
5/ And yet

123 **The visiting speaker's talk was much too long and very … .**

1/ Bored
2/ Bared
3/ Barred
4/ Boring
5/ Baring

124 **Ms. Diaz's supervisor has recommended that she … promoted to a more senior position.**

1/ Has been
2/ Is being
3/ Had been
4/ Was
5/ Be

125 **… to the summit meeting, both Presidents had confirmed their commitment to improving trade relations between the two countries.**

1/ Preceding
2/ Except
3/ Along
4/ Prior
5/ Before

126 **The meeting to discuss the recruitment of a replacement for Mr Cho is now urgent and has been … to tomorrow at three o'clock.**

1/ Brought away
2/ Brought forward
3/ Brought back
4/ Brought down
5/ Brought up

127 **In a competitive market nothing is left to ... .**

1/ Change
2/ Chance
3/ Choice
4/ Choose
5/ Cheer

128 **John decided to take some time off college and ... his studies until the following year.**

1/ Differed
2/ Deterred
3/ Deleted
4/ Deferred
5/ Conferred

129 **She is a ... fan of the local football team.**

1/ Demoted
2/ Promoted
3/ Devoid
4/ Developed
5/ Devoted

130 **Shirley has become preoccupied with a series of problems at work ... this month.**

1/ Yet
2/ Ago
3/ Once
4/ Since
5/ Earlier

131 **The publicity campaign had begun in ... .**

1/ Force
2/ Serious
3/ Strong
4/ Earnest
5/ Early

132 **... concerns have been expressed for the child's welfare.**

1/ Great
2/ Grove
3/ Grave
4/ Grim
5/ Grieve

133 **It was only once Jason got home that he realized that he ... his house keys at the office.**

1/ Forget
2/ Forgetting
3/ Has been forgotten
4/ To forget
5/ Had forgotten

134 **I was surprised to see Julie at work today because I thought she was ... to be on holiday.**

1/ Composed
2/ Deposed
3/ Supposed
4/ Exposed
5/ Imposed

135 **The … majority of museums and gallery's in the city have free entry.**

1/ Vest
2/ Mast
3/ Fast
4/ Vast
5/ Last

136 **At the annual … many important issues were highlighted.**

1/ Meet
2/ Meets
3/ Mating
4/ Meeting
5/ Meat

137 **Critics of the proposed legislation have pointed … that it could result in lower incomes for many workers in the service sector.**

1/ For
2/ With
3/ Out
4/ Off
5/ Over

138 **Many cyclists have no … about passing traffic lights at red or taking to the pavement if they can save two or three minutes on their journey time.**

1/ Questions
2/ Quavers
3/ Quibbles
4/ Qualms
5/ Quirks

139 **A man was seriously injured in an apparent hit and … incident.**

1/ Fun
2/ Fan
3/ Run
4/ Nun
5/ Ran

140 **Bill and Mary had spent time with the whole family over the summer so they decided to adopt a low … approach to celebrating their ruby wedding anniversary in October.**

1/ Lying
2/ Paid
3/ Key
4/ Cut
5/ Reach

141 **Our facilities manager has warned us that the roof of the main building is leaking and in urgent … of repair.**

1/ Need
2/ State
3/ Wish
4/ Condition
5/ Requisite

142 **Production of the new WS30 mobile phone has been temporarily delayed … of a manufacturing problem.**

1/ Through
2/ Although
3/ Yet
4/ Because
5/ Resulting

143 **Ms. Kanagata's work is always very professional and she is … fair in dealing with her staff.**

1/ Scruple
2/ Scrupulous
3/ Scrupulously
4/ Scrupulousness
5/ Scruples

144 **Mental health problems are on the increase but people often do not know where to … help.**

1/ Sikh
2/ Sick
3/ Sleek
4/ Uncover
5/ Seek

145 **Old stone walls and cottages … the landscape.**

1/ Spotted
2/ Dappled
3/ Dotted
4/ Doted
5/ Speckled

146 **He became not only the first winner of the race in 1920, but he may have also been the … having won two following years.**

1/ Two of
2/ More
3/ First one
4/ Much
5/ Three

147 **The sudden death of the CEO was tragic but everyone in the company responded very well, … the circumstances.**

1/ For
2/ Given
3/ Over
4/ Through
5/ Throughout

148 **They were devastated … the news.**

1/ From
2/ On
3/ Since
4/ By
5/ To

149 **Mitch met with the CEO on Thursday … talk … his wages.**

1/ At / On
2/ With / About
3/ At / About
4/ By / About
5/ To / About

150 **The new Chinese mobile phones are cutting …, and far in advance of their American counterparts.**

1/ Line
2/ Edge
3/ Break
4/ Prime
5/ Top

151 **Although George was not well paid, he managed to save … enough money to buy a small apartment.**

1/ Out
2/ Away
3/ In
4/ Through
5/ Up

152 **… Mr. Gandon been less aggressive in the negotiations, we could have reached an agreement much earlier.**

1/ Was
2/ Had
3/ Is
4/ Has
5/ Were

153 **Certification is a serious process … implies commitment.**

1/ What
2/ When
3/ Who
4/ With
5/ Which

154 **Without the assistance of so many volunteers, we would never have been able to achieve … we have.**

1/ That
2/ What
3/ Who
4/ Whose
5/ Whom

155 **Just … badly cereal farmers have been affected by the recent drought, remains to be seen.**

1/ What
2/ That
3/ How
4/ Which
5/ Why

2e partie : Compréhension – 15 questions

Texte

New Uber boss Dara Khosrowshahi appointed to reverse Travis Kalanick legacy

By Reuters

On 8/28/17

1. Uber Technologies Inc. chose Dara Khosrowshahi, the chief executive of travel company Expedia Inc, as its chief executive Sunday, according to two sources with knowledge of the matter, handing him the challenge of leading the ride-services company out of a nearly year-long crisis.

2. Khosrowshahi, 48, will take on the daunting task of mending Uber's image, repairing frayed relations among investors, rebuilding employee morale and creating a profitable business after seven years of losses.

3. In Khosrowshahi, Uber's board has picked an executive with a track record of driving growth while also delivering profits – precisely what the unprofitable Uber needs to satisfy investors. He has also proven capable of making Expedia the leader in another industry full of change and competition: online travel.

4. But he would also have to contend with the legacy of Travis Kalanick, Uber's pugnacious co-founder, who was ousted as CEO in June after shareholders representing about 40 percent of the company's voting power signed a letter asking him to step down amid growing concern over his behavior and the behavior of senior managers under him.

5. The Uber board of directors has been meeting daily and deliberated on its pick for CEO throughout the weekend. A spokeswoman said Sunday that the board had voted but was declining to disclose its choice publicly until after informing employees.

6. An Uber spokesman and an Expedia spokeswoman declined to comment. Khosrowshahi did not immediately respond to requests for comment through email and on Twitter.

7. Khosrowshahi, who has run Expedia for 12 years, was not publicly known to be among the top candidates for the job.

8. He beat Jeff Immelt, chairman of General Electric Co and one of the finalists for the job, who said earlier Sunday he was no longer in the running. Meg Whitman, chief executive of Hewlett Packard Enterprise, had also been a leading candidate, according to sources close to the process. Whitman last month denied having any interest in the job.

Questions

156 Who is Dara Khosrowshahi?

1/ The new Expedia chief executive
2/ The new Uber chief executive
3/ A spokesman
4/ A driver
5/ The new Uber CEO

157 What will he have to try to do?

1/ He will have to sell Uber
2/ He will have to make one million benefits next year
3/ He will have buy Expedia
4/ He will have to lead the company out of the crisis
5/ He will have to leave the company

158 Was he the preferred candidate for this job?

1/ He was the first choice
2/ He was the only choice
3/ He was known all over the world
4/ He was the preferred candidate of the employees
5/ He was unknown

159 Who's Travis Kalanick?

1/ A shareholder of Expedia
2/ The co-founder of Uber
3/ A former employee of Uber
4/ A lawyer
5/ A district attorney

160 The word "daunting" (paragraph 2) is closest in meaning to?

1/ Cool
2/ Rude
3/ Discouraging
4/ Hard
5/ Exempted

161 What does the word "delivering" (paragraph 3) mean?

1/ Bringing
2/ Carrying
3/ Paying
4/ Eating
5/ Selling

162 The word "ousted" (paragraph 4) is closest in meaning to?

1/ Preferred
2/ Ejected
3/ Sailed
4/ Sold
5/ Failed

163 In paragraph 8, what is the meaning of "he was no longer in the running"?

1/ He stopped the marathon
2/ He wasn't chosen for the job
3/ He doesn't jog anymore
4/ He kept the job
5/ He was fired

164 What did Whitman say?

1/ Whitman wanted some holidays
2/ Whitman wasn't interested by the job
3/ Whitman wants to work for Expedia
4/ Whitman wants to be retired
5/ Whitman wants to buy Uber

165 When did the Board meet?

1/ Every day last weekend
2/ Never
3/ All summer
4/ During last winter
5/ At spring

166 In paragraph 4, what is the meaning of "to have to contend with"?

1/ To avoid
2/ To cope with
3/ To sell
4/ To buy
5/ Not to care about

167 The word "pugnacious" (paragraph 4) is closest in meaning to?

1/ Aggressive
2/ Kind
3/ Pretty
4/ Cheap
5/ Easy

168 The word "amid" (paragraph 4) is closest in meaning to?

1/ Long
2/ Lot
3/ Among
4/ Both
5/ Perfect

169 The word "disclose" (paragraph 5) is closest in meaning to?

1/ Conceal
2/ Hide
3/ Write
4/ Reveal
5/ Open

170 Who was the first informed of the name of the new chief executive?

1/ Banks
2/ Shareholders
3/ Government
4/ Employees
5/ Founders

SCORE IAE-MESSAGE

ÉLÉMENTS DE RÉPONSE

GRILLE DES RÉPONSES COMPLÉTÉE

SCORE IAE MESSAGE

Session : 07/04/18

Nom :

Prénom :

Date de naissance : ___/___/___

Centre :

Signature du candidat

N° d'inscription

0	0	0	0	0	0	0
1	1	1	1	1	1	1
2	2	2	2	2	2	2
3	3	3	3	3	3	3
4	4	4	4	4	4	4
5	5	5	5	5	5	5
6	6	6	6	6	6	6
7	7	7	7	7	7	7
8	8	8	8	8	8	8
9	9	9	9	9	9	9

MARQUAGE DES REPONSES

- Utilisez un crayon mine et une gomme propre ou un blanc correcteur
- Ne graphitez qu'une seule réponse par question

Marquage CORRECT ▬

INCORRECT – – X / -

Culture G	Réponse	Français	Réponse	RLN	Réponse	Anglais	Réponse
1	5	51	2	101	3	121	1
2	4	52	2	102	1	122	4
3	3	53	1	103	2	123	4
4	4	54	4	104	3	124	5
5	5	55	1	105	2	125	4
6	1	56	2	106	2	126	2
7	3	57	3	107	5	127	2
8	2	58	3	108	3	128	4
9	1	59	1	109	2	129	5
10	2	60	5	110	5	130	5
11	5	61	1	111	2	131	4
12	2	62	3	112	3	132	3
13	1	63	2	113	4	133	5
14	4	64	4	114	5	134	3
15	4	65	3	115	1	135	4
16	1	66	4	116	1	136	4
17	5	67	5	117	1	137	3
18	1	68	3	118	5	138	4
19	2	69	4	119	5	139	3
20	3	70	3	120	5	140	3
21	2	71	4			141	1
22	4	72	5			142	4
23	1	73	4			143	3
24	3	74	3			144	5
25	5	75	3			145	3
26	1	76	1			146	3
27	2	77	4			147	2
28	3	78	5			148	4
29	1	79	1			149	5
30	2	80	5			150	2
31	2	81	5			151	5
32	4	82	2			152	2
33	1	83	1			153	5
34	4	84	2			154	2
35	3	85	5			155	3
36	3	86	5			156	2
37	3	87	2			157	4
38	3	88	1			158	5
39	2	89	3			159	2
40	4	90	2			160	3
41	3	91	3			161	1
42	4	92	4			162	2
43	3	93	5			163	2
44	3	94	3			164	2
45	4	95	3			165	1
46	4	96	2			166	2
47	1	97	2			167	1
48	3	98	4			168	3
49	3	99	4			169	4
50	4	100	3			170	4

EXPLICATIONS DES RÉPONSES DE L'ÉPREUVE DE RAISONNEMENT LOGIQUE ET NUMÉRIQUE

101 **Un jeu consiste à lancer trois dés à six faces, numérotées de 1 à 6, avec le but d'obtenir des résultats identiques sur plusieurs dés. Un joueur marque un nombre de points correspondant aux nombres de dés identiques sur son lancer (1 point si les trois valeurs obtenues par les dés sont différentes, 2 points si l'on obtient une paire, et 3 points si l'on obtient un brelan soit 3 valeurs identiques). Quelle est l'espérance du nombre de points que l'on obtient en un lancer ?**

① 11/9
② 25/18
③ 53/36
④ 325/216
⑤ 2

Il y a 6^3 = 216 lancers différents possibles. Parmi eux, 6 donnent trois points (du brelan de 1 au brelan de 6). Aussi, le nombre de lancers possibles où l'on obtient trois valeurs différentes est de : 6 × 5 × 4 = 120. On obtient 2 points dans les cas restants (216 – 120 – 6 = 90). L'espérance recherchée est donc de : {120 + 2 × 90 + 3 × 6} / 216 = 318 / 216 = 53 / 36.

---

102 **Parmi tous les nombres obtenus par permutation de 25 599, combien sont compris entre 30 000 et 60 000 ?**

① 12
② 15
③ 16
④ 20
⑤ 24

Il y a 30 nombres qui sont une permutation de 25 599, (5! / (2! × 2!)) car il y a 2 exemplaires du chiffre 5 et du chiffre 9. Il y a 6 nombres commençant par 2, 12 par 5, 12 par 9. Dans la fourchette 30 000 – 60 000, il y a donc uniquement les 12 chiffres commençant par 5.

---

103 **Quel est le plus petit multiple commun à 12, 15 et 18 ?**

① 144
② 180
③ 216
④ 225
⑤ 360

12 = 2 × 2 × 3, 15 = 3 × 5 et 18 = 2 × 3 × 3, donc le plus petit multiple commun est : 2 × 2 × 3 × 3 × 5 = 180.

104 **Quel nombre complète la logique du schéma ?**

		14		
		84		
18	108	??	27	45
		70		
		49		

① 47
② 58
③ 63
④ 88
⑤ 106

Verticalement, les nombres sont des multiples de 7.
Horizontalement, les nombres sont des multiples de 9.
La solution est donc 63.

105 **Il est admis que les notes obtenues par les candidats au score suivent une loi normale de moyenne 200 et d'écart-type 30. Si les données statistiques sont correctes, quel pourcentage d'étudiants a obtenu moins de 140 points ?**

① 1 %
② 2,50 %
③ 5 %
④ 20 %
⑤ 33,33 %

On sait que pour une loi normale, si M est la moyenne et ET l'écart-type, il y a 95 % de la population entre [M – 2ET ; M + 2ET]. Comme la loi est symétrique : il y a 2,5 % de la population qui est au-dessus de M + 2ET ; soit ici : 200 – 2 × 30 = 140.

106 **Marie-Berthe a acheté un gros paquet de bonbons, elle en mange la moitié le premier jour avant de se sentir malade. Le second jour, elle mange un tiers de ce qu'il reste, et fait de même le troisième jour. Il lui reste alors 12 bonbons. Combien y avait-il de bonbons au départ ?**

① 52
② 54
③ 60
④ 66
⑤ 216

Soit B le nombre de bonbons au départ.
À la fin du 1er jour, il reste donc B/2. À la fin du second jour, il reste 2/3 × 1/2 × B soit B/3, et à la fin du 3e jour, il reste 2B/9 bonbons dans le paquet.
Et on sait de plus que 2/9 × B = 12 donc B = 6 × 9, soit 54.

107 **Quel terme complète logiquement cette suite : {D+3}, {C+5}, {E+4}, {G+3}, …**

① {J + 2}
② {B + 7}
③ {E + 5}
④ {C + 9}
⑤ {F + 5}

En décalant chaque lettre dans l'ordre alphabétique du nombre de rang donné par le chiffre correspondant, on trouve de nouvelles lettres. D + 3 => G, C + 5 => H, E + 4 => I, G + 3 => J. On obtient la suite G, H, I, J donc le prochain couple doit nous donner la lettre K, le seul couple valable est {F + 5}.

108 **Quel nombre remplace logiquement le point d'interrogation ?**

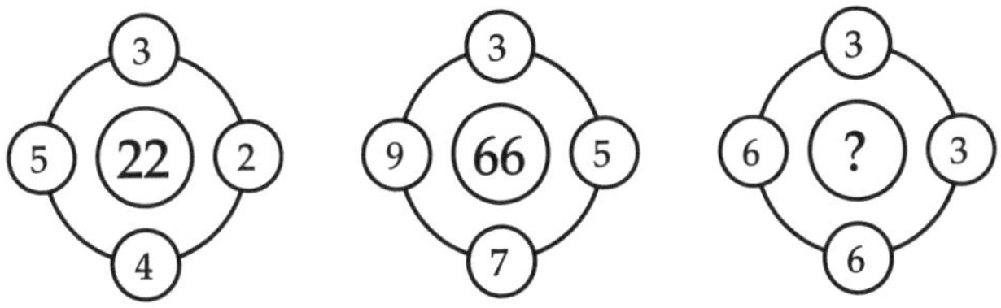

① 11
② 33
③ 36
④ 43
⑤ 44

On remarque que le nombre central est égal à la somme des produits en croix soit : (N × S) + (E × O) : par exemple (3 × 4) + (5 × 2) = 22 et (3 × 7) + (5 × 9) = 66, donc il faut remplacer le point d'interrogation par : (3 × 6) + (3 × 6) = 36.

109 **Soit une écluse de 12 mètres de large sur 100 mètres de long, pleine d'eau. Quand on la vide, le débit maximum est fixé à 20 mètres cubes d'eau par seconde pour éviter d'abîmer les berges en aval. De quelle hauteur le niveau d'eau baissera-t-il chaque seconde ?**

① 60 mm
② 1,666 cm
③ 2 cm
④ 33,333 mm
⑤ 0,6 cm

Calculons la surface de l'écluse en décimètres carrés, cela fait : 120 × 1 000 = 120 000 décimètres carrés. 20 mètres cubes par seconde, cela fait 20 000 litres, soit 20 000 décimètres cubes. La baisse du niveau d'eau par seconde est donc de : 20 000 / 120 000 = 1/6 dm = 0,1666 dm, soit environ 1,666 cm / seconde.

110 **Un crâne humain possède environ 5 décimètres carrés de surface chevelue. Sachant que nous possédons en moyenne 200 cheveux par centimètre carré et que chacun grandit d'environ 0,15 décimètre par mois, quelle est la longueur de cheveux qui pousse annuellement sur une tête ?**

① 15 000 mètres
② 18 000 000 cm
③ 21 600 mètres
④ 150 000 cm
⑤ 18 km

Un décimètre carré fait cent centimètres carré. Le nombre total de cheveux est de : 5 × 100 × 200 = 100 000 cheveux sur une tête. 0,15 dm = 1,5 cm par mois représente une longueur de 18 cm par an. La longueur totale est donc de :
100 000 × 18 = 1 800 000 cm, soit 18 000 mètres soit 18 kilomètres.

111 **Quelle carte complète la figure ?**

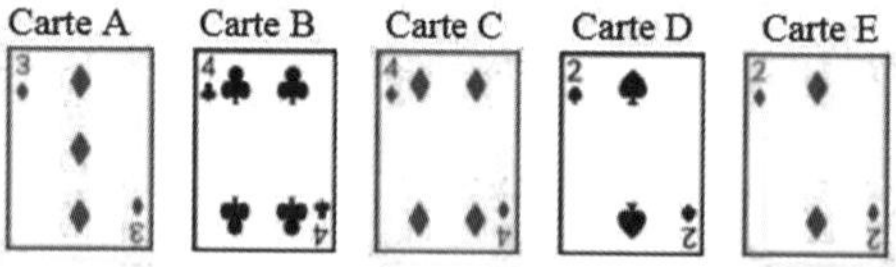

① Carte A
② Carte B
③ Carte C
④ Carte D
⑤ Carte E

Dans chaque ligne et dans chaque colonne, on trouve le 2 de pique, le 3 de carreau et le 4 de trèfle. Il manque donc le 4 de trèfle.

112 **Quel mot possède la même propriété logique que la suite suivante : BOGEY, FLÉAU, INSÉRER, ASSEZ, CAILLOUX ?**

Chaque mot se termine par la lettre complémentaire dans l'alphabet (A -> Z, B ->Y, ...). Par exemple, dans « ASSEZ » termine par Z car il commence par A. Dans les mots proposés, seul HÉROS convient.

① PARFOIS
② JAMAIS
③ HÉROS
④ TOUJOURS
⑤ MÉCHANTS

113 **Dans une entreprise, trois quarts des employés sont en contrat à durée indéterminée (CDI). Parmi ces employés en CDI, les deux tiers sont des hommes. Sachant que 60 % des employés de l'entreprise sont des hommes, quelle est la probabilité qu'un homme de l'entreprise soit en CDI ?**

La proportion d'hommes en CDI parmi l'ensemble des employés est de 3 / 4 × 2 / 3 = 1 / 2 = 50 %. Comme il y a 60 % d'hommes dans l'entreprise, seuls 10 % ne sont pas en CDI. La probabilité qu'un homme quelconque de l'entreprise soit en CDI est donc de 0,5/0,6, soit environ 83,3 %.

① 66,7 %
② 75 %
③ 80 %
④ 83,3 %
⑤ 87,5 %

114 **Un rectangle R est quatre fois plus long que large. Un carré C a la même aire que R. Que vaut le rapport entre les périmètres de R et C ?**

Soit L la largeur de R. Son aire vaut L × (4 × L) = $4L^2$. Soit c la longueur du coté de C. L'aire de C vaut $4L^2$. Le périmètre de R vaut donc : L + L + 4L + 4L = 10L, tandis que l'aire de C vaut 4 × 2L = 8L. Le rapport des périmètres vaut donc : 10L / 8L = 1,25.

① 0,75
② 0,8
③ 1
④ 1,2
⑤ 1,25

115 **Quel nombre peut logiquement remplir la cellule vide de cette grille ?**

13	16	2	21
16	60	10	12
19	44	11	23
18	72	12	24
13	56	7	?

① 21
② 22
③ 23
④ 24
⑤ 26

On remarque que la quatrième colonne de la grille est égale la somme de la première avec le quotient de la deuxième et de la troisième.
Soit, par exemple, 13 + 16 / 2 = 21 et 19 + 44 / 11 = 23.
On a donc pour la dernière ligne : 13 + (56 / 7) = 21.

116 **La société OriQl'R est très réputée pour sa fabrication d'air froid pour rafraîchir. Elle livre plusieurs producteurs de réfrigérateurs ou de climatiseurs, leur permettant ainsi de refroidir leurs produits. Hier, la société a produit 330 caisses d'air, le camion de livraison a pu les transporter en faisant plusieurs voyages complètement rempli. Il restait 7 caisses, que le chauffeur a décidé de laisser pour le lendemain. Aujourd'hui, l'usine a produit 341 caisses. Le chauffeur a transporté toutes les caisses en faisant 2 voyages de plus qu'hier. Tous les voyages d'aujourd'hui étaient remplis sauf le dernier où il restait de la place pour 9 caisses. Combien de caisses peut-il mettre dans son camion au maximum ?**

① 17
② 19
③ 21
④ 23
⑤ 25

Soit v le nombre de voyages (pour le 1er jour) et c la capacité d'un camion. On peut donc écrire : v.c = 330 – 7 et (v + 2)c = 341 + 7 + 9. On a donc : vc = 323 et vc + 2c = 357, en remplaçant, on obtient : 2c = 357 – 323 = 37, donc c = 17. On en déduit que la capacité du camion est de 17 caisses et qu'il a fait 19 (323/17) voyages le 1er jour, et donc 21 le second.

117 Des oiseaux sont posés sur les branches d'un peuplier et d'un platane, et ils discutent entre eux. Un des oiseaux perchés sur le peuplier dit à un des oiseaux posé sur le platane : « Si tu nous rejoins sur notre branche, notre nombre sera la moitié du vôtre. » L'autre lui répond alors « Si c'est toi qui vient chez nous, on sera cinq fois plus nombreux. » Combien y-a-t-il d'oiseaux sur le peuplier ?

① 3
② 4
③ 5
④ 6
⑤ 7

Soit pe et pl les nombres d'oiseaux respectifs sur le peuplier et le platane. En mettant en équation les phrases de chacun des oiseaux, on a alors :
[A] $2 \times (pe + 1) = (pl - 1)$ et [B] $5 \times (pe - 1) = pl + 1$.
En faisant [B] – [A], on obtient : $3 \times pe - 7 = 2$, soit pe = 3.

118 Un automobiliste, qui a réalisé la moitié de son trajet pour se rendre sur son lieu de vacances, a parcouru la dernière heure à la vitesse de 130 km/h. Sa vitesse moyenne est alors passée de 110 km/h à 115 km/h. À quelle vitesse aurait-il du rouler pour augmenter sa vitesse moyenne à 125 km/h ?

① 140
② 150
③ 155
④ 160
⑤ 170

D'après les équations de la moyenne, avant cette heure de trajet, si t est le total des kilomètres effectués jusqu'à présent et n le nombre d'heures écoulées jusqu'à présent, on a alors $110 = t/n$ et donc après la dernière heure de conduite : $115 = (t + 130)/(n + 1)$. Soit $t = 110n$ et donc $n = (130 - 115)/(115 - 110) = 15/5 = 3$. Il y a donc eu 3 heures avant la dernière heure. Des équations précédentes, on en déduit également, si d est la distance parcourue sur la dernière heure, que $d = (m2 - 110) \times 3 + m2$. Donc si $m2 = 125$, on a alors :
$d = (125 - 110) \times 3 + 125 = 15 \times 3 + 125 = 170$.

119 Quel nombre complète logiquement cette série :
2 ; 6 ; 18 ; 54 ; ... ?

① 82
② 96
③ 108
④ 110
⑤ 162

Pour trouver chaque élément, on prend le précédent, on le multiplie par 3, soit : $2 \times 3 = 6$; $6 \times 3 = 18$; $18 \times 3 = 54$.
Le prochain élément sera alors : $54 \times 3 = 162$.

120 **De 2000 à 2016, l'équipe de France de basketball gagnait 7 matchs sur 10 quand Tony Parker jouait, et seulement 40 % de ses matches quand il ne jouait pas. Il est précisé qu'il ne peut y avoir de match nul (à égalité) au basket, il y aura prolongation jusqu'à victoire d'une des deux équipes. Sachant qu'il a joué 8 matchs sur 10 de l'équipe de France lors de cette période, et que la France a battu l'Espagne 80 à 66 lors de l'Euro 2013, quelle est la probabilité que Tony Parker ait joué ce match ?**

① 1 chance sur 2
② 1 chance sur 3
③ 2 chances sur 5
④ 3 chances sur 4
⑤ 7 chances sur 8

En construisant l'arbre pondéré des probabilités, on a la probabilité de gagner un match P(G) égale à (0,8 × 0,7) + (0,2 × 0,4) = 0,64. L'équipe de France avait donc 64 % de gagner un match pendant cette période. On a pris un match gagné, la probabilité que T. Parker ait joué ce match est donc de 0,8 × (0,7 / 0,64) = 87,5 % soit 7 chances sur 8.

SCORE IAE-MESSAGE

SESSION DU 26 AVRIL 2018

Pour vous mettre dans la situation exacte de l'épreuve, nous avons reproduit la page de garde du document remis aux candidats à la session du 26 avril 2018.
Lisez-la attentivement avant de vous lancer.

N'oubliez pas d'utiliser la grille vierge de la page 216 pour y noter vos réponses puis de la comparer à la grille de la page 255 pour calculer votre score.

Session :

SCORE IAE MESSAGE

N° d'inscription						
0	0	0	0	0	0	0
1	1	1	1	1	1	1
2	2	2	2	2	2	2
3	3	3	3	3	3	3
4	4	4	4	4	4	4
5	5	5	5	5	5	5
6	6	6	6	6	6	6
7	7	7	7	7	7	7
8	8	8	8	8	8	8
9	9	9	9	9	9	9

Nom : ______________________________

Prénom : ______________________________

Date de naissance : ____/____/____

Centre : ______________________________

Signature du candidat

MARQUAGE DES REPONSES

- Utilisez un crayon mine et une gomme propre ou un blanc correcteur
- Ne graphitez qu'une seule réponse par question

Marquage CORRECT

INCORRECT

Culture G 1 2 3 4 5	Français 1 2 3 4 5	RLN 1 2 3 4 5	Anglais 1 2 3 4 5
1	51	101	121
2	52	102	122
3	53	103	123
4	54	104	124
5	55	105	125
6	56	106	126
7	57	107	127
8	58	108	128
9	59	109	129
10	60	110	130
11	61	111	131
12	62	112	132
13	63	113	133
14	64	114	134
15	65	115	135
16	66	116	136
17	67	117	137
18	68	118	138
19	69	119	139
20	70	120	140
21	71		141
22	72		142
23	73		143
24	74		144
25	75		145
26	76		146
27	77		147
28	78		148
29	79		149
30	80		150
31	81		151
32	82		152
33	83		153
34	84		154
35	85		155
36	86		156
37	87		157
38	88		158
39	89		159
40	90		160
41	91		161
42	92		162
43	93		163
44	94		164
45	95		165
46	96		166
47	97		167
48	98		168
49	99		169
50	100		170
1 2 3 4 5	1 2 3 4 5	1 2 3 4 5	1 2 3 4 5

SCORE IAE MESSAGE

5e session 2018

Samedi 26 avril 2018

SCORE IAE MESSAGE

session 5

À REMPLIR PAR LE CANDIDAT :

Nom : .... Prénom : ....

Identifiant Score IAE-Message : ....

Votre identité (nom et prénom), date de naissance, votre identifiant SIM, ainsi que le centre d'écrit et la session ont été pré-remplis sur la grille de réponses. Merci de les vérifier. Vous devez apposer votre signature dans la case prévue à cet effet.
Le présent livret regroupe les quatre épreuves : Culture générale, économique et managériale ; Compréhension et expression écrite en français ; Raisonnement logique et numérique ; Compréhension et expression écrite en anglais, d'une durée de trois heures.

L'épreuve comprend cent soixante-dix (170) questions à choix multiple. Le tableau suivant fait apparaître leur répartition par matière, les pages où vous en prendrez connaissance, la durée indicative de leur traitement (durée qui n'est fournie que pour faciliter la gestion de votre temps).

Matière	**Pages du livret**	**Nombre de questions**	**Durée indicative de traitement**
Culture générale, économique et managériale	2 à 6	50	45 minutes
Compréhension et expression écrite en français	7 à 15	50	45 minutes
Raisonnement logique et numérique	16 à 19	20	45 minutes
Compréhension et expression écrite en anglais	20 à 25	50	45 minutes

Pour chaque question, cinq (5) réponses vous sont proposées ; **une seule réponse est correcte**.
Le barème de notation est le suivant :

	Épreuve de Culture générale, économique et managériale	Épreuve de Compréhension et expression écrite en français	Épreuve de Raisonnement logique et numérique	Épreuve de Compréhension et expression écrite en anglais
Bonne réponse	2 points	2 points	5 points	2 points
Mauvaise réponse, absence de réponse ou réponses multiples	0 point	0 point	0 point	0 point

Vos réponses devront être portées sur la grille codée qui vous est remise, et qui ne doit être ni pliée, ni écornée. Pour chacune des questions, graphitez entièrement une case (1, 2, 3, 4, 5) de la ligne numérotée correspondant à la question, en utilisant, pour permettre la lecture optique, un crayon de bois. En cas de correction, le blanc correcteur vous est vivement recommandé.

À la fin de l'épreuve, vous remettrez la grille codée au surveillant et vous lui restituerez également le présent livret.

RAPPELS

L'usage de la calculatrice, dictionnaire, lexique ou grammaire est formellement interdit.
Aucune sortie n'est autorisée pendant l'épreuve, toute sortie étant définitive.

Ce document contient 25 pages (compte tenu de cette page de garde).
Merci de vérifier que toutes les pages sont jointes au document.

Bonne chance !

ÉPREUVE DE CULTURE GÉNÉRALE, ÉCONOMIQUE ET MANAGÉRIALE

1 **En France, en 2017, combien de candidats comptait le premier tour de l'élection présidentielle ?**

1/ 8
2/ 9
3/ 10
4/ 11
5/ 12

2 **En 2017, en France, combien de députés l'Assemblée nationale compte-t-elle?**

1/ 427
2/ 477
3/ 527
4/ 577
5/ 627

3 **En France, pour quel film l'actrice Emmanuelle Riva, décédée en janvier 2017, a-t-elle obtenu une nomination aux Oscars ainsi que le César de la meilleure actrice en 2013 ?**

1/ « Amour »
2/ « Tu ne tueras pas»
3/ « Le ruban blanc »
4/ « La pianiste »
5/ « Ceux qui m'aiment prendront le train »

4 **Dans quelle capitale européenne une fausse invasion de l'État islamique a été organisée par un activiste connu pour son islamophobie ?**

1/ À Berlin
2/ À Stockholm
3/ À Belgrade
4/ À Berne
5/ À Prague

5 **À quel célèbre groupe de rock Keith Richards a-t-il appartenu avant de sortir un album solo intitulé « Crosseyed Hearts » en septembre 2015 ?**

1/ ACDC
2/ Gun's N Roses
3/ Les Beatles
4/ Les Rolling Stones
5/ The Eagles

6 **Quel dramaturge italien, décédé en octobre 2016, avait obtenu le prix Nobel de littérature en 1997 notamment pour ses œuvres *Le mystère bouffe*, *Mort accidentel d'un anarchiste* et *Faut pas payer* ?**

1/ Antonio Tabucchi
2/ Italo Calvino
3/ Alessandro Baricco
4/ Alberto Moravia
5/ Dario Fo

7 **Au Gabon, en septembre 2016, quel rival politique à la présidentielle a déposé un recours auprès de la Cour constitutionnelle pour contester les conditions de la réélection d'Ali Bongo ?**

1/ Bruno Ben Moubamba
2/ Nana Akufo-Addo
3/ Vincent Efon
4/ Étienne Tshisekedi
5/ Jean Ping

8 **Qui a peint le célèbre tableau « L'origine du monde » (1866), représentant le sexe et le ventre d'une femme nue allongée sur un lit, qui se trouve aujourd'hui au musée d'Orsay à Paris ?**

1/ Camille Corot
2/ Gustave Courbet
3/ Claude Monet
4/ Édouard Manet
5/ Eugène Delacroix

9 **En septembre 2016, à quelle banque l'ancien trader Jérôme Kerviel a-t-il été condamné en appel à payer un million d'euros de dommages et intérêts ?**

1/ Le Crédit Mutuel-CIC
2/ Le Crédit Agricole
3/ La Société Générale
4/ La BNP Paribas
5/ Le Groupe BPCE

10 **Un quatuor à cordes est généralement composé :**

1/ D'une contrebasse, d'un alto et de deux violons
2/ D'un piano, d'une contrebasse, d'un violoncelle et d'un violon
3/ D'une harpe, d'une mandoline et de deux altos
4/ D'une lyre, d'une contrebasse et deux violons
5/ D'un alto, d'un violoncelle et de deux violons

11 **Parmi les propositions suivantes, laquelle est correcte ?**

1/ Daniel Craig est le 4e acteur à incarner James Bond
2/ Daniel Craig est le 5e acteur à incarner James Bond
3/ Daniel Craig est le 6e acteur à incarner James Bond
4/ Daniel Craig est le 7e acteur à incarner James Bond
5/ Daniel Craig est le 8e acteur à incarner James Bond

12 **À quel montant se sont élevés les investissements publics de la France, pour l'organisation et l'accueil de l'Euro 2016 ?**

1/ De l'ordre de 580 millions d'euros
2/ De l'ordre de 860 millions d'euros
3/ De l'ordre de 1 milliard d'euros
4/ De l'ordre de 1,6 milliard d'euros
5/ De l'ordre de 2 milliards d'euros

13 **Quel nom donne-t-on à une monnaie virtuelle comme le bitcoin utilisable sur un réseau informatique de pair à pair et décentralisé ?**

1/ Crypto-monnaie
2/ Electro-monnaie
3/ Monnaie fiduciaire
4/ Monnaie divisionnaire
5/ Monnaie scripturale

14 **Quel est le prénom du frère de Fidel Castro, qui lui a succédé à la tête de l'État cubain en 2008 ?**

1/ Raul
2/ Enzo
3/ Pedro
4/ Enrique
5/ Julio

15 **En quelle année l'Inde est-elle devenue indépendante ?**

1/ En 1939
2/ En 1941
3/ En 1943
4/ En 1945
5/ En 1947

16 **En quelle année le régime de l'Apartheid a-t-il été aboli en Afrique du Sud ?**

1/ En 2010
2/ En 1986
3/ En 1991
4/ En 1977
5/ En 2003

17 **Quelle était la nationalité de Fernand de Magellan ?**

1/ Espagnole
2/ Castillane
3/ Portugaise
4/ Génoise
5/ Vénitienne

18 **Qui a obtenu l'Oscar de la meilleure actrice en 2017 ?**

1/ Isabelle Huppert
2/ Emma Stone
3/ Meryl Streep
4/ Natalie Portman
5/ Kristen Stewart

19 **Quel homme politique a été assassiné à Dallas deux ans après son élection à la présidence des États-Unis ?**

1/ J.F. Kennedy
2/ Martin Luther King
3/ Malcom X
4/ George Washington
5/ Lyndon Johnson

20 **En France, en 2017, quels chanteurs composaient le trio « Les Vieilles Canailles » en concert à l'Accord-Hotel Arena le 24 juin ?**

1/ Jacques Dutronc, Johnny Hallyday, Dick Rivers
2/ Eddy Mitchell, Michel Sardou, Johnny Hallyday
3/ Michel Sardou, Johnny Hallyday, Dick Rivers
4/ Eddy Mitchell, Johnny Hallyday, Jacques Dutronc
5/ Jacques Dutronc, Eddy Mitchell, Dick Rivers

21 **Parmi les personnalités suivantes, laquelle n'était pas candidate à l'élection présidentielle française de 2017 ?**

1/ Jean Lasalle
2/ François Asselineau
3/ Nathalie Arthaud
4/ Pierre Laurent
5/ Philippe Poutou

22 **En France, pour quelle affaire judiciaire le juge Lambert, décédé en juillet 2017, était-il connu ?**

1/ L'affaire d'Outreau
2/ L'affaire Patrick Dils
3/ L'affaire Guy Georges
4/ L'affaire Grégory
5/ L'affaire Dutroux

23 **Quelle est la spécialité des travaux de Thomas Piketty ?**

1/ L'inflation
2/ La dette publique
3/ Les inégalités économiques
4/ La fiscalité des entreprises
5/ L'équilibre budgétaire

24 **Parmi les pays suivants, lequel n'était pas membre de l'OCDE en juillet 2017 ?**

1/ L'Islande
2/ La Russie
3/ La Turquie
4/ Israël
5/ Le Mexique

25 **En décembre 2016, dans quel pays d'Asie le parlement a-t-il voté la destitution de la Présidente en exercice ?**

1/ La Corée du Sud
2/ Taiwan
3/ La Birmanie
4/ La Thaïlande
5/ Le Japon

26 **Quelle est la capitale de l'Uruguay ?**

1/ La Paz
2/ Santiago
3/ Montevideo
4/ Asuncion
5/ Quito

27 **Lequel de ces pays fait partie de la zone euro ?**

1/ La Pologne
2/ La République Tchèque
3/ La Slovaquie
4/ La Bulgarie
5/ La Croatie

28 **Dans quel département français peut-on visiter la célèbre cité de Carcassonne ?**

1/ Le Tarn
2/ La Haute-Garonne
3/ L'Ariège
4/ L'Hérault
5/ L'Aude

29 **Par quel pays l'île de Macao était-elle administrée avant sa rétrocession à la République Populaire de Chine en 1999 ?**

1/ Le Brésil
2/ Le Royaume-Uni
3/ Le Portugal
4/ Taïwan
5/ L'Australie

30 **En France, en 2006, quelle institution a remplacé le Commissariat Général au Plan ?**

1/ Le Conseil Économique Social et Environnemental
2/ La Direction Générale du Trésor
3/ Le Conseil d'Analyse Économique
4/ Le Conseil d'Orientation pour l'Emploi
5/ Le Centre d'Analyse Stratégique

31 **En avril 2017, quel pays a annoncé son intention de passer de l'alphabet cyrillique à l'alphabet latin ?**

1/ Le Kazakhstan
2/ La Russie
3/ La Serbie
4/ La Turquie
5/ L'Ukraine

32 **Quel fut le premier événement majeur de la révolution russe de 1917 ?**

1/ Le renversement du tsar
2/ L'assassinat du Premier ministre
3/ La destruction de la Douma par un incendie
4/ L'invasion des troupes allemandes
5/ L'invasion des troupes britanniques

33 **Rastignac est le protagoniste du roman :**

1/ *Le Rouge et le Noir* de Stendhal
2/ *Pot-Bouille* d'Émile Zola
3/ *Bel-Ami* de Guy de Maupassant
4/ *Le Père Goriot* de Honoré de Balzac
5/ *Belle du Seigneur* d'Albert Cohen

34 **Parmi les États suivants, lequel a été le théâtre du soulèvement des « Houthis » ?**

1/ Le Rwanda
2/ Le Mozambique
3/ Le Bangladesh
4/ Le Yémen
5/ L'Ouganda

35 **Que devient François Mitterrand en 1971 ?**

1/ Président de la République française
2/ Député
3/ Sénateur
4/ Ministre d'État
5/ Premier secrétaire du Parti socialiste

36 **Sur le drapeau de quel pays, une mitraillette est-elle représentée ?**

1/ Madagascar
2/ Le Mozambique
3/ La Libye
4/ La Syrie
5/ L'Éthiopie

37 Dans quel pays s'est déroulée l'opération militaire Sangaris entre 2013 et 2016 ?

1/ Le Mali
2/ Le Tchad
3/ Le Cameroun
4/ Le Libéria
5/ La République centrafricaine

38 Parmi les propositions suivantes, laquelle est incorrecte ?

1/ Napoléon III a été le premier président de la République française élu au suffrage universel masculin
2/ Sous le Second Empire aura lieu un fort développement industriel en France
3/ Napoléon III était le petit-fils de Napoléon Bonaparte
4/ Napoléon III est à l'origine de l'impérialisme libéral, inspiré de l'empire britannique
5/ Napoléon III doit abdiquer en septembre 1870

39 En France, de quel magazine le journaliste Jean Boissonat, décédé en septembre 2016, avait-t-il été le co-fondateur en 1967 ?

1/ *Paris-Match*
2/ *Le Point*
3/ *Le Nouvel Observateur*
4/ *L'Expansion*
5/ *Challenges*

40 En France, en 2016, suite à la fusion des régions, quel nom a été choisi pour la région Languedoc-Roussillon-Midi-Pyrénées ?

1/ Pyrénées Roussillon
2/ Sud de France
3/ Occitanie
4/ Languedoc-Pyrénées
5/ La Région Sud

41 Parmi les villes suivantes, dans laquelle siège le gouvernement tibétain en exil ?

1/ Qinghai
2/ Dharamsala
3/ Sichuan
4/ Chengguan
5/ Lhassa

42 En 2017, quel joueur de tennis a remporté le tournoi de Wimbledon dans la catégorie simple messieurs ?

1/ Roger Federer
2/ Jo-Wilfried Tsonga
3/ Andy Murray
4/ Milos Raonic
5/ Novak Djokovic

43 Qui a écrit les dialogues du film « Les Tontons flingueurs » ?

1/ Sacha Guitry
2/ Jean Carmet
3/ Lino Ventura
4/ Michel Audiard
5/ Bernard Blier

44 **En mars 2017, quel célèbre musicien a été visé par une enquête pour atteinte sexuelle sur une adolescente ?**

1/ Youssou N'Dour
2/ Snoop Dog
3/ Jay Z
4/ Jamie Cullum
5/ Ibrahim Maalouf

45 **Une ancienne star de série américaine fait toujours l'actualité en s'investissant dans la défense et la protection des animaux. De qui s'agit-il ?**

1/ Shannen Doherty
2/ Pamela Anderson
3/ Jennifer Aniston
4/ Alyssa Milano
5/ Sarah Michelle Gellar

46 **En septembre 2016, quelle religieuse albanaise naturalisée indienne a été canonisée par le Pape François ?**

1/ Sœur Thérèse
2/ Mère Teresa
3/ Sœur Sarah
4/ Mère Magdelaine
5/ Sœur Emmanuelle

47 **En mars 2017, en Corée du Sud, pour quelle raison la Présidente, Park Geun-hye, a-t-elle été destituée ?**

1/ Une absence de majorité politique au parlement
2/ Corruption et abus de pouvoir
3/ Une crise économique d'une particulière gravité
4/ Trahison
5/ Obstruction à la justice

48 **Qu'est-ce qu'une « oligarchie » ?**

1/ Une importante concentration de pagodes en Asie
2/ Le pouvoir, surtout du point de vue politique, détenu par un petit nombre de personnes
3/ Une exploitation oléicole destinée à la production d'huiles industrielles
4/ L'équivalent d'un évêché dans la religion orthodoxe
5/ Le nom donné au jury qui attribue les prix Nobel

49 **En 2016, quel grand intellectuel européen, auteur entre autres du *Pendule de Foucault* (1988) et *Baudolino* (2002), est décédé(e) le 19 février à l'âge de 84 ans ?**

1/ Václav Havel
2/ Michel Tournier
3/ Umberto Eco
4/ Michel Butor
5/ Jürgen Habermas

50 **En Autriche, en mai 2016, qui a remporté l'élection présidentielle, cette dernière ayant ensuite été invalidée en juillet 2016 par la Cour constitutionnelle ?**

1/ Wolfgang Schüssel
2/ Werner Faymann
3/ Alexander Van der Bellen
4/ Norbert Hofer
5/ Christian Kern

Épreuve de compréhension et expression écrite en français

1re partie : expression - 35 questions

51 Parmi les propositions suivantes, laquelle est correcte ?

1/ « S'en est fait de nous. Vous voulez que je parte demain. » (Racine)
2/ « C'en est fait de nous. Vous voulez que je parte demain. » (Racine)
3/ « Sans est fait de nous. Vous voulez que je parte demain. » (Racine)
4/ « Sang est fait de nous. Vous voulez que je parte demain. » (Racine)
5/ « Cent est fait de nous. Vous voulez que je parte demain. » (Racine)

52 À quoi se rapporte l'adjectif « hiératique » ?

1/ À une attitude hautaine
2/ À une attitude figée
3/ À une attitude excentrique
4/ À une attitude mélancolique
5/ À une attitude violente

53 Parmi les propositions suivantes, laquelle est correcte ?

1/ Anne est allé à la conférence de Pierre
2/ Il y présentait un projet de grammaire contextualisé
3/ Elle a faillie partir avant la fin de la conférence
4/ Pierre évoquait la dernière table ronde à laquelle Anne avait également assistée
5/ Je me suis retrouvé à faire le zouave, disait Pierre

54 Parmi les propositions suivantes, laquelle n'est pas un synonyme du mot « concupiscence » ?

1/ Appétence
2/ Avidité
3/ Continence
4/ Lasciveté
5/ Stupre

55 **Parmi les propositions suivantes, quel verbe n'est pas intransitif ?**

1/ Coasser
2/ Cogiter
3/ Coïncider
4/ Commander
5/ Découler

56 **Parmi les propositions suivantes, laquelle est incorrecte ?**

1/ Après de longues heures d'interrogatoire, il a enfin fourni des aveux
2/ Il a été surpris en retrouvant sa voiture dont deux des pneux avaient été crevés
3/ C'est dans tous ces lieux magiques qu'elle a enfin trouvé la sérénité
4/ Quelle grande famille vous avez ! Tant de neveux et nièces !
5/ Il a planté de grands pieux tout autour de son terrain de chasse

57 **Dans la phrase extraite du *Portrait de Dorian Gray* d'Oscar Wilde : « Je vois maintenant que c'est toi qui […] raison ». Quelle est la bonne écriture du verbe « avoir » pour la partie entre crochets […] ?**

1/ Avais
2/ Avait
3/ Avez
4/ Aurez
5/ Aurait

58 **Parmi les propositions suivantes, laquelle ne relève pas du champ lexical de la guerre ?**

1/ Belliciste
2/ Pugnace
3/ Belligérant
4/ Bellâtre
5/ Belliqueux

59 **Parmi les propositions suivantes, laquelle est correcte ?**

1/ En lisant chacun mets à l'épreuve sa propre sensibilité
2/ Vous mettait cette robe tous les jours
3/ Ils mètent beaucoup de temps à arriver
4/ On met les chaises autour de la table pour le repas
5/ Je met cette robe car elle me plaît

60 **Parmi les propositions suivantes, laquelle est correcte ?**

1/ Envoie des fleurs à ta soeur, c'est son anniversaire
2/ Pare tout de suite, il est tard
3/ Ne haïs point ton voisin, il est très gentil
4/ Mourrons sans trop de peine, notre heure est venue
5/ Vêt-toi de ce blouson, il est magnifique

61 **Parmi les verbes suivants, quel est l'intrus ?**

1/ Finir
2/ Dormir
3/ Fleurir
4/ Pourrir
5/ Choisir

62 **Parmi les propositions suivantes, laquelle est correcte ?**

1/ Il a négocié avec son chef et a pu résoudre son problème pécunier
2/ Il a négocié avec son chef et a pu résoudre son problème pécunière
3/ Il a négocié avec son chef et a pu résoudre son problème pécuniaire
4/ Il a négocié avec son chef et a pu résoudre son problème péqüniaire
5/ Il a négocié avec son chef et a pu résoudre son problème pècunière

63 **Sans tenir compte de la signification lexicale, quelle phrase est, orthographiquement parlant, correctement écrite ?**

1/ J'ai eu du mal à mettre trois males dans la male
2/ J'ai eu du mal à mettre trois mâles dans la malle
3/ J'ai eu du male à mettre trois males dans la mâle
4/ J'ai eu du mal à mettre trois males dans la malle
5/ J'ai eu du mal à mettre trois malles dans la mâle

64 **Parmi les propositions suivantes, laquelle est correcte ?**

1/ L'enfant est tombé dans le précipice mais les pompiers ont pu le sauver
2/ Ce métal est pressieux, donc très recherché
3/ D'après un ressent décret, il est interdit de chanter après 23 heures
4/ Il a démissionné, il subissait trop de précion
5/ Avec la prétion, il a craqué et est parti

65 **Quel mot est manquant dans cette phrase extraite de *La Mort à Venise* de Thomas Mann : « Qui pourrait déchiffrer [...] et l'empreinte spéciale d'une âme d'artiste » ?**

1/ L'essance
2/ L'essence
3/ Les censse
4/ Les sens
5/ Les sensse

66 **Parmi les propositions suivantes, laquelle est correcte ?**

1/ L'étiquettage des bagages est obligatoire pour tous les voyageurs
2/ Il ramassa les cartons étiquettés par ses soins
3/ Il aimait ettiqueter les nouveaux produits
4/ Pour les voyages en avion et en train, l'étiquetage des bagages est obligatoire
5/ L'éttiquetage des savons prenait beaucoup de temps

67 **Parmi les propositions suivantes, laquelle est correcte ?**

1/ L'homme était bedonant avec des mains potellées
2/ Il était très solicité par l'auditoire
3/ L'abbé, bedonnant, a sorti une carte de son porte-feuille
4/ Marc était très sollicité par les étudiants
5/ Il fouillait dans son porte-monnaie de ses petites mains pottelées

68 **Parmi les propositions suivantes, laquelle est correcte ?**

1/ Le soleil brillait ardamment, quand Flore sortit
2/ Il perdait constamment ses clés
3/ Il ne pouvait déçamment réveiller ses parents à trois heures du matin
4/ Il jouait excellament du piano et donnait régulièrement des concerts
5/ Pedro tua innoçamment son petit frère en jouant avec un arc

69 **Parmi les propositions suivantes, laquelle n'est pas une conjonction de subordination ?**

1/ Mais
2/ Lorsque
3/ Quand
4/ Comme
5/ Puisque

70 **Quelle est, parmi les propositions suivantes, la bonne écriture pour ce vers tiré de *Roméo et Juliette* de W. Shakespeare ?**

1/ Ne reste pas, va-t en, vit, et dit plus tard que la pitié d'un furieux t'a forcé de fuir
2/ Ne reste pas, va-t'en, vis, et dis plus tard que la pitié d'un furieux t'a forcé de fuir
3/ Ne reste pas, va-t-en, vis, et dits plus tard que la pitié d'un furieux t'a forcé de fuir
4/ Ne reste pas, va t'en, vit, et dis plus tard que la pitié d'un furieux t'a forcé de fuir
5/ Ne reste pas, va t-en, vis, et dit plus tard que la pitié d'un furieux t'a forcé de fuir

71 **Quelle est la bonne orthographe pour le terme correspondant à la définition suivante « Se dit d'une infection contractée dans un établissement de santé » ?**

1/ Nesocomiale
2/ Neusocomiale
3/ Neseucomiale
4/ Nosocomiale
5/ Nosecomiale

72 **Parmi les propositions suivantes, laquelle est correcte ?**

1/ Nul n'est censé ignorer la loi
2/ Nul n'est sansé ignorer la loi
3/ Nul n'est sencé ignorer la loi
4/ Nul n'est censsé ignorer la loi
5/ Nul n'est senssé ignorer la loi

73 **L'expression « épouser la veuve » signifie ?**

1/ Que l'on se sacrifie pour une bonne cause
2/ Que l'on épouse une veuve fortunée, s'assurant ainsi une bonne condition matérielle
3/ Que l'on épouse la mauvaise personne
4/ Que l'on va être pendu ou guillotiné
5/ Que l'on boit plus que de raison

74 **Parmi les propositions suivantes, laquelle est correcte ?**

1/ Sans ajoutez un mot, il se leva, appela le garçon pour payé son café vite avalé
2/ Hubert venait d'entré dans le bureau des réclamations
3/ Seulement de loin en loin, il lui arrivait de se montrez au restaurant
4/ Tout de suite le personnel se pressa pour apporter le verre d'eau réclamé
5/ Il n'était pas encore décider à lancer sa grande affaire

75 **Dans cette phrase extraite de *La Peste* d'Albert Camus : « Au début, quelques privilégiés purent s'aboucher, aux portes de la ville, avec des postes de garde, ... », quelle est la signification du verbe « s'aboucher » ?**

1/ Se répartir sur plusieurs endroits
2/ Rémunérer en échange de faveurs
3/ Réaliser le travail d'autres personnes sans leur consentement
4/ Se mettre en rapport avec quelqu'un souvent pour une affaire suspecte
5/ Rejoindre des personnes pour faire la fête

76 **Parmi les propositions suivantes, laquelle est correcte ?**

1/ Ses tantes et mêmes ses frères ne lui parlent plus
2/ Ses meilleures amies même ne la comprenaient pas
3/ Ils prenaient les même plats depuis dix ans
4/ Les chats dévorent mêmes les souris
5/ Nous livrons nous-même les plats que nous cuisinons

77 **Parmi les propositions suivantes, laquelle est correcte ?**

1/ Son mauvais caractère déteind sur moi
2/ Tu résouds les crimes aussi bien qu'Hercule Poirot
3/ Tu secous la tête quand on te parle
4/ Tu couds mieux que ta mère
5/ Il résoud les mystères comme Miss Marple

78 Quel pourrait être le synonyme du mot « écheveau » ?

1/ Superstition
2/ Dédale
3/ Pansement
4/ Curieux
5/ Préface

79 Parmi les mots suivants, lequel est masculin ?

1/ Tentacule
2/ Orbite
3/ Orchidée
4/ Écumoire
5/ Oasis

80 Parmi les propositions suivantes, laquelle est correcte ?

1/ Tu rejoinds tes amis pour la soirée
2/ Tu rejoind tes amis pour la soirée
3/ Tu rejoins tes amis pour la soirée
4/ Tu rejoints tes amis pour la soirée
5/ Tu rejoint tes amis pour la soirée

81 Qu'est-ce qu'un « axiome » ?

1/ Un immeuble de plus de 50 étages
2/ Un morceau de météorite tombé sur Terre
3/ Une plante médicinale
4/ Un principe ou une idée évident en soi
5/ Un rêve prémonitoire

82 Qu'est-ce qu'une « assertion » ?

1/ Un sentiment d'abandon
2/ Un profond dégoût
3/ Un sentiment de soif, de déshydratation
4/ Une affirmation catégorique
5/ Une crise diplomatique entre deux pays

83 Parmi les propositions suivantes, laquelle est incorrecte ?

1/ Une martingale est une technique pour augmenter ses chances de gain aux jeux de hasard
2/ Une martingale est une courroie pour élever la tête d'un cheval
3/ Une martingale est un type de calcul aléatoire
4/ Une martingale est une demi-ceinture dans le dos d'un vêtement
5/ Une martingale est une araignée d'Amérique du Sud

84 Parmi les propositions suivantes, laquelle est incorrectement conjuguée à l'imparfait ?

1/ Vous régniiez depuis si longtemps, il était temps de laisser place à votre fils
2/ À votre retour de vacances, vous irradiiez de bonheur
3/ Vous priiez si souvent autrefois
4/ Nous ne criions pas assez fort
5/ Même devant ces preuves, nous niions les faits

85 Parmi les propositions suivantes, inspirées de Racine, laquelle est correcte?

1/ Vous suivrez un époux reconnut par votre père
2/ C'est un titre qu'en vainc il prétend me volé
3/ Ne fait-il des serments que pour les violait
4/ Ma gloire vous serait moins cher que ma vie
5/ Je saurai m'affranchir du secours dangereux que vous me présentez

2e partie : Compréhension – 15 questions

Texte

Source : Elven Sicard, « Des Amérindiens sans boussole », *Le Monde Diplomatique*, mai 2017, p. 12

En Guyane, sous les pavés la Bible

par Elven Sicard

En vingt-cinq ans, la Guyane a vu sa population doubler, pour atteindre 250 000 habitants. Délaissée par la métropole, dont elle dépend pour presque tout, elle reste coupée économiquement de ses voisins. La porosité de sa frontière la rend toutefois perméable aux trafics d'or comme au prosélytisme évangélique. En première ligne, les Amérindiens jouent leur avenir en tant que peuple.

Avec leurs revendications propres, les organisations amérindiennes ont pris pleinement part au mouvement social guyanais du printemps 2017. Se sentant oubliés des pouvoirs publics, les six peuples premiers de Guyane (entre dix mille et vingt mille personnes selon les estimations) côtoient de près les trafiquants d'or et subissent les ravages de l'orpaillage, tant en matière d'environnement que de sécurité. C'est particulièrement vrai pour les peuples de l'intérieur, sédentarisés en amont des grands fleuves (Wayanas sur le haut Maroni, Wayampis sur le haut Oyapock et Tekos sur les deux fleuves). Leur malaise plus global se traduit par un taux de suicide chez les jeunes de huit à dix fois supérieur au taux moyen de Guyane[1]. Cette situation, que partagent dans une moindre mesure les peuples côtiers (Kali'nas, Arawaks-Lokonos et Palikurs), a été mise en lumière dès 2003, mais il aura fallu douze ans pour qu'une mission soit dépêchée.

Le rapport parlementaire remis au Premier ministre le 30 novembre 2015 pointe des manquements de l'État aussi divers que l'absence d'accès à des services de base (eau courante, électricité, couverture téléphonique, transports) ou la défaillance du système de santé, la mauvaise gestion des dépendances à l'alcool ou aux drogues, la contamination neurotoxique de l'eau et des poissons par le mercure qu'utilisent massivement les chercheurs d'or pour agréger le métal précieux. Des études sur la concentration de mercure dans les cheveux ont ainsi montré que « *les niveaux d'exposition chronique auxquels sont soumises les populations riveraines amazoniennes sont parmi les plus élevés au monde*[2] ».

Les parlementaires évoquent également une identité amérindienne déchirée. Les adolescents des communes isolées wayanas et wayampis du haut Maroni et du haut Oyapock doivent quitter leurs familles pour aller au collège, dans la ville la plus proche, à plusieurs heures de distance. Au déracinement s'ajoute la vie dans des internats souvent vétustes ou dans des familles d'accueil souvent mues par le seul appât du gain. Pour le lycée, il faut aller encore plus loin, sur le littoral. Là, les internats ferment le week-end, et les jeunes se retrouvent livrés à eux-mêmes, en proie à leurs tourments.

Depuis ce diagnostic, responsables amérindiens et associations déplorent l'absence de mise en œuvre des trente-sept propositions du rapport, y voyant une perpétuation de la longue indifférence des

1 Aline Archimbaud et Marie-Anne Chapdelaine, « Suicides des jeunes Amérindiens en Guyane française : 37 propositions pour enrayer ces drames et créer les conditions d'un mieux-être », rapport au premier ministre, Paris, 30 novembre 2015.

2 Alain Boudou, Jean-Pierre Carmouze et Marc Lucotte (sous la dir. de), *Le Mercure en Amazonie. Rôle de l'homme et de l'environnement, risques sanitaires*, IRD Éditions, Bondy, 2001.

→

politiques publiques de la Guyane envers les communautés amérindiennes. Un conseil consultatif des populations amérindiennes et bushinengués[3] a certes été créé en 2008, mais il n'a été saisi que trois fois par l'État et jamais par la collectivité territoriale de Guyane (CTG). Ses avis produisent peu d'effets, et il ne dispose toujours d'aucun budget de fonctionnement. La loi *Égalité réelle outre-mer*, adoptée en février 2017, est censée lui donner plus de poids en le dotant d'une personnalité morale. Mais les organisations indigènes n'ont pas été sollicitées sur la question du plan de développement de la Guyane, en négociation depuis plusieurs mois entre la CTG et Paris.

Outre le mépris qui peut subsister au sein de la société guyanaise à l'égard des peuples premiers, ceux-ci ne sont pas pris en compte en tant que tels dans la République. Paris a ainsi toujours refusé de ratifier la convention 169 de l'Organisation internationale du travail (OIT) relative aux peuples indigènes et tribaux, qui reconnaît leurs droits à la terre et à disposer d'eux-mêmes. Des organisations de défense des droits des indigènes, telle Survival, militent en faveur de la ratification de cette convention. Son principe a été approuvé le 23 février 2017 par la Commission nationale consultative des droits de l'homme, pour laquelle « *le principe d'indivisibilité de la République est compatible avec la reconnaissance des droits individuels et collectifs des peuples autochtones* ».

L'internat des collégiennes hanté par un esprit ?

Le champ libre laissé aux Églises évangéliques américaines apparaît à la fois comme un symptôme et comme une cause de ce profond malaise, qui prend une dimension existentielle. Leur prosélytisme est d'autant plus redoutable qu'il s'appuie sur la destruction des savoirs ancestraux en usant d'une iconographie infernale : démons, Jugement dernier et châtiments éternels. « *Des Amérindiens convertis considèrent aujourd'hui le chamanisme comme l'incarnation du mal*, rapporte M. Alexandre Sommer-Schaechtele, secrétaire général de l'Organisation des nations autochtones de Guyane (ONAG). *Les évangélistes remplissent un vide institutionnel et politique. Les élus comme les associations n'ont pas été suffisamment présents*[4]. » La mission parlementaire a notamment relevé les « *humiliations et moqueries* » des évangélistes à l'égard des croyances traditionnelles.

Les Wayanas du haut Maroni, dans le sud de la Guyane, à la frontière avec le Surinam, sont particulièrement visés. Depuis avril 2016, des « crises de possession », qui touchent notamment des adolescentes, secouent la population. L'association Actions pour le développement, l'éducation et la recherche (ADER) a recensé 161 cas entre mai et décembre 2016, et confirmé qu'une partie de ces personnes étaient en proie à un « *mal-être* » profond. Alors que, à l'image de la docteure Mireille Renaud, la médecine diagnostique des crises de spasmophilie[5], les collégiennes accusent l'internat vétuste où elles logent : il serait hanté par un esprit. Dans cette région où l'animisme structure largement les croyances, les habitants souscrivent à l'explication des jeunes filles.

Devant l'absence de réponse de la médecine scientifique, beaucoup de parents se tournent vers les évangélistes, qui font figure de spécialistes dans la « guerre contre les esprits ». « *L'amalgame entre les "esprits" et les "diables " provoque une fracture aussi bien dans les rituels que dans les relations sociales et les psychismes : on exorcise, on ne négocie plus avec les entités* », analyse Mme Marianne Pradem, responsable de la cellule régionale pour le mieux-être des populations de l'intérieur (Cermepi), mise en place par la préfecture.

En mai 2016, une grande partie des neuf cents Wayanas des villages français se sont rendus à Anapaiké, de l'autre côté du fleuve Maroni, qui sépare la Guyane du Surinam. Le but de leur voyage ? Obtenir l'aide des pasteurs locaux encadrés

3 Les Noirs marrons, ou Bushinengués (environ dix mille personnes), sont des groupes descendant d'esclaves ayant reformé des communautés cachées dans la forêt après s'être libérés de leurs chaînes. Ils font partie intégrante de la mosaïque guyanaise avec leurs langues et leurs cultures.

4 Intervention lors du colloque sur les suicides des Amérindiens organisé au Sénat le 30 novembre 2016.

5 *France-Guyane*, Cayenne, 22 avril 2016.

par l'organisation religieuse américaine World Team. Venant parfois de loin, les familles y séjournent plusieurs semaines afin de prier longuement. Des séances d'exorcisme parfois spectaculaires scandent ces rites collectifs. On y brûle par exemple des vêtements portant la « marque du diable » : des tee-shirts noirs, rouges ou affichant le chiffre 6. Une occasion rêvée pour convertir des dizaines de personnes. Porte-parole wayana et conseiller municipal de Maripasoula, M. Aïkumalé Alemin se souvient : « *Les parents étaient fragiles pendant les crises ; trois cents personnes ont été baptisées.* » Parmi elles, des enfants pour lesquels aucun consentement parental n'avait été donné.

Les évangélistes profitent du malaise grandissant. Depuis l'été 2016, le rythme des conversions aurait beaucoup augmenté, selon les travailleurs sociaux d'ADER, même si la mobilité de part et d'autre de la frontière rend la quantification des nouveaux adeptes délicate. À en croire l'ethnobotaniste Marie Fleury, spécialiste du haut Maroni, l'évangélisme « *atteint quasiment tout le monde sur les bords du Maroni* ». Deux églises ont été construites du côté français à la fin de l'année 2016 : une première dans les villages wayanas, qui s'inscrit dans un phénomène plus global en Guyane. « *Les églises évangéliques investissent tout le territoire et la spiritualité traditionnelle* », déplore Mme Pradem.

L'évangélisation de cette région du nord-est de l'Amazone prend sa source dans les colonies protestantes d'Amérique du Sud : Guyane britannique (actuel Guyana) et Guyane hollandaise (actuel Surinam)[6]. Dans les années 1950, les missionnaires protestants entreprennent d'apporter la « bonne parole » aux peuples isolés. En 1959, l'organisation Door to Life – qui fusionnera avec la West Indies Mission (WIM) en 1962 – obtient du gouvernement autonome du Surinam l'autorisation d'explorer les confins du pays. L'État y voit l'occasion de développer ses franges territoriales et offre son aide à travers la construction de pistes d'atterrissage dans plusieurs localités du Sud. Les évangélistes commencent un travail d'étude linguistique. Walter et Marjorie Jackson ainsi qu'Ivan et Doris Schoen, deux couples américains, mettent au point une transcription des phonèmes wayanas en 1963. Claude et Barbara Leavitt ainsi que Morgan et Mary-Jane Jones en feront autant avec les Tiriyós, une autre tribu de la région. Très vite, ils mettent au point une traduction rudimentaire de la Bible. Leur stratégie consiste également à former des catéchumènes locaux, souvent en convertissant les chefs coutumiers. Leur succès tient surtout aux services qu'ils rendent aux populations à la place de l'État surinamien : approvisionnement des dispensaires, évacuations d'urgence, projets de développement locaux. Cette stratégie agressive, permise par la générosité des fidèles du monde entier (9 millions de dollars pour World Team en 2016), se révèle payante. Sur son site, l'organisation World Team[7] s'enorgueillit d'avoir converti « *100 % des Tiriyós et des Wayanas du Surinam* ». De quoi établir une solide tête de pont pour évangéliser l'ensemble des « peuples éloignés ».

« Plus tu donnes, plus on te mentionne dans les prêches »

« *Ce sont des sectes* », tranche M. Daniel François, secrétaire général de la Fédération des organisations amérindiennes de Guyane. Outre ceux portant sur l'alcool et le tabac, ces mouvements religieux énoncent une foule d'interdits : téléphone, Internet, voire tee-shirts noirs, tatouages ou piercings. De nombreux responsables amérindiens dénoncent également l'obligation d'apporter une contribution financière. « *Plus tu donnes, plus on mentionne ton nom pendant les prêches* », résume un fidèle auprès des travailleurs d'ADER. Cela représente un budget considérable pour des personnes souvent réduites à vivre du revenu de solidarité active (RSA). Des événements religieux parfois très éloignés géographiquement rythment en outre la vie des fidèles, qui doivent alors emprunter les

6 Joseph F. Conley, *Drumbeats That Changed the World*, William Carey Library Pub, Pasadena (Californie), 2000.
7 Issue de la fusion en 1995 de la WIM et de la Regions Beyond Missionary Union.

services de transport payants des organisations. Préconisant de faire table rase du passé, les évangélistes ont imposé une forme de normalisation des mœurs : sédentarisation de ces populations semi-nomades, fragmentation de l'habitat communautaire en cellules familiales, tentative de rupture avec le monde des esprits et du chamanisme. « *En Amérique du Nord, on a massacré les Indiens à coups de fusil et de maladies. Nous, on nous tue à petit feu, à coups de prestations sociales, de boissons, de mercure… et de religion* », lance M. François.
Certains anthropologues spécialistes de la région, comme Pierre Grenand, nuancent ce constat d'acculturation : « *Les Wayanas subissent des campagnes d'évangélisation depuis près de soixante ans, et ils s'en sont libérés à plusieurs reprises. Je me garderais de prédire l'issue de celle-ci.* » À quoi sa collègue Vanessa Grotti ajoute : « *Même s'il n'y a plus de chamanes, le monde des esprits existe toujours. Ils peuvent très bien y revenir.* » Jusqu'à présent, l'État français a jugé prioritaire la structuration d'une filière aurifère légale et « durable » plutôt que les attentes des peuples premiers. Et l'impuissance ou le laxisme dont a fait preuve l'administration face aux orpailleurs ne laisse guère de place à l'espoir d'un renouveau indigène.

Elven Sicard
Journaliste

Questions

86 **D'après le texte, parmi les noms guyanais suivants, lequel désigne un fleuve ?**

1/ Tiriyós
2/ Wayana
3/ Maroni
4/ Wayampi
5/ Tekos

87 **Parmi les personnalités suivantes, laquelle a contribué à déchiffrer la langue du peuple wayana ?**

1/ Morgan Jones
2/ Ivan Schoen
3/ Barbara Leavitt
4/ Vanessa Grotti
5/ Joseph Conley

88 **Qu'est-ce qu'un « catéchumène » ?**

1/ Auberge, hôtel où l'on s'arrête pour couper un long parcours
2/ Organisation de propagation de la foi en pays traditionnellement non chrétiens
3/ Personne qui reçoit une instruction religieuse en vue du baptême
4/ Agglomération rurale, groupe d'habitations assez important pour former une unité
5/ Importante demeure bourgeoise de caractère

89 **D'après le texte, quel peuple autochtone descend d'esclaves qui ont formé des communautés cachées dans la jungle après s'être libérés ?**

1/ Les Kali'nas
2/ Les Arawaks-Lokonos
3/ Les Bushinengés
4/ Les Wayanas
5/ Les Tiriyós

90 Dans le texte, quelle raison est avancée pour expliquer le mal-être des adolescents issus des cultures autochtones, qui ont un taux de suicide nettement plus élevé que la moyenne guyanaise ?

1/ La dépendance à l'alcool
2/ L'obligation de se couper de leur famille pour poursuivre leurs études dans les villes
3/ La destruction de leurs habitats traditionnels
4/ Les séances éprouvantes d'exorcismes auxquelles les soumettent les évangélistes
5/ La proximité de la criminalité liée au trafic d'or

91 Quel métal lourd intoxique les populations de façon préoccupante ?

1/ Le mercure
2/ Le plomb
3/ L'aluminium
4/ L'or
5/ L'argent

92 Où les wayanas se rendent-il au Surinam, pour pratiquer la prière et bénéficier d'exorcismes ?

1/ Oyapock
2/ Palikur
3/ Anapaïké
4/ Kali'na
5/ Maripasoula

93 Parmi les personnalités suivantes, laquelle est la plus critique dans le texte des méthodes des évangélistes ?

1/ Marianne Pradem
2/ Alexandre Sommer-Schaechtele
3/ Mireille Renaud
4/ Aïkumalé Alemin
5/ Daniel François

94 Dans l'article, quelle est la raison avancée de l'efficacité des évangélistes à convertir les populations autochtones ?

1/ Les évangélistes investissent des fonds importants pour préserver le mode de vie des autochtones
2/ Les évangélistes investissent l'espace laissé vacant par les associations et les pouvoirs publics dans la résolution des problèmes des locaux
3/ L'idéologie des évangélistes se substitue bien à l'imaginaire spirituel des amérindiens en raison de similitudes iconographiques
4/ La vie moderne des tribus déracinées laisse le champ libre à l'accueil de nouvelles convictions religieuses
5/ Les évangélistes parviennent à discréditer les croyances ancestrales en vantant un mode de vie plus moderne

95 **Parmi les informations suivantes, laquelle ne correspond pas aux données de l'article ?**

1/ Les six peuples premiers de la Guyane représentent entre 10 000 et 20 000 individus
2/ Les Wayampis sont « un peuple de l'intérieur » et vivent dans des secteurs éloignés de la côte et des grandes villes
3/ Le conseil consultatif des bushinengués et des peuples amérindiens n'a été saisi que trois fois par la CTG
4/ Le Surinam était une ancienne colonie hollandaise
5/ World Team se vante d'avoir converti 80 % des populations autochtones du Surinam

96 **Parmi les propositions suivantes, laquelle reflète le mieux la position des anthropologues interrogés par Elven Sicard, sur l'évangélisation des peuples autochtones de Guyane ?**

1/ Les évangélisations provoquent une rupture dans le mode de vie et dans les traditions cultuelles des peuplades autochtones
2/ Les évangélisations de la région durent depuis longtemps et on ne peut affirmer que leurs effets seront durables
3/ Les évangélisations ne sont que le symptôme des autres problèmes sociaux lourds subis par les peuples autochtones depuis la colonisation
4/ Les évangélisations fonctionnent à cause du désintérêt de l'état pour ce territoire enclavé
5/ Les évangélisations sont moins préoccupantes que les dégradations environnementales subies par le milieu d'origine des amérindiens

97 **À quoi est relatif le terme « aurifère » ?**

1/ À l'extraction de l'aluminium
2/ À la chasse de gibier
3/ À l'exploitation de l'or
4/ À l'exploitation des forêts
5/ À la pêche intensive

98 **Laquelle, des propositions suivantes, ne correspond pas aux effets de l'évangélisation des peuples autochtones ?**

1/ Les peuples sont coupés de leurs croyances chamaniques
2/ Les peuples sont sollicités pour des donations très élevées en regard de leurs ressources limitées
3/ Les peuples rompent avec leur tradition de semi-nomadisme
4/ Les peuples rompent avec leur tradition de vie communautaire pour adopter un mode de vie plus occidental
5/ Les peuples sont incités à adopter des pratiques occidentales coûteuses comme l'usage de téléphones

99 **Parmi les organisations suivantes, laquelle désigne une association de défense des droits des peuples autochtones ?**

1/ Survival
2/ World team
3/ WIM
4/ CTG
5/ OIT

100 **À quelle date l'évangélisation de la région a-t-elle été entreprise par les premiers missionnaires ?**

1/ 1920
2/ 1940
3/ 1950
4/ 1970
5/ 1990

ÉPREUVE DE RAISONNEMENT LOGIQUE ET NUMÉRIQUE

101 Sur une pelouse sportive rectangulaire sont tracés, en partant de l'extérieur, quatre couloirs d'un mètre de large (voir la figure ci-dessous). Si l'aire du troisième couloir et du rectangle central sont respectivement de 50 m² et 84 m², quelle est l'aire totale de la pelouse (délimitée par le plus grand rectangle) ?

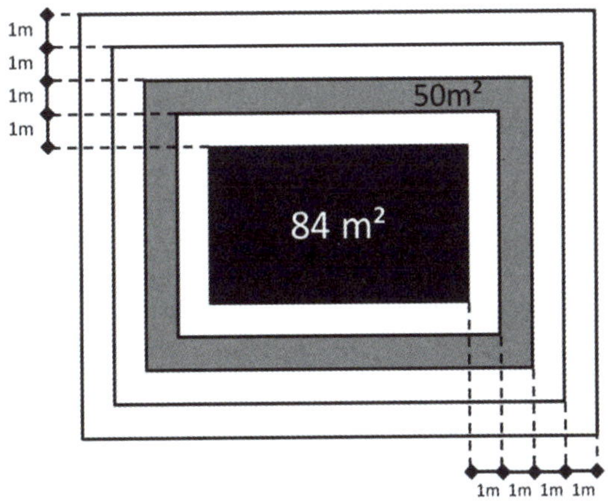

① 296 m²
② 300 m²
③ 304 m²
④ 308 m²
⑤ 460 m²

102 Une paire de skis équipés de fixations vaut 150 euros. Quel est le prix des skis seuls sachant qu'ils valent 100 euros plus chers que les fixations ?

① 25
② 50
③ 75
④ 100
⑤ 125

103 On cherche à obtenir une masse totale de 1 kg 100 g sur une balance. On dispose pour cela d'autant de masses que l'on souhaite de 100 g, 200 g et 500 g. De combien de manières différentes peut-on le faire ? (Par exemple, 500-500-100, 100-100-200-200-500, etc.)

① 8
② 9
③ 10
④ 11
⑤ 12

104 Que va afficher ce petit programme informatique ?

A = 10
B = 25
C = B – 2A
D = C + A
D = A – C
A = A + 15
B = A – C
C = A + B
SI (A > B) ALORS AFFICHER (valeur(A) – valeur(B) – valeur(C))
SINON AFFICHER(valeur(B) – valeur(C) – valeur(D))

① 20 – 45 – 5
② 25 – 20 – 45
③ 10 – 20 – 30
④ 15 – 20 – 15
⑤ 15 – 20 – 10

105 Soient les deux équations de paraboles suivantes :

$$\begin{cases} f(x) = 2x^2 + 3 \\ g(x) = x^2 - 2x - 1 \end{cases}$$

En quel point du plan se croisent ces deux courbes ?

① En aucun point
② (1 ; 2)
③ (2 ; 3)
④ (3 ; 4)
⑤ (3 ; 6)

106 Sur une piste de bowling, on place les dix quilles sur les dix emplacements prévus. On lance une boule vers ce jeu de quilles, qui en fait tomber entre zéro et dix de manière aléatoire. Les quilles tombées sont retirées de la piste. Pour les quilles restantes, combien y a t-il de configurations possibles différentes ?

① 10
② 55
③ 252
④ 2^{10}
⑤ 10!

107 **Quelle valeur remplace logiquement le point d'interrogation dans la figure ci-dessous ?**

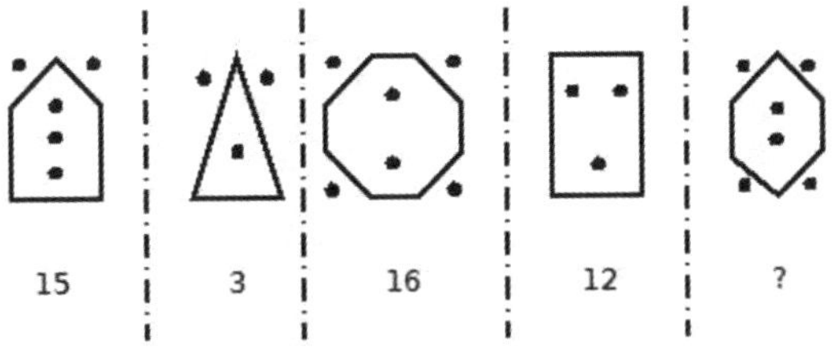

① 6
② 8
③ 10
④ 12
⑤ 14

108 **Trouver la valeur qui complète logiquement le tableau suivant :**

27	36	44	18	24	18
9	6	11	18	4	2
6	0	7	17	–2	?

① –7
② –1
③ 2
④ 5
⑤ 9

109 **Dans une entreprise, 30 % des employés sont actionnaires. Parmi les actionnaires, 40 % sont des cadres. Sachant que 25 % des employés sont des cadres, quelle est la probabilité qu'un non cadre de l'entreprise soit actionnaire ?**

① 12 %
② 16,7 %
③ 20 %
④ 24 %
⑤ 26,7 %

110 **Quelle carte complète la figure ?**

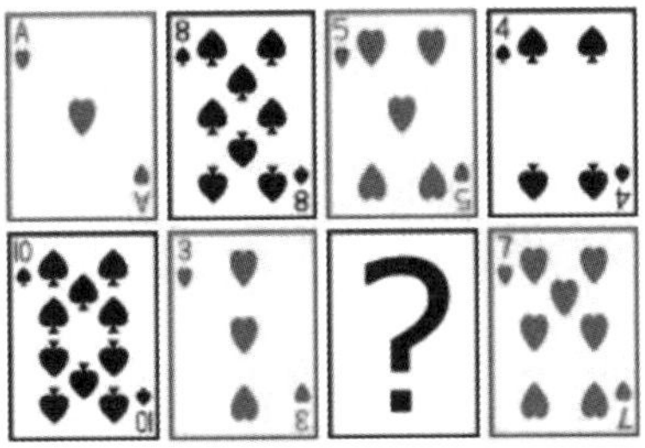

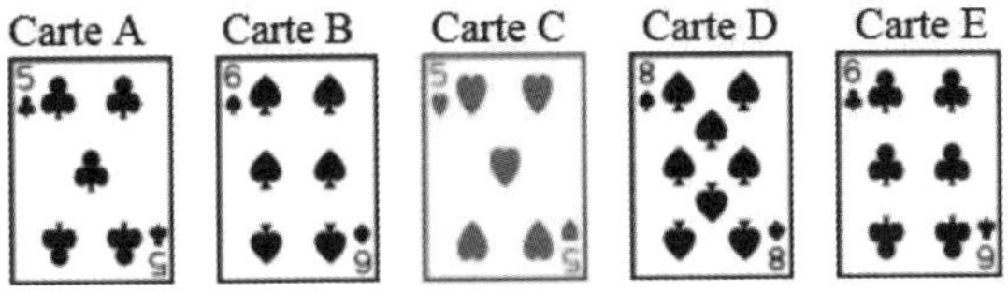

① Carte A
② Carte B
③ Carte C
④ Carte D
⑤ Carte E

111 **Compléter la suite logique suivante :**
UN = 7, DE = 1, TR = 2, QU = 4, CI = 6, ...

① SE = 8
② SE = 14
③ SI = 3
④ SI = 5
⑤ SI = 10

112 **Dans un sac opaque, il y a dix poires dont trois sont véreuses, mais elles sont indiscernables au toucher. On prend deux poires au hasard, quelle est la probabilité qu'elles soient toutes les deux véreuses ?**

① 2 chances sur 7
② 3 chances sur 90
③ 1 chance sur 6
④ 2 chances sur 45
⑤ 1 chance sur 15

113 **Il y a 5 enfants dans la famille Jadorlécéritélé. Brandy, la sœur d'Anton, est plus jeune que Kevin, qui est plus vieux que Deborah. Deborah a un seul frère plus vieux, une sœur plus jeune mais son frère le plus jeune, Eddy, n'est pas le plus jeune de la famille. Classer du plus jeune au plus vieux les enfants de cette famille.**

① Brandy-Eddy-Anton-Deborah-Kevin
② Anton-Brandy-Deborah-Eddy-Kevin
③ Brandy-Deborah-Anton-Kevin-Eddy
④ Eddy-Brandy-Deborah-Anton-Kevin
⑤ Brandy-Eddy-Deborah-Anton-Kevin

114 **Vous regardez une photo de famille sur laquelle apparaissent vos parents, vos grands-parents, vos arrières-grands-parents et ainsi de suite jusqu'à vos arrières-arrières-arrières-grands-parents. Combien y a-t-il de personnes présentes sur la photo ?**

① 54
② 56
③ 58
④ 60
⑤ 62

115 **Combien au maximum peut-on compter de triangles de toutes dimension, taille et forme au maximum dans la forme suivante ?**

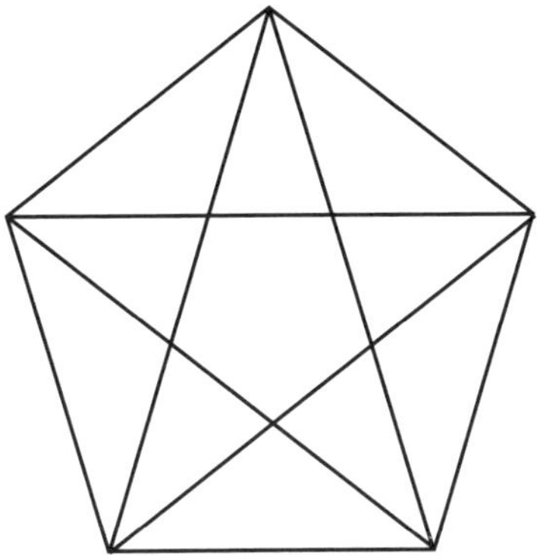

① 25
② 30
③ 35
④ 40
⑤ 41

116 **En considérant le tableau suivant :**

i	1	2	3
x_i	3	2	4
y_i	2	3	3

Quelle est la valeur de l'expression suivante ?

$$\left(\sum_{i=1}^{n} x_i\, y_i\right) - \frac{1}{n}\left(\sum_{i=1}^{n} x_i\right)\left(\sum_{i=1}^{n} y_i\right)$$

① –4
② –2
③ 0
④ 2
⑤ 4

117 **Un magasin de bricolage a mesuré l'indice de satisfaction de 10 clients vis à vis du SAV sur une échelle de 1 à 10. Les valeurs obtenues sont les suivantes : 4, 6, 5, 7, 8, 4, 9, 10, 4, 3. La moyenne (M) des réponses est donc de 6 avec une variance (V) d'environ 5,78. Si on enlève 2 points à chaque valeur, quelles seront les nouvelles valeurs pour la moyenne et la variance ?**

① M = 4, V = 3,78
② M = 4, V = 5,78
③ M = 6, V = 2,40
④ M = 6, V = 3,78
⑤ M = 6, V = 5,78

118 Une grande enseigne commerciale réalise une grosse promotion sur la vente d'un téléviseur Full HD pendant 25 jours calendaires. Voici l'évolution des ventes sur ce produit pendant toute la durée de la promotion :

– elle en vend 14 le premier jour (un lundi) et 18 chacun des autres jours de la première semaine ;
– la deuxième semaine, elle en vend chaque jour 5 de plus que le jour initial ;
– toujours en comparaison de ce premier jour, la troisième semaine, les ventes commencent à se tasser, et elle en vend 5 de moins ;
– et la dernière semaine, elle en vend encore 4 de moins chaque jour jusqu'à la fin de la promotion.

Sachant que le magasin est fermé le dimanche, que le troisième samedi était férié, et que les deux premiers samedis on a vendu respectivement 200 % et 150 % de téléviseurs supplémentaires par rapport au premier jour, quelle a été la moyenne des ventes de ce téléviseur par jour ouvert au cours de cette promotion ?

① 14
② 15
③ 15,5
④ 16
⑤ 17

119 Sur un parcours classique de 18 trous, un joueur de golf réalise à mi-parcours un drive de 202 mètres, ce qui améliore sa moyenne de 175 mètres par drive à 178 mètres. De quelle longueur aurait du être son drive pour augmenter sa moyenne à 180 mètres ?

① 205
② 210
③ 215
④ 220
⑤ 225

120 Quel nombre complète logiquement cette série :
4,9 ; 5,7 ; 3,5 ; 6,3 ; ... ?

① 2,1
② 3,2
③ 4,1
④ 5,2
⑤ 7,5

Épreuve de compréhension et expression écrite en anglais

1re partie : expression – 35 questions

121 **Paul was taken … when he realised how much work remained to be done.**

1/ Affront
2/ Aback
3/ About
4/ Away
5/ Apart

122 **Disappointed staff privately gripe that the new team has … to support radical positions for the future and ignore their concerns.**

1/ Began
2/ Begin
3/ To begin
4/ Begun
5/ Begins

123 **The information he had … was incorrect.**

1/ Conceived
2/ Received
3/ Resigned
4/ Receeded
5/ Deceived

124 **After giving careful … to your proposal, the directors have decided that it does not align with our immediate priorities.**

1/ Consider
2/ Considerable
3/ Consideration
4/ Considerate
5/ Considerably

125 **The party was often accused of being out of … with young people, and as a result obtained little or no support from them.**

1/ Contact
2/ Relation
3/ Feel
4/ Touch
5/ Harmony

126 **On the day of her retirement Anne sent an e-mail to … her thanks and appreciation to her colleagues and business partners.**

1/ Convene
2/ Converse
3/ Convoy
4/ Convey
5/ Convert

127 **Extra staff were … during the summer months.**

1/ Created
2/ Recruited
3/ Uprooted
4/ Saluted
5/ Resorted

128 **It was a life changing experience for … of them.**

1/ Either
2/ Bout
3/ Both
4/ Neither
5/ Every

129 **Even if the sales director isn't actually dishonest, he is certainly highly … .**

1/ Enabled
2/ Antiseptic
3/ Unscrupulous
4/ Inspected
5/ Unfelt

130 **When writing your CV, you should always put your … before your education.**

1/ Experiencing
2/ Enrolment
3/ Candidature
4/ Experience
5/ Professional

131 **The college receives a huge cash injection to … apprenticeship programmes.**

1/ Find
2/ Fund
3/ Funds
4/ Found
5/ Fine

132 **Temperatures reached a … 30 Celcius in inland areas.**

1/ Fizzing
2/ Drizzling
3/ Sizzling
4/ Oozing
5/ Freezing

133 **Dr. Franz Wassermann will be presenting his latest research at the conference in June and we are all looking forward … hearing what he has to say.**

1/ For
2/ With
3/ From
4/ To
5/ At

134 **The computer support division was shocked … the news that their work was soon to be outsourced.**

1/ In
2/ On
3/ Around
4/ At
5/ Under

135 **They lived a … lifestyle on the Mediterranean coast.**

1/ Lavish
2/ Ravish
3/ Slavish
4/ Rakish
5/ Turkish

136 **Our new range of telephones is being … as a replacement for tablet devices.**

1/ Market
2/ Marketing
3/ Marketed
4/ To market
5/ Markets

137 **The project has been progressing well and … we are trying to recruit staff for the next phase.**

1/ Meanwhile
2/ While
3/ As
4/ Until
5/ Along

138 **The children were not very good at tidying up and their mother would … them incessantly.**

1/ Nag
2/ Rag
3/ Gag
4/ Wag
5/ Jig

139 **Unfortunately, we don't have sufficient funds … our disposal to invest in your project.**

1/ Off
2/ At
3/ On
4/ Along
5/ Aside

140 **The family farmed a small … of land.**

1/ Pitch
2/ Patch
3/ Paste
4/ Post
5/ Pinch

141 **In the absence of the CEO, the company secretary asked Ms. Cordillo to … the meeting and to answer questions as necessary.**

1/ Play
2/ Invite
3/ Specify
4/ Chair
5/ Council

142 **Jodie offered to replace the screen of my mobile phone but I'd … get the job done by a qualified professional.**

1/ Prefer
2/ Rather
3/ Safer
4/ Longer
5/ More

143 **In order to … to a wider audience Chanel 9 will be introducing a series of new prime time programmes in the fall.**

1/ Provide
2/ Attract
3/ Prefer
4/ Agree
5/ Appeal

144 **After several months of hesitation from the board of Scribe Computing, Pace Systems finally … of patience and withdrew their bid.**

1/ Ran down
2/ Ran out
3/ Ran away
4/ Ran up
5/ Running up

145 **The report … some very interesting facts.**

1/ Reviled
2/ Revolted
3/ Revealed
4/ Revered
5/ Revolved

146 **The manager emphasised in his staff report that Mr. Chen's work rate was not … and would have to be increased greatly.**

1/ Satisfactory
2/ Sufficiently
3/ Subtly
4/ Satisfying
5/ Staggered

147 **The crime scene was … off while a forensic examination was carried out.**

1/ Sealed
2/ Sailed
3/ Soiled
4/ Signed
5/ Sloped

148 **Despite the appalling weather, the work on the Parkton bridge … before the end of next month.**

1/ Should be finished
2/ Is finished
3/ Finish
4/ Has finished
5/ Has been finishing

149 **The family had a … room and were considering renting it out.**

1/ Spear
2/ Snare
3/ Spire
4/ Spore
5/ Spare

150 **Though it would take decades for women across the world to get the right to vote … early candidates and voters played a key role.**

1/ This
2/ That
3/ Those
4/ Them
5/ Then

151 **The company, which is … close a deal to buy a grocery chain, said that it would start lowering the prices once the acquisition is complete.**

1/ To
2/ About
3/ About on
4/ About to
5/ With to

152 **Although the burglars damaged windows and doors in entering the premises, they were unable to enter the secure area which remains … and undamaged.**

1/ Touched
2/ Sound
3/ Backed
4/ Halting
5/ Packed

153 **There was a … in car sales in 2014.**

1/ Urge
2/ Sage
3/ Singe
4/ Surge
5/ Search

154 **These two firms have been … undergo the demanding regime of inspection because they understand the value of the certification to a company's reputation.**

1/ Will on
2/ Willing to
3/ Willing at
4/ Wills by
5/ Willing on

155 **After dangerous concentrations of bacteria were found in Elsevere cleansing cream, the company immediately … the product from the market.**

1/ Withdrawing
2/ Withdrawal
3/ Withdrew
4/ Withdrawn
5/ Withdraw

2e partie : Compréhension – 15 questions

Texte

Remote air traffic control preparing for take-off at London City airport

High-definition cameras to replace staff in new east London tower with live pictures relayed to site in Hampshire

Friday 19 May 2017

1. Manned air traffic control towers, a reassuring fixture at airports since the dawn of civil aviation nearly a century ago, could soon be made obsolete by technological advances allowing arrivals and departures to be monitored from miles away using live streams of high-definition video. A 50-metre control tower is being built at London City airport but it will be populated by a suite of HD cameras instead of humans, as it vies to become the first major hub in the world to manage its traffic remotely.

2. From 2019, the controllers' window over the Docklands' skyline in east London will be a bank of HD screens, joined in a seamless panorama in a digital control room at Nats, the UK's national air traffic control service, in Swanwick, Hampshire. They will monitor a live feed from 14 cameras at London City, 80 miles away.

3. The airport believes the system will allow staff to monitor aircraft on the runway and track the skies better than before. The complete 360-degree view has been condensed into a 225-degree arc, meaning the controller can in effect have eyes in the back of their heads – even if they peruse what appears to be a banana-shaped runway. From this room, the controller can pan and zoom cameras for a detailed view, sharper than the binoculars of old.

4. Sitting in the air traffic controller's chair in Swanwick, you get a piercingly clear, bird's-eye view of the aircraft lining the runway and the waves lapping the docks by the Thames, as the sound of engines revving filters through. But what has most enthused controllers is the augmented reality that the system brings. Overlaid on the live video image, at the flick of a switch, is all the data that used to occupy several other screens or terminals. While staring out of the virtual window at an incoming plane, the controller can see all the identifying flight and radar information in the skies alongside it.

5. Alison FitzGerald, chief operations officer at London City, said: "You appreciate the view, but it's the augmented reality that's the real game-changer: the aircraft call signs, the ability to detect anything in the airspace, to identify things that normally wouldn't be clear, weather information, so we can make much better decisions. It's providing more tools in front of them rather than having to look away."

6. At night, the contours of the runway can be highlighted with graphics. In low light, visibility can be improved. And should cameras detect anything that is not authorised traffic – any four-pixel moving dot that could be anything from a passing helicopter to a drone – the system can automatically zoom in and track it, with a pop-up inset window on the video cityscape.

7. The system has been developed by Swedish defence manufacturer Saab, using technology from its Gripen fighter jet. Digital control towers are so far only in operational use in two small airports in Sweden, with a third at Saab's Linköping home to follow this year. Trials have taken place around the world, including in Ireland, the US and Australia.

8. Three separate, independent and secure super-fast fibre networks will transmit the images and data from City to Nats' control room. The distance

→

from Docklands to Swanwick is dwarfed by that of aircraft manoeuvres monitored in Australian tests: from Alice Springs to an Adelaide control room, 900 miles away, with less than a second's delay in transmission, according to Saab. Any security fears are dismissed by Mike Stoller, Nats operations director for airports, who said this system is no more hackable than current aircraft control: much of Britain's airspace outside airports is already managed remotely from Swanwick.

9. Typically, the cost of such a system – in the tens of millions of pounds –could be potentially prohibitive for smaller airfields. So is this it for the humans? For now, according to Stoller, there is no prospect of that. But he added: "At some point in the future, like any other business, we will look at efficiencies down the line." Controllers can expect to be retrained to work at more than one airport, Stoller said.

10. Paul Winstanley, chair of the Prospect union's air traffic controllers' branch, said the technology could bring safety enhancements, but cautioned: "It must be introduced in a measured and appropriate way. It must never be used to allow a single controller to be responsible for more than one runway at a time."

For now, the virtual London City control room at Swanwick will house the same staff who occupy the tower in London, three per shift. City says cost has not been a consideration in its £350m expansion plan. London City chief executive, Declan Collier, said: "We could replicate the current system, but the way technology is moving, this kind of augmented reality is going to be the norm. We want to future-proof the airport."

Questions

156 What is the main subject of the article?

1/ Manned air-traffic control towers
2/ Discussion on the future of air travel
3/ Changes in the management of the air-traffic control union
4/ Changes in the way of controlling air traffic
5/ Technological innovation at the Swedish company Saab

157 What is suggested will happen to images of London City airport?

1/ They will be stored on a computer
2/ They will be transmitted to observers elsewhere in the UK
3/ They will viewed by air-traffic controllers at London City airport
4/ They will be visible to pilots on approach to the airport
5/ They will be saved at Swanwick and viewed later

158 **Which of the following is not mentioned as an aspect of the new system?**

1/ Aeroplanes can be heard in the control room
2/ Screens can be turned on and off at the flick of a switch
3/ A full panorama of City airport is displayed
4/ Supplementary information is shown on the image screens
5/ The images displayed are very clear

159 **What does Alison Fitzgerald believe?**

1/ The ability to see extra information is what makes the biggest difference
2/ The best thing about the system is the view it affords
3/ Augmented reality would be an important addition to this new system
4/ Augmented reality is what turns the system into a game
5/ Augmented reality in unlikely to lead to better decision making

160 **According to the writer, what happens if the system detects a drone?**

1/ It sends a warning to the pilots of approaching planes
2/ It follows the drone's movements automatically
3/ It authorises the destruction of the drone
4/ A helicopter is sent to intercept the drone
5/ It diverts incoming traffic

161 **What is said about about the Saab company?**

1/ They specialise in the detection of unauthorised drones
2/ The technology from its air-traffic control systems has been adapted for use in a jet fighter
3/ They have so far installed the same technology at three Swedish airports
4/ They have little experience in air-traffic control systems
5/ They have tested their systems in a number of countries

162 **What is implied about the distance that images have to travel in the UK before being viewed?**

1/ It leads to a deterioration of the information
2/ It is very small compared to distance in tests of the system
3/ It was expected to be larger
4/ It creates a significant delay in reception of the information
5/ It is around 900 miles

163 **Who is Mike Stoller?**

1/ An employee of London City airport
2/ An airline pilot
3/ The spokesman for an air-traffic control union
4/ The designer of Saab's new air-traffic control system
5/ An employee of an air-traffic control service

164 What is said about the new system's vulnerabilities?

1/ The speed of data transfer makes the system less vulnerable
2/ The system is safer because all data is managed in the same place
3/ A system run by human beings is always safer than an automatic system
4/ The new technology doesn't suffer any greater danger than the existing one
5/ Swanwick is the safest site in the UK

165 What is implied about the cost of this new technology?

1/ It is likely to restrict the application of the systems to larger airports
2/ It is lower than predicted in initial estimates
3/ It does not represent value for money
4/ Some of it will be reimbursed by regional governments
5/ Smaller airports will need financial help to afford the installation

166 The word "dawn" in paragraph 1 could best be replaced by:

1/ Sun-up
2/ Sunset
3/ Start
4/ Demise
5/ Conception

167 The word "seamless" in paragraph 2 implies that:

1/ Each image is of 360 degrees
2/ Images are distorted
3/ The images arrive in real-time
4/ There are no gaps in the image
5/ The images can be replayed

168 The word "lapping" in paragraph 4 is closest in meaning to:

1/ Washing against
2/ Washing up
3/ Washing down
4/ Washing away
5/ Washing through

169 The word "dismissed" in paragraph 8 could best be replaced by:

1/ Criticised
2/ Confused
3/ Supported
4/ Rejected
5/ Displayed

170 The word "enhancements", as used in paragraph 10, could best be replaced by:

1/ Risks
2/ Issues
3/ Trade-offs
4/ Benefits
5/ Updates

Session 5

SCORE IAE-MESSAGE

ÉLÉMENTS DE RÉPONSE

GRILLE DES RÉPONSES COMPLÉTÉE

SCORE IAE MESSAGE

session 5

Session : 26/04/18

N° d'inscription

Nom :

Prénom :

Date de naissance : ___/___/___

Centre :

Signature du candidat

MARQUAGE DES REPONSES

- Utilisez un crayon mine et une gomme propre ou un blanc correcteur
- Ne graphitez qu'une seule réponse par question

Marquage CORRECT ▬

INCORRECT - — — X / ·

Culture G	Réponse	Français	Réponse	RLN	Réponse	Anglais	Réponse
1	4	51	2	101	2	121	2
2	4	52	2	102	5	122	4
3	1	53	5	103	4	123	2
4	5	54	3	104	2	124	3
5	4	55	4	105	1	125	4
6	5	56	2	106	4	126	4
7	5	57	1	107	4	127	2
8	2	58	4	108	1	128	3
9	3	59	4	109	4	129	3
10	5	60	1	110	2	130	4
11	3	61	2	111	5	131	2
12	4	62	3	112	5	132	3
13	1	63	2	113	1	133	4
14	1	64	1	114	5	134	4
15	5	65	2	115	3	135	1
16	3	66	4	116	3	136	3
17	3	67	4	117	2	137	1
18	2	68	2	118	2	138	1
19	1	69	1	119	4	139	2
20	4	70	2	120	1	140	2
21	4	71	4			141	4
22	4	72	1			142	2
23	3	73	4			143	5
24	2	74	4			144	2
25	1	75	4			145	3
26	3	76	2			146	1
27	3	77	4			147	1
28	5	78	2			148	1
29	3	79	1			149	5
30	5	80	3			150	3
31	1	81	4			151	4
32	1	82	4			152	2
33	4	83	5			153	4
34	4	84	1			154	2
35	5	85	5			155	3
36	2	86	3			156	4
37	5	87	2			157	2
38	3	88	3			158	2
39	4	89	3			159	1
40	3	90	2			160	2
41	2	91	1			161	5
42	1	92	3			162	2
43	4	93	5			163	5
44	5	94	2			164	4
45	2	95	5			165	1
46	2	96	2			166	3
47	2	97	3			167	4
48	2	98	5			168	1
49	3	99	1			169	4
50	3	100	3			170	4

Explications des réponses de l'épreuve de raisonnement logique et numérique

101 **Sur une pelouse sportive rectangulaire sont tracés, en partant de l'extérieur, quatre couloirs d'un mètre de large (voir la figure ci-dessous). Si l'aire du troisième couloir et du rectangle central sont respectivement de 50 m² et 84 m², quelle est l'aire totale de la pelouse (délimitée par le plus grand rectangle) ?**

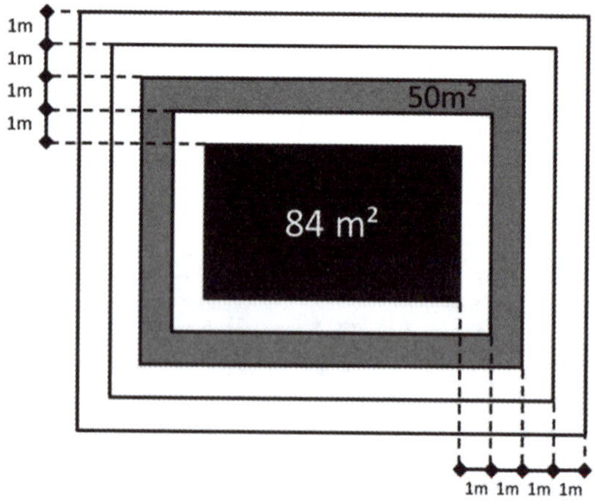

① 296 m²

② 300 m²

③ 304 m²

④ 308 m²

⑤ 460 m²

Il y a de nombreuses manières d'aboutir au résultat. L'une d'entre elle est la suivante :
Soit L et H les dimensions du grand rectangle (pelouse). Les aires des 5 rectangles sont respectivement LH, (L – 2)(H – 2), (L – 4)(H – 4), (L – 6)(H – 6) et (L – 8)(H – 8). L'aire du troisième couloir en fonction de L et H est égale à (L – 4)(H – 4) – (L – 6)(H – 6),
ou en développant :
$(LH - 4L - 4H + 16) - (LH - 6L - 6H + 36) = 2L + 2H - 20$.
On a : $2L + 2H - 20 = 50$, donc : $L + H = 35$.
De même : $(L - 8)(H - 8) = 84$, donc : $LH - 8L - 8H = 20$.
L'aire du grand rectangle est : $LH = 20 + 8(L + H) = 20 + 8 \times 35 = 300$.

102 Une paire de skis équipés de fixations vaut 150 euros. Quel est le prix des skis seuls sachant qu'ils valent 100 euros plus chers que les fixations ?

① 25
② 50
③ 75
④ 100
⑤ 125

Si x et y sont respectivement les prix des fixations et des skis, il faut résoudre les équations : x + y = 150 et y = 100 + x ;
donc : 2x +100 = 150, ou encore : 2x = 50.
On obtient alors : x = 25 et y = 125.

103 On cherche à obtenir une masse totale de 1 kg 100 g sur une balance. On dispose pour cela d'autant de masses que l'on souhaite de 100 g, 200 g et 500 g.
De combien de manières différentes peut-on le faire ?
(Par exemple, 500-500-100, 100-100-200-200-500, etc.)

① 8
② 9
③ 10
④ 11
⑤ 12

On peut le faire de onze manières différentes : (1-1-1-1-1-1-1-1-1-1-1), (1-1-1-1-1-1-1-1-1-2), (1-1-1-1-1-1-1-2-2), (1-1-1-1-1-2-2-2), (1-1-1-2-2-2-2), (1-2-2-2-2-2), (2-2-2-5), (1-1-1-1-1-1-5), (1-5-5), (1-1-1-1-2-5), (1-1-2-2-5).

104 Que va afficher ce petit programme informatique ?

```
A = 10
B = 25
C = B - 2A
D = C + A
D = A – C
A = A + 15
B = A – C
C = A + B
SI (A > B) ALORS AFFICHER (valeur(A) – valeur(B) –
valeur(C))
SINON AFFICHER(valeur(B) – valeur(C) – valeur(D))
```

① 20 – 45 – 5
② 25 – 20 – 45
③ 10 – 20 – 30
④ 15 – 20 – 15
⑤ 15 – 20 – 10

Suivons la valeur de chacune des variables A, B, C et D en fonction du temps (à chaque étape du programme) :
A = 10 : A = 10, B = ??, C = ??, D = ??
B = 25 : A = 10, B = 25, C = ??, D = ??
C = B – 2A : A = 10, B = 25, C = 5, D = ??
D = C + A : A = 10, B = 25, C = 5, D = 15
D = A – C : A = 10, B = 25, C = 5, D = 5

A = A + 15 : A = 25, B = 25, C = 5, D = 5
B = A – C : A = 25, B = 20, C = 5, D = 5
C = A + B : A = 25, B = 20, C = 45, D = 5
Le test SI(A > B) est vrai, donc on affiche les valeurs de de A, de B et de C : 25 – 20 – 45.

105 **Soit les deux équations de paraboles suivantes :**

$$\begin{cases} f(x) = 2x^2 + 3 \\ g(x) = x^2 - 2x - 1 \end{cases}$$

En quel point du plan se croisent ces deux courbes ?

① En aucun point
② (1 ; 2)
③ (2 ; 3)
④ (3 ; 4)
⑤ (3 ; 6)

Pour le savoir, on pose f(x) = g(x), ce qui nous donne à résoudre que : $x^2 + 4 = 0$, où $x^2 = -4$ ce qui n'a pas de solution, donc les courbes ne se croisent pas.

106 **Sur une piste de bowling, on place les dix quilles sur les dix emplacements prévus. On lance une boule vers ce jeu de quilles, qui en fait tomber entre zéro et dix de manière aléatoire. Les quilles tombées sont retirées de la piste. Pour les quilles restantes, combien y-a-t-il de configurations possibles différentes ?**

① 10
② 55
③ 252
④ 2^{10}
⑤ 10!

Sur chaque emplacement peut figurer une quille ou non (2 configurations) ; il y a donc au total 2^{10} configurations possibles.

107 **Quelle valeur remplace logiquement le point d'interrogation dans la figure ci-dessous ?**

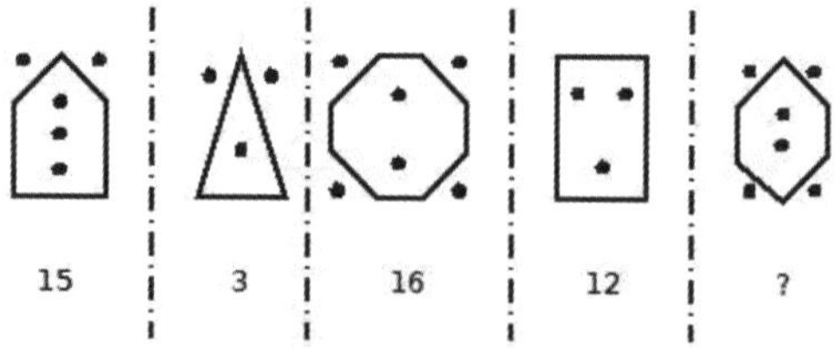

① 6
② 8
③ 10
④ 12
⑤ 14

Chaque valeur correspond au nombre de cotés du polygone au dessus multiplié par le nombre de points que ce polygone contient. La valeur manquante est donc : 6 × 2 = 12.

108 **Trouvez la valeur qui complète logiquement le tableau suivant :**

27	36	44	18	24	18
9	6	11	18	4	2
6	0	7	17	–2	?

① –7
② –1
③ 2
④ 5
⑤ 9

Pour une colonne donnée, la deuxième valeur vaut la première divisée par un facteur k. Alors, la troisième valeur correspond à la deuxième valeur, mais en soustrayant k.
Sur la dernière colonne, le facteur k égal 9.
Le troisième terme est donc : 2 – 9 = –7.

109 **Dans une entreprise, 30 % des employés sont actionnaires. Parmi les actionnaires, 40 % sont des cadres. Sachant que 25 % des employés sont des cadres, quelle est la probabilité qu'un non cadre de l'entreprise soit actionnaire ?**

① 12 %
② 16,7 %
③ 20 %
④ 24 %
⑤ 26,7 %

La proportion de cadres actionnaires dans l'entreprise est de : 0,40 × 0,30 = 0,12 = 12 %. Comme il y a 25 % de cadres et 30 % d'actionnaires dans l'entreprise, la proportion de non-cadres actionnaires est de : 0,30 – 0,12 = 0,18 = 18 %.
La probabilité qu'un non-cadre quelconque soit actionnaire est donc de : $\frac{0,18}{1-0,25} = \frac{0,18}{0,75} = 0,18 \times \frac{4}{3} \approx 24\ \%$.

110 **Quelle carte complète cette figure ?**

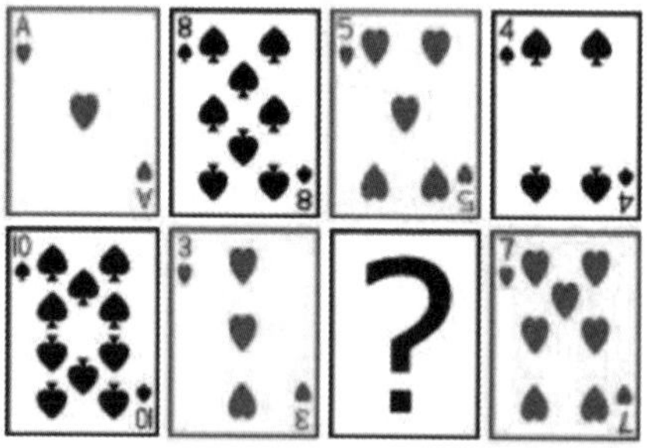

Carte A | Carte B | Carte C | Carte D | Carte E

Il y a deux sous-suites de cartes alternées. Les cœurs +2 rangs à chaque étape. Les piques –2 rangs à chaque étape. La carte manquante est le 6 de pique.

① Carte A
② Carte B
③ Carte C
④ Carte D
⑤ Carte E

111 **Compléter la suite logique suivante :**
UN = 7, DE = 1, TR = 2, QU = 4, CI = 6, ...

À chaque terme, les deux lettres correspondent aux deux premières lettres des chiffres 1, 2, 3, ... Après UN, DE, TR, QU et CI on a donc SI.
Le nombre correspond à l'écart entre les rangs des deux lettres. Par exemple pour UN, le U occupe le rang 21 dans l'alphabet tandis que le N a pour rang 14. On a alors : 21 – 14 = 7 et donc : UN = 7. De même, SI = 10 (19 – 9).

① SE = 8
② SE = 14
③ SI = 3
④ SI = 5
⑤ SI = 10

112 **Dans un sac opaque, il y a dix poires dont trois sont véreuses, mais elles sont indiscernables au toucher. On prend deux poires au hasard, quelle est la probabilité qu'elles soient toutes les deux véreuses ?**

① 2 chances sur 7
② 3 chances sur 90
③ 1 chance sur 6
④ 2 chances sur 45
⑤ 1 chance sur 15

Lors du premier tirage, on a 3 chances sur 10 de tomber sur un fruit véreux, lors du second, il reste 9 fruits dans le sac dont 2 véreux, on a donc 2 chances sur 9 de tirer un fruit véreux. Au total, il y a : (3 / 10) × (2 / 9) = 1 / 15, soit 1 chance sur 15 que les 2 poires soient véreuses.

113 **Il y a 5 enfants dans la famille Jadorlécéritélé. Brandy, la sœur d'Anton, est plus jeune que Kevin, qui est plus vieux que Deborah. Deborah a un seul frère plus vieux, une sœur plus jeune mais son frère le plus jeune Eddy n'est pas le plus jeune de la famille. Classez du plus jeune au plus vieux les enfants de cette famille.**

① Brandy-Eddy-Anton-Deborah-Kevin
② Anton-Brandy-Deborah-Eddy-Kevin
③ Brandy-Deborah-Anton-Kevin
④ Eddy-Brandy-Deborah-Anton-Kevin
⑤ Brandy-Eddy-Deborah-Anton-Kevin

Étudions une à une les données connues (afin de simplifier l'écriture, nous remplaçons les prénoms par leurs initiales) :
– en regardant les prénoms, on en déduit qu'il y a 3 garçons (A, K et E) et 2 filles (B et D) ;
– Brandy, la sœur d'Anton, est plus jeune que Kevin, qui est plus vieux que Deborah. On en déduit que B < K et D < K ;
– Deborah a un seul frère plus vieux (c'est K donc D > A), une sœur plus jeune, donc D > B ;
– mais son frère le plus jeune Eddy n'est pas le plus jeune de la famille, donc E < A et E < D ainsi que E > B.
On a donc : B < E < A < D < K, autrement dit : Brandy, Eddy, Anton, Deborah, Kevin.

114 **Vous regardez une photo de famille sur laquelle apparaissent vos parents, vos grands-parents, vos arrières grands-parents et ainsi de suite jusqu'à vos arrières-arrières-arrières grands-parents. Combien y a-t-il de personnes présentes sur la photo ?**

① 54
② 56
③ 58
④ 60
⑤ 62

Il y a les 2 parents, les 4 grands-parents, les 8 arrières-grands-parents, les 16 arrières-arrières-grands-parents et les 32 arrières-arrières-arrières grands-parents, soit : 2 + 4 + 8 + 16 + 32 = 62 personnes.

115 **Combien peut-on compter de triangles de toutes dimension, taille et forme au maximum dans la forme suivante :**

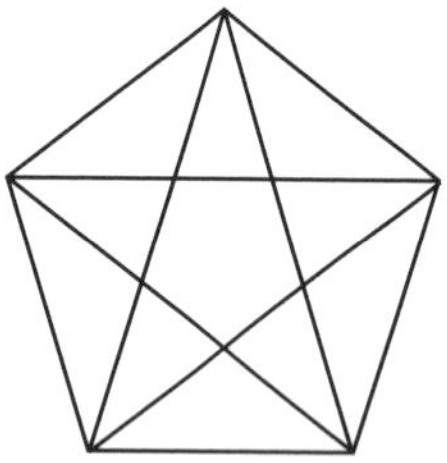

Il y a 10 petits triangles, 10 triangles constitués de 2 petits triangles, 10 triangles constitués de 3 petits triangles, et 5 grands triangles constitués de 4 petits triangles et du pentagone du milieu. Soit un total de 35 triangles de toutes tailles et toutes dimensions.

① 25
② 30
③ 35
④ 40
⑤ 41

116 **En considérant le tableau suivant :**

i	1	2	3
x_i	3	2	4
y_i	2	3	3

Quelle est la valeur de l'expression suivante ?

$$\left(\sum_{i=1}^{n} x_i\, y_i\right) - \frac{1}{n}\left(\sum_{i=1}^{n} x_i\right)\left(\sum_{i=1}^{n} y_i\right)$$

Dans notre cas, n = 3, donc : $\sum_{i=1}^{n} x_i = 3 + 2 + 4 = 9$,
$\sum_{i=1}^{n} x_i y_i = 3 \times 2 + 2 \times 3 + 4 \times 3 = 24$.
L'expression nous donne : $24 - 9 \times 8 / 3 = 0$.

① –4
② –2
③ 0
④ 2
⑤ 4

117 **Un magasin de bricolage a mesuré l'indice de satisfaction de 10 clients vis à vis du SAV sur une échelle de 1 à 10. Les valeurs obtenues sont les suivantes : 4, 6, 5, 7, 8, 4, 9, 10, 4, 3. La moyenne (M) des réponses est donc de 6 avec une variance (V) d'environ 5,78. Si on enlève 2 points à chaque valeur, quelles seront les nouvelles valeurs pour la moyenne et la variance ?**

La moyenne diminuera de 2 points ; en revanche, la variance restera la même car elle n'est pas affectée par un déplacement identique de toutes les valeurs.

① M = 4, V = 3,78
② M = 4, V = 5,78
③ M = 6, V = 2,40
④ M = 6, V = 3,78
⑤ M = 6, V = 5,78

118 **Une grande enseigne commerciale réalise une grosse promotion sur la vente d'un téléviseur Full HD pendant 25 jours calendaires. Voici l'évolution des ventes sur ce produit pendant toute la durée de la promotion :**

– elle en vend 14 le premier jour (un lundi) et 18 chacun des autres jours de la première semaine ;
– la deuxième semaine, elle en vend chaque jour 5 de plus que le jour initial ;
– toujours en comparaison de ce premier jour, la troisième semaine, les ventes commencent à se tasser, et elle en vend 5 de moins ;
– et la dernière semaine, elle en vend encore 4 de moins.

Sachant que le magasin est fermé le dimanche, que le troisième samedi était férié, et que les deux premiers samedi, on a vendu respectivement 200 % et 150 % de téléviseurs supplémentaires par rapport au premier jour, quelle a été la moyenne des ventes de ce téléviseur par jour ouvert au cours de cette promotion ?

① 14
② 15
③ 15,5
④ 16
⑤ 17

Toutes les données de ventes ont été indiquées sur la base de celle du premier jour. Nous allons donc pouvoir simplifier les calculs en analysant les écarts par rapport au premier jour. La promotion dure 25 jours, et elle commence un lundi, elle se finira donc un jeudi et ne comportera que 21 jours ouverts en enlevant les 3 dimanches et le jour férié.
En terme d'écart au premier jour, les ventes en plus de la première semaine sont « annulées » par celles en moins de la quatrième semaine, de même pour les semaines 2 et 3.
Calculons à présent les écarts sur les samedis : on a 28 téléviseurs en plus le premier samedi (14 × 2) et 21 le second (14 × 1,5), soit un total de 21 en plus, ce qui donne 1 (21 Tv/21 j) produit en plus que le 1er jour, soit une moyenne de 15 téléviseurs vendus pour l'ensemble de la période de promotion.

	Sem 1	Sem 2	Sem 3	Sem 4
Lundi	14	19	9	10
Mardi	18	19	9	10
Mercredi	18	19	9	10
Jeudi	18	19	9	10
Vendredi	18	18	9	
Samedi	28	21	Férié	
Dimanche	Fermé	Fermé	Fermé	

119 **Sur un parcours classique de 18 trous, un joueur de golf réalise à mi-parcours un drive de 202 mètres, ce qui améliore sa moyenne de 175 mètres par drive à 178 mètres.**
De quelle longueur aurait du être son drive pour augmenter sa moyenne à 180 mètres ?

① 205
② 210
③ 215
④ 220
⑤ 225

D'après les équations de la moyenne, avant ce drive, si t est le total des mètres de tous les drives jusqu'à présent et n le nombre de drives réalisés jusqu'à présent, on a alors :
175 = t/n et donc après le drive : 178 = (t + 202)/(n + 1).
Soit t = 175n et donc n = (202 – 178)/(178 – 175) = 24/3 = 8.
Il y a donc eu 8 drives avant celui-ci. Des équations précédentes, on en déduit également, si d est la longueur de ce drive, que d = (m^2 – 175) × 8 + m^2.
Donc, si m^2 = 180, on a d = (180 – 175) × 8 + 180 = 220.

120 **Quel nombre complète logiquement cette série :**
4,9 ; 5,7 ; 3,5 ; 6,3 ; … ?

① 2,1
② 3,2
③ 4,1
④ 5,2
⑤ 7,5

Il y a 2 séries imbriquées : le premier chiffre suit le rythme suivant : +1, –2, +3, donc le prochain sera 2 (6 – 4). Le second chiffre suit lui la séquence suivante : –2, –2, –2, –2 , donc le prochain chiffre sera 1 (3 – 2). Le prochain terme est 2,1.

SCORE IAE-MESSAGE

SESSION DU 17 MAI 2018

Pour vous mettre dans la situation exacte de l'épreuve, nous avons reproduit la page de garde du document remis aux candidats à la session du 17 mai 2018.
Lisez-la attentivement avant de vous lancer.

N'oubliez pas d'utiliser la grille vierge de la page 266 pour y noter vos réponses puis de la comparer à la grille de la page 307 pour calculer votre score.

Session :

SCORE IAE MESSAGE

N° d'inscription

0	0	0	0	0	0	0
1	1	1	1	1	1	1
2	2	2	2	2	2	2
3	3	3	3	3	3	3
4	4	4	4	4	4	4
5	5	5	5	5	5	5
6	6	6	6	6	6	6
7	7	7	7	7	7	7
8	8	8	8	8	8	8
9	9	9	9	9	9	9

Nom : ____________________

Prénom : ____________________

Date de naissance : ____/____/____

Centre : ____________________

Signature du candidat

MARQUAGE DES REPONSES

- Utilisez un crayon mine et une gomme propre ou un blanc correcteur
- Ne graphitez qu'une seule réponse par question

Marquage CORRECT

INCORRECT

Culture G	1	2	3	4	5
1					
2					
3					
4					
5					
6					
7					
8					
9					
10					
11					
12					
13					
14					
15					
16					
17					
18					
19					
20					
21					
22					
23					
24					
25					
26					
27					
28					
29					
30					
31					
32					
33					
34					
35					
36					
37					
38					
39					
40					
41					
42					
43					
44					
45					
46					
47					
48					
49					
50					
	1	2	3	4	5

Français	1	2	3	4	5
51					
52					
53					
54					
55					
56					
57					
58					
59					
60					
61					
62					
63					
64					
65					
66					
67					
68					
69					
70					
71					
72					
73					
74					
75					
76					
77					
78					
79					
80					
81					
82					
83					
84					
85					
86					
87					
88					
89					
90					
91					
92					
93					
94					
95					
96					
97					
98					
99					
100					
	1	2	3	4	5

RLN	1	2	3	4	5
101					
102					
103					
104					
105					
106					
107					
108					
109					
110					
111					
112					
113					
114					
115					
116					
117					
118					
119					
120					
	1	2	3	4	5

Anglais	1	2	3	4	5
121					
122					
123					
124					
125					
126					
127					
128					
129					
130					
131					
132					
133					
134					
135					
136					
137					
138					
139					
140					
141					
142					
143					
144					
145					
146					
147					
148					
149					
150					
151					
152					
153					
154					
155					
156					
157					
158					
159					
160					
161					
162					
163					
164					
165					
166					
167					
168					
169					
170					
	1	2	3	4	5

SCORE IAE MESSAGE

6e session 2018

Jeudi 17 mai 2018

SCORE IAE MESSAGE

session 6

À REMPLIR PAR LE CANDIDAT :

Nom : .... Prénom : ....

Identifiant Score IAE-Message : ....

Votre identité (nom et prénom), date de naissance, votre identifiant SIM, ainsi que le centre d'écrit et la session ont été pré-remplis sur la grille de réponses. Merci de les vérifier. Vous devez apposer votre signature dans la case prévue à cet effet.
Le présent livret regroupe les quatre épreuves : Culture générale, économique et managériale ; Compréhension et expression écrite en français ; Raisonnement logique et numérique ; Compréhension et expression écrite en anglais, d'une durée de trois heures.

L'épreuve comprend cent soixante-dix (170) questions à choix multiple. Le tableau suivant fait apparaître leur répartition par matière, les pages où vous en prendrez connaissance, la durée indicative de leur traitement (durée qui n'est fournie que pour faciliter la gestion de votre temps).

Matière	**Pages du livret**	**Nombre de questions**	**Durée indicative de traitement**
Culture générale, économique et managériale	2 à 6	50	45 minutes
Compréhension et expression écrite en français	7 à 16	50	45 minutes
Raisonnement logique et numérique	17 à 20	20	45 minutes
Compréhension et expression écrite en anglais	21 à 26	50	45 minutes

Pour chaque question, cinq (5) réponses vous sont proposées ; **une seule réponse est correcte**.
Le barème de notation est le suivant :

	Épreuve de Culture générale, économique et managériale	Épreuve de Compréhension et expression écrite en français	Épreuve de Raisonnement logique et numérique	Épreuve de Compréhension et expression écrite en anglais
Bonne réponse	2 points	2 points	5 points	2 points
Mauvaise réponse, absence de réponse ou réponses multiples	0 point	0 point	0 point	0 point

Vos réponses devront être portées sur la grille codée qui vous est remise, et qui ne doit être ni pliée, ni écornée. Pour chacune des questions, graphitez entièrement une case (1, 2, 3, 4, 5) de la ligne numérotée correspondant à la question, en utilisant, pour permettre la lecture optique, un crayon de bois. En cas de correction, le blanc correcteur vous est vivement recommandé.

À la fin de l'épreuve, vous remettrez la grille codée au surveillant et vous lui restituerez également le présent livret.

RAPPELS

L'usage de la calculatrice, dictionnaire, lexique ou grammaire est formellement interdit.
Aucune sortie n'est autorisée pendant l'épreuve, toute sortie étant définitive.

Ce document contient 26 pages (compte tenu de cette page de garde).
Merci de vérifier que toutes les pages sont jointes au document.

Bonne chance !

Épreuve de culture générale, économique et managériale

1 **En France, en mai 2017, quel(le) ancien(ne) athlète est devenu(e) ministre des Sports ?**

1/ Amélie Mauresmo
2/ Zinedine Zidane
3/ Marie-Josée Pérec
4/ David Douillet
5/ Laura Flessel

2 **En France, en mars 2017, quel projet de fusion entre clubs de rugby a finalement échoué en raison d'une grève de joueurs qu'il a déclenchée ?**

1/ Aviron Bayonnais / Biarritz Olympique
2/ Union Bordeaux-Bègles / CA Brive Corrèze
3/ ASM Clermont Auvergne / Lyon Olympique Universitaire
4/ Stade Français / Racing 92
5/ Stade Toulousain / Section Paloise

3 **Quel était le surnom donné à Al Capone, notamment dans les médias ?**

1/ The boss
2/ Scarface
3/ Big dad
4/ Il padrino
5/ L'italien

4 **Qui a écrit l'opéra « Le Chevalier à la rose » ?**

1/ Vincenzo Bellini
2/ Gioachino Rossini
3/ Hector Berlioz
4/ Richard Wagner
5/ Richard Strauss

5 **En France, en 2017, quel candidat à l'élection présidentielle a été mis en examen durant la campagne ?**

1/ Philippe Poutou
2/ Marine Le Pen
3/ Benoît Hamon
4/ François Fillon
5/ Emmanuel Macron

6 **En France, en août 2017, quelle était la source de la contamination des œufs qui a déclenché un scandale sanitaire ?**

1/ La ricine
2/ La tétrodotoxine
3/ L'ergotamine
4/ L'histamine
5/ Le fipronil

7 Edmonde Charles-Roux, décédée en janvier 2016, était connue pour son action dans la résistance française pendant la Seconde Guerre mondiale mais aussi pour ses romans et notamment l'un d'eux pour lequel elle a reçu le Prix Goncourt. De quel homme politique français était-elle l'épouse ?

1/ Pierre Mauroy
2/ Léon Blum
3/ Pierre Joxe
4/ Guy Mollet
5/ Gaston Defferre

8 Quel exploit ont réalisé les Suisses Bertrand Piccard et André Borschberg entre le 9 mars 2015 et le 26 juillet 2016 ?

1/ Une double médaille d'or en Canoé et Aviron aux JO de Rio
2/ Le tour du monde à bord d'un avion solaire
3/ Une greffe du visage à distance grâce à la robotique
4/ La mise en place d'un module d'accueil sur la station spatiale internationale
5/ L'ascension du mont Everest en moins de huit semaines

9 Quel était le surnom de Nicolae Ceausescu ?

1/ Le Conducator
2/ Le Duce
3/ Le Capo
4/ Le Generalissimo
5/ L'Aigle

10 En septembre 2015, dans quel pays le Général Gilbert Diendéré est-il suspecté d'avoir commis un coup d'État manqué ?

1/ Le Congo
2/ Le Burkina Faso
3/ Le Zimbabwe
4/ Le Nigéria
5/ Le Libéria

11 Lequel de ces pays n'est pas bordé par la mer Méditerranée ?

1/ Le Liban
2/ La Turquie
3/ Chypre
4/ Malte
5/ La Bulgarie

12 En Italie, en août 2016, quelle région a particulièrement été touchée par un violent tremblement de terre qui a fait 298 morts et près de 400 blessés ?

1/ La Calabre
2/ La Sicile
3/ La Lombardie
4/ Le Piémont
5/ Le Latium

13 Quelle île forme le territoire de République Dominicaine et d'Haïti ?

1/ Hispaniola
2/ La Juventud
3/ Trinité
4/ Great Abaco
5/ Margarita

14 En mars 2017, quelle juridiction a estimé que les employeurs pouvaient interdire à leurs salariés le port de signes religieux visibles ?

1/ La Cour internationale de justice
2/ La Cour européenne des droits de l'homme
3/ La Cour suprême
4/ La Cour de justice de l'Union européenne
5/ L'Organisation Internationale du Travail

15 Avec quel pays la Corée du Sud a-t-elle établi des relations diplomatiques en 1965 ?

1/ Les États-Unis d'Amérique
2/ La Chine
3/ L'Allemagne
4/ Le Japon
5/ Le Qatar

16 En novembre 2015, quelle organisation politique armée était visée par l'attentat qui a causé plus de 40 morts à Beyrouth ?

1/ Le Hamas
2/ L'OLP
3/ Les Peshmergas
4/ Le Hezbollah
5/ Al Qaïda

17 Quel pays de l'Union européenne a mis en place des contrats de travail rémunérés à 80 centimes de l'heure pour les migrants ?

1/ La Finlande
2/ L'Italie
3/ La Grèce
4/ L'Allemagne
5/ La Hollande

18 Lequel de ces pays a une population à forte majorité chiite ?

1/ L'Arabie saoudite
2/ L'Iran
3/ La Jordanie
4/ Le Qatar
5/ L'Égypte

19 Aux États-Unis, en avril 2015, quelle était la cause de violentes émeutes ayant touché la ville de Baltimore ?

1/ La politique de la ville mise en place par le maire, jugée raciste
2/ L'évasion d'un détenu d'une prison classée haute sécurité
3/ La mort suspecte d'un jeune afro-américain
4/ Des interventions jugées insuffisantes des forces de l'ordre après des inondations très importantes
5/ La réhabilitation à son poste d'un homme politique accusé de corruption

20 **En juin 2017, parmi les États suivants, lequel n'a pas interrompu ses relations diplomatiques avec le Qatar ?**

1/ L'Égypte
2/ L'Arabie saoudite
3/ Les Émirats arabes unis
4/ Le Koweït
5/ Bahreïn

21 **Comment nomme-t-on le système ségrégationniste qui sévit dans les années 1940 en Afrique du Sud ?**

1/ The White Power
2/ L'Apartheid
3/ Le KKK
4/ The Scientologist
5/ The Unification

22 **En 2017, quelle équipe de rugby a remporté le Tournoi des six nations ?**

1/ La France
2/ L'Angleterre
3/ La Nouvelle-Zélande
4/ L'Argentine
5/ L'Irlande

23 **En décembre 2016, dans quel pays un ambassadeur russe a-t-il été assassiné ?**

1/ La Turquie
2/ L'Allemagne
3/ La Syrie
4/ Le Venezuela
5/ L'Irak

24 **Par quelle nation est revendiqué le territoire d'outre-mer français de l'île de Mayotte ?**

1/ Madagascar
2/ L'Afrique du Sud
3/ L'Union des Comores
4/ Le Sri Lanka
5/ Le Kenya

25 **En juillet 2016, quel ancien président de la commission européenne a été recruté par la banque d'investissement Goldman Sachs ?**

1/ Jean-Claude Juncker
2/ José Manuel Barroso
3/ Romano Prodi
4/ Mario Draghi
5/ Manuel Marín

26 **Quel était le nom dynastique de Bhumibol Adulyadej, roi de Thaïlande décédé en octobre 2016 après un règne de 70 ans ?**

1/ Vikramatji IX
2/ Jay-Chandra XI
3/ Rama IX
4/ Hkun-Ti
5/ Ram Singh

27 **Que signifie le sigle « IFRS » faisant référence à des normes comptables ?**

1/ International French Reporting Standards
2/ Industrial French Reporting Standards
3/ Inventaire Français du Reporting Social
4/ International Financial Reporting Standards
5/ International Financial Results Standards

28 **En France, en octobre 2016, quel candidat à la primaire française de la droite et du centre a créé la polémique par des propos concernant Hillary Clinton jugés par certains comme antisémites ?**

1/ Christian Estrosi
2/ Hervé Mariton
3/ Henri Guaino
4/ Jean-Frédéric Poisson
5/ Arnaud Le Clere

29 **Qui est l'auteur de la première partie du *Roman de la Rose* ?**

1/ Arthur Conan Doyle
2/ Guillaume de Lorris
3/ Ian Fleming
4/ André Malraux
5/ Gustave Flaubert

30 **En France, en août 2017, le Président de la République a affirmé vouloir renégocier la directive européenne sur les travailleurs détachés. Laquelle des propositions suivantes n'a pas été faite par le Président à cette occasion?**

1/ Mieux encadrer la durée du détachement
2/ Garantir une rémunération minimale du pays d'accueil
3/ Obliger l'employeur à payer les cotisations sociales au taux du pays d'accueil
4/ Inclure le transport routier
5/ Lutter contre la fraude et les abus

31 **Dans le classement *Challenges* des 500 plus grandes fortunes de France, quel homme d'affaires a récemment détrôné Liliane Betancourt de la première place ?**

1/ Gérard Mulliez
2/ François Pinault
3/ Bernard Arnault
4/ Xavier Niel
5/ Patrick Drahi

32 **En Irlande, en mai 2016, qui a été élu Premier ministre à l'issue d'un vote du Parlement ?**

1/ Frances Fitzgerald
2/ Enda Kenny
3/ Mary McAleese
4/ Eamon Gilmore
5/ Micheál Martin

33 **Dans quel État américain peut-on admirer les sculptures du Mont Rushmore ?**

1/ Dans le Dakota du Sud
2/ En Californie
3/ Dans le New Jersey
4/ Dans l'Alabama
5/ En Floride

34 **Quel colistier Hillary Clinton, candidate démocrate à la Maison Blanche, a-t-elle choisi en juillet 2016 pour devenir Vice-Président des États-Unis en cas de victoire ?**

1/ Tim Kaine
2/ Elizabeth Warren
3/ Joe Biden
4/ Bernie Sanders
5/ Harry Reid

35 **Qui a écrit *Candide* ?**

1/ Gustave Flaubert
2/ Alexandre Dumas
3/ Victor Hugo
4/ Émile Zola
5/ Voltaire

36 **Parmi les pays suivants, lequel ne fait pas partie de la Ligue arabe, bien qu'il partage des frontières avec deux pays qui en sont membres ?**

1/ L'Érythrée
2/ Djibouti
3/ La Somalie
4/ La Mauritanie
5/ La Jordanie

37 **En avril 2017, quelle entreprise multinationale était dirigée par Eric Olsen, contraint de démissionner face aux soupçons de financement de groupes armés en Syrie ?**

1/ LafargeHolcim
2/ Continental
3/ BP
4/ Gazprom
5/ BAE Systems

38 **En France, en juin 2017, quelle personnalité, ancien recteur d'académie, a été nommée ministre de l'Éducation nationale dans le second gouvernement d'Édouard Philippe ?**

1/ Gérald Darmanin
2/ Christophe Castaner
3/ Jean-Michel Blanquer
4/ Mounir Mahjoubi
5/ Sébastien Lecornu

39 **En France, en février 2017, quel député élu en juin 2017, s'est vu décerner le César du meilleur documentaire pour son film « Merci Patron ! » ?**

1/ Eric Ciotti
2/ Cédric Villani
3/ Sébastien Jumel
4/ François Ruffin
5/ Gilbert Collard

40 **Dans quelle ville bretonne peut-on découvrir un alignement de 2 934 menhirs ?**

1/ Perros-Guirec
2/ Carnac
3/ Bénodet
4/ Douarnenez
5/ Crozon

41 **À quelle altitude culmine le Mont Blanc ?**

1/ 2 813 mètres
2/ 2 887 mètres
3/ 3 752 mètres
4/ 4 810 mètres
5/ 5 269 mètres

42 **En France, en 2017, quel écrivain français s'est porté candidat à l'élection présidentielle sans toutefois obtenir le nombre requis de parrainages pour valider sa candidature auprès du Conseil constitutionnel ?**

1/ Guillaume Musso
2/ Pierre Lemaitre
3/ Patrick Modiano
4/ Alexandre Jardin
5/ Anna Gavalda

43 **Quelle actrice incarne Grace de Monaco dans le film éponyme, sorti en salles en mai 2014 ?**

1/ Kirsten Dunst
2/ Angelina Jolie
3/ Scarlett Johansson
4/ Julia Roberts
5/ Nicole Kidman

44 **En juin 2017, en l'honneur de quel artiste un album hommage a-t-il réuni Vanessa Paradis, Jean-Louis Aubert, Benjamin Biolay, ou encore Arthur H et Tété ?**

1/ Serge Gainsbourg
2/ Alain Souchon
3/ Jean-Jacques Goldman
4/ Renaud
5/ Daniel Balavoine

45 **Pourquoi les soldats français qui ont combattu durant la Première Guerre mondiale étaient-ils surnommés les « Poilus » ?**

1/ À cause d'une chanson qu'ils chantaient lors de leur départ au front
2/ À cause de leur casque
3/ À cause de leur uniforme
4/ À cause de leur pilosité
5/ À cause de leur fainéantise

46 **L'OCDE a publié, le 11 avril 2017, les chiffres relatifs au développement des États membres pour 2016. Ces chiffres établissent que la France demeure le cinquième bailleur de fonds mondial par le volume de son aide publique au développement, laquelle s'élève à :**

1/ 4,7 milliards d'euros
2/ 8,6 milliards d'euros
3/ 12,5 milliards d'euros
4/ 14,4 milliards d'euros
5/ 16,3 milliards d'euros

47 **En France, en avril 2018, quel est le montant horaire brut du salaire minimum interprofessionnel de croissance (SMIC) ?**

1/ 15,25 euros
2/ 13,36 euros
3/ 11,70 euros
4/ 9,88 euros
5/ 8,53 euros

48 **Selon la Banque mondiale le taux d'inflation de l'Iran est passé sous la barre des 10 % en 2016. Ce taux est le plus faible depuis :**

1/ 3 ans
2/ 5 ans
3/ 10 ans
4/ 15 ans
5/ 25 ans

49 **La Communauté européenne du charbon et de l'acier, fondée par six pays, est généralement considérée comme ayant préfiguré l'Union Européenne. En quelle année fut-elle créée ?**

1/ En 1930
2/ En 1946
3/ En 1952
4/ En 1974
5/ En 1981

50 **Combien d'océans la planète compte-t-elle ?**

1/ 3
2/ 4
3/ 5
4/ 6
5/ 7

Épreuve de compréhension et expression écrite en français

1re partie : expression - 35 questions

51 **Parmi les propositions suivantes, laquelle est correctement écrite ?**

1/ Y-a-t il beaucoup de candidats pour la prochaine session du score ?
2/ Y-a-t'il beaucoup de candidats pour la prochaine session du score ?
3/ Y a-t-il beaucoup de candidats pour la prochaine session du score ?
4/ Y-a-t-il beaucoup de candidats pour la prochaine session du score ?
5/ Y a-t'il beaucoup de candidats pour la prochaine session du score ?

52 **Parmi les propositions suivantes, laquelle est correctement conjuguée au futur de l'indicatif ?**

1/ Vous broirez du noir toute la journée si vous partez si loin
2/ Vous courez plus vite avec ces chaussures spéciales
3/ Vous emploirez ces jeunes filles pour la réception
4/ Vous construirrez bientôt une jolie maison
5/ Vous mourrez bientôt si vous continuez à vivre ainsi

53 **Dans ce vers extrait du poème *Il neige* de W. Chapman : « Depuis l'aurore, il neige à flots, tout s'efface sous la tourmente. » Quel est le type du verbe « neiger » ?**

1/ Verbe défectif
2/ Verbe transitif
3/ Verbe impersonnel
4/ Verbe démonstratif
5/ Verbe pronominal

54 **Qu'est-ce qu'une « antienne » ?**

1/ Un objet permettant de capter les ondes radio ou de télévision
2/ Une recette de viande mijotée
3/ Une répétition incessante
4/ Une soirée dansante ou un bal costumé
5/ Un objet daté scientifiquement de plus de 2 000 ans

55 **Qu'est-ce-qu'un « tintinnabule » ?**

1/ Un néologisme pour désigner un clochard
2/ Un petit train
3/ Un synonyme pour funambule
4/ Une clochette sur un support portatif
5/ Un petit bâton rigide

56 **Qu'est-ce qu'un « cacique » ?**

1/ Quelqu'un qui occupe une place sociale élevée
2/ Une figure de style
3/ Une chose produite à grande échelle, très commune
4/ Une plante cultivée en altitude
5/ Un bâtiment militaire

57 **Parmi les propositions suivantes, laquelle n'est pas une « antonomase » ?**

1/ Un caddie
2/ Une fermeture éclair
3/ Un klaxon
4/ Une thermos
5/ Un surligneur

58 **Dans la phrase « Il a prononcé un discours sibyllin », par quel mot pourrait-on remplacer le mot « sibyllin » ?**

1/ Hilarant
2/ Triste
3/ Émouvant
4/ Énigmatique
5/ Vindicatif

59 **Parmi les propositions suivantes, laquelle est correcte ?**

1/ Ce qu'il disait semblait murement réflêchi
2/ Son phrasée avait une lenteur anormale
3/ Ses actes semblaient également murement réfléchis
4/ On me fit assoir sur un fauteuil sonbre
5/ Toute la pièce baignait dans la pénonbre

60 **Parmi les propositions suivantes, laquelle est correcte ?**

1/ Elle éternuait toujours élégament
2/ Son frère se mouchait bruyament
3/ Bien que jumeaux, ils aimaient s'habiller différament
4/ Pierre ne conduisait jamais prudemment
5/ Tous les soirs il priait ardamment

61 **Quel est l'antonyme du mot « intrinsèque » ?**

1/ Extrasèque
2/ Extrinsèque
3/ Ultrinsèque
4/ Ultrasèque
5/ Suprinsèque

62 **Parmi les propositions suivantes, laquelle est correcte ?**

1/ Brigitte aurait pris le train si elle aurait eu l'argent
2/ Si Nathalie aurait trouvé un travail, elle avait pu acheter un appartement
3/ Elle aurait voulu être cantatrice si cela avait été possible
4/ Elle serait partie autour du monde si elle serait cantatrice
5/ Il l'avait aidée s'il aurait pu

63 Parmi les propositions suivantes, laquelle est incorrecte ?

1/ Après que sa mère mourut, son oncle se saigna aux quatre veines pour l'éduquer
2/ Si les peintres devenaient tous épiciers, il aurait été difficile d'acheter des tableaux
3/ L'indignation fit jaillir Théodore de son lit, il se sentait trahi
4/ Il fallait que sa femme le tournât en ridicule encore et encore
5/ Elle avait acquis un cheval qu'elle offrirait à sa nièce

64 Quelle est la caractéristique physique d'une personne « replète » ?

1/ Qui a beaucoup de cicatrices
2/ Qui n'a plus de cheveux
3/ Qui a les yeux de couleurs différentes
4/ Qui a de l'embonpoint
5/ Qui a beaucoup de taches de rousseur

65 Parmi les propositions suivantes, laquelle est incorrecte ?

1/ L'après-midi était beau, pensait Gérard
2/ On ne pouvait gâcher un si bel après-midi
3/ Elle a dormi tout l'après-midi
4/ Toute l'après-midi il a neigé
5/ Il lui a fallu un aprés-midi pour rentrer

66 Parmi les propositions suivantes, laquelle est correctement conjuguée au futur simple ?

1/ Nous irons au jardin et nous nous asseyerons sur un banc
2/ Nous irons au jardin et nous nous assoirons sur un banc
3/ Nous irons au jardin et nous nous asseillerons sur un banc
4/ Nous iront au jardin et nous nous assoirons sur un banc
5/ Nous irons au jardin et nous nous assiéront sur un banc

67 Parmi les propositions suivantes, laquelle est incorrecte ?

1/ Le ciel est magnifique cette nuit, profitons de la clarté de la lune
2/ Les enfants savent parfois faire preuve de méchanceté
3/ Durant le festival de Cannes, le public aime assister à la monté des marches
4/ Profitez de la balade et de la beauté des paysages
5/ Chaque été, des milliers d'animaux sont abandonnés, cela m'inspire

68 **Parmi les propositions suivantes, laquelle est correcte ?**

1/ Le plus navrant était d'entendre ces appels auquel personne ne répondait
2/ Le vent soufflait à travers les ruines auquel la lune prêtait un aspect effrayant
3/ Elle cacha les billets de cent euros auquel il ne fallait pas toucher
4/ Il a coupé les haies aux pieds desquels des fraises abondaient
5/ Il se dirigea vers les rivières au milieu desquelles les enfants avaient plongé

69 **« Les frontières de la liberté » est une figure de style. Laquelle ?**

1/ La paronomase
2/ La redondance
3/ L'anaphore
4/ L'oxymore
5/ L'hyperbole

70 **Parmi les propositions suivantes, laquelle est correcte ?**

1/ L'aigle vrombit
2/ L'alouette turlute
3/ Le bouc craille
4/ Le buffle brait
5/ Le chameau brame

71 **Parmi les propositions suivantes, laquelle est correcte ?**

1/ Je vous ai rendu les livres que vous m'avez prêtées
2/ Je vous ai rendus les livres que vous m'avez prêté
3/ Je vous ai rendus les livres que vous m'avez prêtés
4/ Je vous ai rendu les livres que vous m'avez prêté
5/ Je vous ai rendu les livres que vous m'avez prêtés

72 **Parmi les propositions suivantes, laquelle est correcte ?**

1/ Je t'entends mal, la connection est mauvaise
2/ Je t'entends mal, la conexion est mauvaise
3/ Je t'entends mal, la connexion est mauvaise
4/ Je t'entends mal, la conection est mauvaise
5/ Je t'entends mal, la conéction est mauvaise

73 **Parmi les propositions suivantes, laquelle est correctement conjuguée au passé simple de l'indicatif ?**

1/ Vous tîntes un discours merveilleux hier, Charles
2/ Je pouvai chanter à la Scala grâce à mon talent
3/ Je parcouris ce livre afin de trouver le code
4/ Tu croyas en cet ami mais fus très déçu
5/ Vous cousiez cette robe pour faire plaisir à ma fille

74 Parmi les propositions suivantes, laquelle n'est pas un synonyme du verbe « induire » ?

1/ Engager
2/ Inférer
3/ Conclure
4/ Afférer
5/ Conduire

75 Parmi les propositions suivantes, laquelle est correcte ?

1/ L'écart culturel est, par essort, dynamique
2/ Il ne pose pas d'emblé une nature humaine
3/ S'écarter, c'est sortir des sentierts battus
4/ Aristote tente une percée dissidente vis-avis de Platon
5/ On ne peut penser la nature humaine comme tombée des nues

76 Parmi les propositions suivantes, laquelle est correcte ?

1/ Il est temps de se réconcilier, il nous a offert le callummet de la paix
2/ Il est temps de se réconcilier, il nous a offert le callumait de la paix
3/ Il est temps de se réconcilier, il nous a offert le calumet de la paix
4/ Il est temps de se réconcilier, il nous a offert le calumais de la paix
5/ Il est temps de se réconcilier, il nous a offert le qualumet de la paix

77 Parmi les propositions suivantes, laquelle est correcte ?

1/ Adèle, sous l'influence de son frère élisit domicile dans le quartier de Belleville
2/ Elle s'occupa du ménage, cousa les vêtements déchirés
3/ Sabine avait étée informer qu'elle devait partir au plus vite
4/ Elle avait remplit un formulaire pour pouvoir rester plus longtemps
5/ Elle avait cru que tout était en ordre pourtant

78 Parmi les propositions suivantes, laquelle est incorrecte ?

1/ Il a des yeux bleus-azur magnifiques
2/ Elle nous a offert un bouquet de tulipes rouges
3/ Les cirés jaunes des marins les protègent de la pluie
4/ Ses chaussures vertes ne s'accordent pas avec sa tenue
5/ Les corbeaux noirs effraient les enfants

79 **Parmi les propositions suivantes, laquelle est incorrecte ?**

1/ Quoique les bateaux soient magnifiques, je n'irai pas au Tonnerre de Brest
2/ Elle est bien soignée et est assurée d'en sortir quoiqu'il arrive
3/ Quoique ruiné, il donna de l'argent au clochard de sa rue
4/ Je voulais le croire honnête, quoi qu'il ait fait
5/ Quoi qu'il en soit, Alice ira au Luxembourg

80 **Comment agit une personne qui a une attitude « coercitive » ?**

1/ Elle est sous l'effet de drogues
2/ Elle agit de manière violente
3/ Elle a des pertes de mémoire
4/ Elle agit sous la contrainte
5/ Elle commet une trahison

81 **Quel mot complète cette phrase extraite du *Portrait de Dorian Gray* d'Oscar Wilde : « Il prêtait quelque attention à la gestion de ses mines de charbon dans les comtés du Midland, trouvant une excuse pour cette industrielle dans le seul fait que posséder du charbon permettrait à un gentilhomme de faire faire des feux de bois dans sa cheminée. » ?**

1/ Dérogeance
2/ Dérangeance
3/ Dérongance
4/ Dérongeance
5/ Déranguance

82 **Parmi les propositions suivantes, laquelle est correcte ?**

1/ De manière générale, les enfants n'aiment pas les piqüres
2/ De manière générale, les enfants n'aiment pas les piqûres
3/ De manière générale, les enfants n'aiment pas les piqures
4/ De manière générale, les enfants n'aiment pas les picures
5/ De manière générale, les enfants n'aiment pas les picûres

83 **Parmi les propositions suivantes, laquelle est correcte ?**

1/ Cet homme est agréable, il fait preuve de beaucoup de defférence et de respect
2/ Cet homme est agréable, il fait preuve de beaucoup de déphé-rence et de respect
3/ Cet homme est agréable, il fait preuve de beaucoup de déférance et de respect
4/ Cet homme est agréable, il fait preuve de beaucoup de déférence et de respect
5/ Cet homme est agréable, il fait preuve de beaucoup de défèrance et de respect

84 **Parmi les propositions suivantes, laquelle est correcte ?**

1/ Alice a visité le musée Wallraf aujour'dhui
2/ Ce musé a été créé il y a plus de deux cents ans
3/ En fait ce musé existe depuis plus de deux cent ans
4/ Alice a pu le voir auj'ourdhui car elle n'avait pas de travail
5/ Aujourd'hui ce musée est gratuit pour les étudiants

85 **Parmi les propositions suivantes, laquelle est correcte ?**

1/ Au Pagaillou, tous les lundis des mois de juillet et août, c'est paëlla
2/ Au Pagaillou, tous les lundi des mois de juillet et août, c'est paëlla
3/ Au Pagaillou, tout les lundi des mois de juillet et août, c'est paëlla
4/ Au Pagaillou, tout les lundis des mois de juillet et août, c'est paëlla
5/ Au Pagaillou, tous les lundi des moi de juillet et août, c'est paëlla

Texte

Source : Claire Lecœuvre, « Un label agricole toujours moins exigeant », *Le Monde Diplomatique*, juin 2017, p. 17

QUAND LE BIO DÉNATURE LE BIO

par Claire Lecœuvre

Démarche vertueuse en termes d'emploi, d'utilisation des ressources et de santé publique, l'agriculture biologique progresse rapidement en France. Alléchées, l'industrie agroalimentaire et la grande distribution entendent bien s'emparer de ce marché. Au risque d'en effacer les fondements en faisant pression sur la Commission européenne pour réduire les exigences de qualité.

« *Rien ne ressemble plus à une pomme qu'une autre pomme, lance M. Claude Gruffat, président-directeur général de Biocoop. Ce qui fait la différence, ce sont les valeurs.* » L'agriculture biologique représente désormais 5,7 % des surfaces agricoles françaises, soit trois fois plus qu'en 2002. Ce marché en pleine croissance attire d'importants groupes de transformation et de distribution, alors que les grandes surfaces alimentaires vendent déjà près de la moitié des produits estampillés « bio » (45 % pour la France en 2015). « *La bio n'est plus vue comme une valeur agronomique elle est de plus en plus valorisée comme n'importe quelle niche de marché* », constate Benoît Leroux, maître de conférences en sociologie à l'université de Poitiers.

L'agriculture biologique est née d'une contestation de la production intensive et du modèle économique de l'industrie agroalimentaire. Les approches alternatives apparaissent dès les années 1920, tandis que les premiers groupes se structurent entre 1950 et 1960[1]. Créée en 1964, l'association Nature et Progrès permet la reconnaissance du mouvement. Celui-ci milite pour redonner aux agriculteurs une plus grande autonomie vis-à-vis des intermédiaires. Pour gagner la confiance des consommateurs, nécessaire à la valorisation de leurs produits et à leur développement, les militants entrent dans une phase d'institutionnalisation.

En 1978, Nature et Progrès met en place le premier cahier des charges technique, tandis qu'est créée la Fédération nationale d'agriculture biologique (FNAB). La Fédération internationale du mouvement de l'agriculture biologique (Ifoam) détermine un peu plus tard quatre grands principes : la santé des sols, des plantes, des animaux et des hommes, considérée comme une et indivisible ; l'écologie, en s'accordant avec les écosystèmes et leurs cycles, en les imitant et en les aidant à se maintenir ; l'équité, à la fois dans les rapports entre les êtres humains et à l'égard des autres créatures vivantes ; et la précaution, par une conduite prudente et responsable.

Producteurs sous pression

« *L'État français ne reconnaît qu'en 1980 une agriculture qui n'utilise pas de produits de synthèse, explique Benoît Leroux. Il faut même attendre 1988 pour que le nom d'"agriculture biologique" soit adopté comme tel.* » Cette reconnaissance ne prend en compte que l'absence de pesticides, évacuant d'emblée la

1 1 Benoît Leroux, « L'émergence de l'agriculture biologique en France : 1950-1990 », Pour, n° 227, Paris, février 2016.

vision sociale portée par les paysans. Cette logique se perpétue en 1991, lors de la création de la réglementation européenne. Depuis, l'harmonisation imposée par l'Union européenne n'a pas arrangé les choses. La première révision, appliquée en 2009, a entraîné la disparition de la possibilité pour chaque État d'imposer un cahier des charges plus rigoureux, comme c'était le cas en France.

Engagée depuis 2013, l'actuelle révision de la réglementation européenne fait craindre la disparition de principes fondamentaux. Les batailles entre le Conseil des ministres, le Parlement et la Commission européenne, censées aboutir prochainement à un nouveau règlement européen, témoignent de la volonté de certains gouvernements de favoriser l'agro-industrie. Après quatorze trilogues[2] et quatre présidences du Conseil des ministres, soit la plus longue négociation agricole de l'histoire, aucun accord n'a été trouvé sur plusieurs points litigieux.

Exemple : le Conseil des ministres européen souhaite autoriser (sous conditions de latitude ou d'altitude) la culture hors sol. Imaginer des cultures en bacs qui faciliteraient une industrialisation fait bouillir des associations comme la FNAB. Les ministres invoquent son acceptation aux États-Unis pour l'imposer en Europe, au nom de la concurrence et de la reconnaissance mutuelle des cahiers des charges. « *Les Pays-Bas – principal pays producteur de tomates en Europe – soutiennent cette proposition, explique le député européen José Bové. Comme l'Italie et le Luxembourg.* » Alors que les membres du Groupe des Verts - Alliance libre européenne martelaient qu'ils ne fléchiraient pas, des voix se sont fait entendre pour réclamer l'arrêt des négociations.

Autre point de blocage : le passage d'une obligation de moyens (ne pas utiliser de produits chimiques) à une obligation de résultats (retrait de la certification si de tels produits sont décelés). Or des contaminations peuvent se produire en provenance de champs voisins. Mais le Conseil des ministres ne veut pas entendre parler d'un fonds d'indemnisation des agriculteurs bio concernés, ni de la mise en cause des véritables responsables.

Pour Ève Fouilleux, directrice de recherche au Centre national de la recherche scientifique (CNRS), le problème est plus profond. Aujourd'hui, les agriculteurs sont contrôlés par des organismes certificateurs privés, indépendants et payés par le producteur. En France, ceux-ci sont accrédités par une section du Comité français d'accréditation (Cofrac), un organisme public. Cette manière de procéder a été imposée par les normes européennes[3]. Il en existe une autre : le système participatif de garantie, reconnu notamment par le Brésil, le Chili et l'Inde. C'est celui qu'utilise Nature et Progrès, dont la certification n'est pas reconnue par l'Union européenne. Les agriculteurs ainsi que les consommateurs se réunissent localement par groupes pour vérifier les pratiques de chacun. « *Les normes actuelles enferment dans une pensée marchande et entraînent une dépolitisation. Le système participatif permet au contraire un échange de pratiques et l'implication de consommateurs et de citoyens dans le processus* », fait valoir Ève Fouilleux[4].

Dans ce contexte, une grande diversité d'agriculteurs bio et de transformateurs a vu le jour. Derrière un discours environnemental bien lisse, les arguments économiques conduisent à saper les normes internationales au nom de la rentabilité. Carrefour, Monoprix, Système U créent de nouvelles filières, des marques de distributeur, des magasins spécialisés, en investissant dans des partenariats avec des groupements de producteurs. « *Pour l'instant, la demande demeure si forte que les prix sont corrects. Celui du lait est de 30 à 40 % supé-*

---

2 Réunions tripartites informelles auxquelles participent des représentants du Parlement européen, du Conseil et de la Commissi on.

3 Ika Darnhofer, Thomas Lindenthal, Ruth Bartel-Kratochvil et Werner Zollitsch, « Conventionalisation of organic farming practices : From structural criteria towards an assessment based on organic principles », *Agronomy for Sustainable Development*, vol. 30, no 1, Les Ulis, mars 2010.

4 Ève Fouilleux et Allison Loconto, « Voluntary standards, certification and accreditation in the global organic agriculture field : A tripartite model of techno-politics », *Agriculture and Human Values*, vol. 34, no 1, Berlin, 2016.

rieur à celui du conventionnel. Il ne faudrait pas que, sur le long terme, les prix soient tirés vers le bas. Or cela a toujours été la politique des grandes et moyennes surfaces [GMS] », analyse Marc Benoît, économiste et codirecteur du Comité interne de l'agriculture biologique de l'Institut national de la recherche agronomique (INRA). Une fois que la grande distribution aura la mainmise sur ce marché, elle risque de faire pression pour réduire les coûts.

La filière œufs préfigure-t-elle l'évolution en cours ? Son cahier des charges limite le nombre de poules par bâtiment à trois mille ; mais il ne limite pas le nombre de bâtiments et prévoit un espace plus petit que le Label rouge (quatre mètres carrés par poule au lieu de cinq). En Italie, l'entreprise Eurovo se vante de posséder des élevages bio de 90 000 et 250 000 poules pondeuses près de Florence. Les impératifs de rentabilité ont largement pris le pas sur les valeurs de la bio. En France, 78 % des œufs bio sont vendus dans les GMS et les magasins spécialisés dans les rabais. Les producteurs restent très dépendants des fournisseurs d'aliments, même si 20 % de la nourriture des animaux doit provenir de l'exploitation ou, à défaut, de la région. « *Très peu produisent leurs propres aliments en bio. Même s'ils produisent la matière première, les céréales, ils les revendent au fabricant d'aliments, car les formules sont très techniques, et plus encore en bio* », indique Mme Pascale Magdelaine, la directrice du service économie de l'Institut technique de l'aviculture.

La dépendance est aussi forte à l'égard des centres de conditionnement qui achètent les œufs aux producteurs pour les revendre aux supermarchés ou aux industries agroalimentaires. Certaines entreprises comme Cocorette et Matines proposent d'ailleurs des contrats d'intégration. Elles achètent tout : les bâtiments, les poulettes, et fournissent même les aliments – bio, évidemment. Le producteur n'est alors qu'un simple prestataire qui n'a plus de pouvoir ni sur le prix qu'on lui paie ni même sur ce qu'il produit et la façon dont il le produit. Avec les marques de distributeur, les agriculteurs perdent toute autonomie : « *Les marques peuvent facilement changer de centre de conditionnement pour un autre moins cher* », témoigne M. Bernard Devoucoux, président de la commission bio du Syndicat national des labels avicoles de France.

La situation n'est guère meilleure dans la filière lait. Producteur, M. Vincent Perrier témoigne d'un problème d'écoute : « *Je suis parti en bio pour travailler différemment. Je cherchais aussi un modèle de développement harmonieux pour tous. J'ai d'abord continué chez Danone ; le bio partait pour sa filiale Les 2 Vaches. On me disait seulement : "Il y a un prix et si vous ne pouvez pas, c'est que vous avez un problème de compétitivité, on va voir ailleurs."* » Il a préféré claquer la porte et contacter Biolait, qui permet aux producteurs de se regrouper pour mieux peser : « *Nous décidons ensemble de notre prix, le même pour tous.* »

Se regrouper pour être plus fortes : c'est aussi le but des coopératives agricoles, dont le fonctionnement n'a pourtant plus rien de démocratique aujourd'hui. Conscients de ce risque de dérive, les adhérents de Biolait et de bien d'autres structures, tel Biocoop pour la distribution, essaient de ne pas tomber dans les mêmes travers en conservant une vision commune : celle du changement de société. « *La capacité collective des producteurs à peser sur le changement d'échelle est un des garde-fous de cette transformation. C'est ce qu'essaient de faire des organisations économiques de producteurs biologiques comme Biolait, Bio Loire Océan, BioBreizh et d'autres* », explique Ronan Le Velly, maître de conférences en sociologie[5].

Défendu fermement par la FNAB, l'accompagnement des agriculteurs joue un rôle-clé. Dans un système biologique, la reconfiguration globale de l'exploitation – et pas seulement la substitution d'intrants chimiques par d'autres agréés en bio – s'avère essentielle pour perdurer dans le temps. « *Les agriculteurs bio qui réussissent sont ceux qui ont un système complexe. Il n'y a pas de recette unique. Les agriculteurs ont besoin de connaissances agronomiques, et bon nombre d'entre eux ont perdu ces bases-là* », analyse Marc Benoît.

5 Ronan Le Velly, *Sociologie des systèmes alimentaires alternatifs. Une promesse de différence*, Presses des Mines, Paris, 2017.

→

Une approche uniquement technique

« *Aujourd'hui, les agriculteurs bio sont pour la plupart des nouveaux convertis ou installés, observe Benoît Leroux. Certes, il existe maintenant des formations en bio. Mais il y a une forme d'atavisme professionnel. L'agriculture biologique remet en question le modèle considéré comme celui du progrès. Dans le milieu, la bio est toujours décriée comme étant incapable de nourrir la planète.* » Incarnation du productivisme, la Fédération nationale des syndicats d'exploitants agricoles (FNSEA) dispose pourtant désormais de sa propre commission bio. « *Si on ne fait que répéter qu'il faut une modification totale de l'exploitation, en culpabilisant les gens, les agriculteurs ne vont pas se convertir* », affirme M. Rémy Fabre, l'un de ses membres.

Du côté des chambres d'agriculture, on explique que les possibilités d'accompagnement sont limitées par l'impératif d'efficacité économique : « *Nous avons des moyens contraints. Un conseiller agricole ne peut pas se contenter d'accompagner dix agriculteurs ; il doit suivre quatre-vingts à cent exploitations. Il n'y a que des groupements bio, des syndicats, qui peuvent faire ce travail pour défendre leur système de pensée, estime M. Jacques Pior, responsable national du développement de l'agriculture biologique au sein de l'Assemblée permanente des chambres d'agriculture. En tant qu'organisme public, nous devons nous occuper de tous les agriculteurs, nous ne pouvons pas opérer une ségrégation entre eux.* »

Fin 2016, le président de la région Auvergne-Rhône-Alpes, M. Laurent Wauquiez (Les Républicains), a décidé de transférer l'accompagnement technique, jusque-là réalisé par des associations réunies au sein de Corabio, vers les chambres d'agriculture. Cette mesure s'est accompagnée de la suppression des financements aux associations de soutien à l'agriculture paysanne telles que Terre de liens. Or, si les chambres d'agriculture détiennent de réelles compétences, la généralisation d'une approche exclusivement technique exclut toute vision philosophique ou éthique.

En s'intégrant aux circuits classiques et aux logiques financières dominantes, l'agriculture biologique, censée représenter une solution de rechange à un système global, ne risque-t-elle pas de perdre son âme ? Déjà, une bio à deux vitesses se dessine. La première, guidée par les nouveaux acteurs de ce marché, se cale sur un respect minimal des normes, quitte à reproduire les aberrations et les inégalités du système conventionnel. La seconde tente de préserver sa spécificité en renforçant ses engagements par des chartes, des labels plus exigeants ou des groupements de producteurs. Reste à savoir si les consommateurs auront les moyens de faire la différence.

Claire Lecœuvre
Journaliste

Questions

86 Parmi les propositions suivantes, laquelle correspond à un synonyme du terme « atavisme » employé par l'auteure dans le texte ?

1/ Permutation
2/ Héritage
3/ Subrogation
4/ Vocation
5/ Révélation

87 En quelle année l'agriculture biologique a-t-elle été règlementée au niveau européen ?

1/ En 1960
2/ En 1964
3/ En 1980
4/ En 1991
5/ En 2009

88 Parmi les pays suivants, cités dans l'article, lequel a mis en place un système participatif de garantie, donnant la possibilité aux groupements de producteurs eux-mêmes de contrôler le respect des cahiers de charges et la qualité des produits en agriculture biologique ?

1/ Le Luxembourg
2/ L'Italie
3/ Les États-Unis
4/ La France
5/ L'Inde

89 D'après le codirecteur du comité interne de l'agriculture biologique de l'INRA, quelle est la difficulté rencontrée par les agriculteurs qui souhaitent s'installer ou se convertir à une agriculture biologique ?

1/ Le faible pourcentage de subventions de la PAC attribuées aux agriculteurs bio
2/ La conception d'une ferme bio nécessite des connaissances en agronomie bien plus pointues que celle d'une ferme conventionnelle
3/ Les règlementations européennes sont trop contraignantes et strictes pour être respectées
4/ Les rendements des parcelles sont bien moins importants et les fermes bio produisent moins
5/ Les prix des produits sont trop chers et la demande des consommateurs insuffisante pour vivre de sa production

90 Quel est, pour les producteurs, l'intérêt de faire partie d'une coopérative comme BioBreizh, d'après le texte ?

1/ L'assurance de meilleures subventions de la part de l'État
2/ L'accès au marché de la grande distribution, difficile pour un agriculteur isolé
3/ L'assurance de protéger leurs conditions de travail et de fixer leurs prix
4/ L'assurance de rencontrer leurs acheteurs via la vente en direct
5/ L'aide à la conversion en agriculture biologique

91 Quel reproche fait à l'agriculture biologique freine son développement et la conversion de nouveaux agriculteurs, d'après Benoît Leroux ?

1/ Les produits biologiques sont trop coûteux
2/ L'agriculture biologique utilise, comme l'agriculture conventionnelle, certains pesticides naturels
3/ Elle ne bénéficie pas de subventions suffisantes de l'État et de l'Union européenne
4/ La qualité de ses produits est mal contrôlée
5/ On considère que son rendement n'est pas suffisant pour nourrir la population à une échelle mondiale

92 Parmi les personnalités suivantes, laquelle estime que le système de contrôle qualité appliqué à l'agriculture biologique, effectué par des organismes privés, dépolitise les pratiques du bio pour les assujettir à des logiques marchandes ?

1/ Marc Benoît
2/ José Bové
3/ Pascale Magdelaine
4/ Ève Fouilleux
5/ Ronan Le Velly

93 Parmi les propositions suivantes, laquelle ne correspond pas aux conditions de production et de vente d'œufs biologiques telle qu'elle est décrite dans le texte ?

1/ Les poules ne doivent pas être plus de trois mille dans un même bâtiment
2/ 20 % de la nourriture des volailles pondeuses doit avoir une origine locale
3/ 78 % des œufs bio sont distribués dans des magasins de grande distribution ou spécialisés dans le rabais des prix
4/ Les œufs transitent le plus souvent par des centres de conditionnement avant de se retrouver sur les étals des distributeurs
5/ Le label rouge prévoit un espace de quatre mètres carrés par poule

94 D'après le texte, parmi les entreprises suivantes, laquelle propose des contrats dans lesquels les producteurs perdent leur autonomie pour devenir des prestataires ?

1/ Danone
2/ Les 2 Vaches
3/ Biocoop
4/ Matines
5/ Biolait

95 Parmi les personnalités suivantes, citées dans l'article, laquelle travaille au sein de l'Assemblée permanente des chambres d'agriculture ?

1/ Rémy Fabre
2/ Ika Darnhoffer
3/ Claude Gruffat
4/ Bernard Decouvoux
5/ Jacques Pior

96 Parmi les propositions suivantes, laquelle ne correspond pas aux informations données dans l'article ?

1/ Ronan Le Velly est l'auteur d'un livre de sociologie sur les alternatives au système agroalimentaire en place
2/ L'association Terres de Liens a vu ses subventions diminuer en 2017
3/ Les exploitations bio représentent 5,7 % des surfaces agricoles en France
4/ Le prix du lait bio est 30 % à 40 % plus élevé que celui du lait conventionnel
5/ Une proposition pour l'autorisation de la culture hors sol est à l'étude au sein de l'Union européenne

97 **D'après le texte, quel organisme a théorisé les principes éthiques de l'agriculture bio ?**

1/ Nature et Progrès
2/ La FNAB
3/ L'INRA
4/ Le Cofrac
5/ L'Ifoam

98 **Quelle est la première et la plus ancienne association créée pour protéger l'autonomie des producteurs bio ?**

1/ Biocoop
2/ Terre de Liens
3/ Nature et Progrès
4/ Biolait
5/ Le Label rouge

99 **D'après le texte, quel risque, auquel sont confrontés les agriculteurs bio, n'est pas pris en compte par les autorités de l'Union européenne, et ne fait pas l'objet d'indemnisations ?**

1/ Les mauvaises conditions climatiques qui peuvent conduire à de mauvaises récoltes
2/ La pollution des nappes phréatiques qui peut contaminer les champs
3/ La pollution des sols par une activité industrielle à proximité qui peut contaminer les champs
4/ Les catastrophes naturelles telles que les inondations ou les feux de forêt qui peuvent détruire des exploitations
5/ La contamination de parcelles par des produits phytosanitaires issus de champs voisins

100 **Parmi ces propositions, laquelle reflète le mieux la conclusion de l'auteure pour cet article ?**

1/ L'adaptation de l'agriculture biologique au système de l'agroalimentaire, tel qu'il existe aujourd'hui, peut compromettre le projet originel de changement de mode de consommation et de production qui l'a fait émerger
2/ La mainmise de grosses entreprises de l'agroalimentaire sur le marché des produits biologiques a compromis les idées novatrices des agriculteurs bio
3/ Les exigences techniques appliquées à la production biologique sont trop contraignantes pour que cette agriculture soit rentable dans le système agroalimentaire tel qu'il existe aujourd'hui
4/ Les marques de distributeurs spécialisées dans le bio tendent à occuper tout le marché, étouffant les petits producteurs
5/ Les consommateurs sont incapables de différencier les filières bio industrialisées des coopératives de petits producteurs

Épreuve de raisonnement logique et numérique

101 **Quel terme complète la suite logique suivante : U14, 4EU24, 2018OI19, 17UA2018E, ... ?**

① 14E17U246519
② 13A1838E
③ 19E1620
④ 3I1417
⑤ 39N17

102 **Soit tous les nombres obtenus par permutation de 24 468. Combien de ces nombres sont compris entre 30 000 et 70 000 ?**

① 24
② 30
③ 36
④ 48
⑤ 60

103 **Six personnes sont assises autour et face à une table ronde. Gendry est assis entre Daenerys et Eddard, deux personnes séparent Arya et Daenerys, et Arya est juste à gauche de Cersei. Qui est à gauche de Brienne ?**

① Arya
② Cersei
③ Daenerys
④ Eddard
⑤ Gendry

104 Le plan de ce musée indique le nombre de personnes présentes dans chacune des douze salles. Un agoraphobe n'a le temps de visiter que six salles et veut croiser le moins possible de personnes. Combien devra-t-il en voir au minimum ?

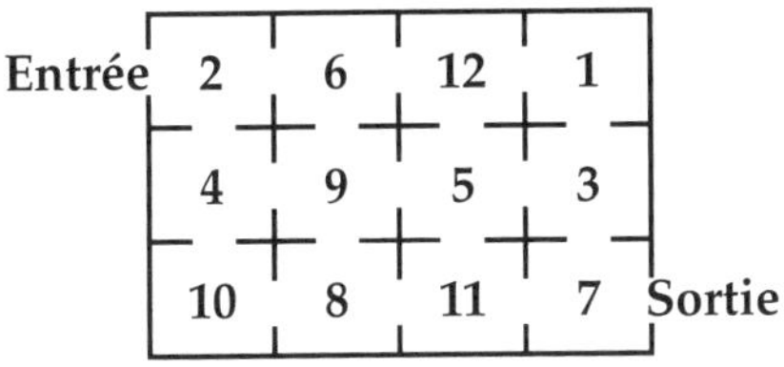

① 29
② 30
③ 31
④ 32
⑤ 33

105 Une entreprise réalisait l'an passé 8 % de parts de marché sur un produit. Cette année, ses ventes ont augmenté de 25 % tandis que le volume global des ventes a diminué de 20 %. Quelle est approximativement la part de marché réalisée cette année par cette entreprise ?

① 10 %
② 12,5 %
③ 15 %
④ 20 %
⑤ 41,25 %

106 Dans la grille ci-dessous, on considère que chaque case est à une case de distance des huit cases qui l'entourent. Quel nombre dans la grille est à 2 cases de lui-même plus 5, à 3 cases de lui-même multiplié par 3, à 2 cases de lui-même plus 2, à 1 case de lui-même multiplié par 2 et à 2 cases de lui-même multiplié par 5 ?

75	27	58	20	61	73
3	61	66	26	55	62
44	17	13	19	18	39
60	59	35	51	37	36
65	56	15	35	31	22
49	39	61	8	44	33

① 3
② 13
③ 19
④ 22
⑤ 31

107 Le coefficient de corrélation linéaire entre 2 variables X et Y est égal à 0,8. Sans information complémentaire, parmi les affirmations suivantes, quelle est celle qui est correcte ?

A. Quand les valeurs de X augmentent, celles de Y diminuent.
B. 80 % de la variation de la variable de Y est due à une régression de X.
C. Les points formés par les couples (Xi;Yi) se répartissent autour d'une droite ayant une pente positive.
D. Les points formés par les couples (Xi;Yi) se répartissent autour d'une droite ayant un coefficient directeur de 0,8.
E. Les points formés par les couples (Xi;Yi) se répartissent autour d'une droite coupant l'axe des ordonnées en 8.

① A
② B
③ C
④ D
⑤ E

108 De combien de jours a-t-on dépassé le jour de l'an, si quinze jours auparavant, le 14 juillet était dépassé d'un nombre de jours six fois supérieur ?

① 25
② 28
③ 30
④ 31
⑤ 35

109 Une pièce d'un jeu de domino particulier comporte deux ensembles de points, entre zéro et huit (au lieu de six dans la version la plus connue), séparés par une ligne. Chaque pièce est unique, il n'existe qu'un exemplaire associé à deux chiffres donnés. Combien de pièces composent ce jeu de domino ?

① 32
② 42
③ 45
④ 64
⑤ 81

110 **Que va afficher ce petit programme informatique ?**

A = 20
C = A + 10
B = C – A
D = B + 15
C = C – 5
B = 3A – C
A = B – D
SI (A > B) ALORS AFFICHER(valeur(A) – valeur(B) – valeur(C))
SINON AFFICHER(valeur(B) – valeur(C) – valeur(D))

① 35 – 25 – 25
② 25 – 25 – 50
③ 15 – 5 – 20
④ 10 – 35 – 25
⑤ 50 – 15 – 25

111 **Un afficheur digital est un affichage qui se fait à l'aide de segments, comme sur cette image. Chaque chiffre est dessiné à l'aide de 7 segments allumés ou éteints selon les cas (ici nous avons affiché le nombre 41). Supposons que ces deux chiffres représentent les minutes sur une montre, quel(s) segment(s) est (sont) le plus souvent allumé(s) sur le chiffre de gauche ?**

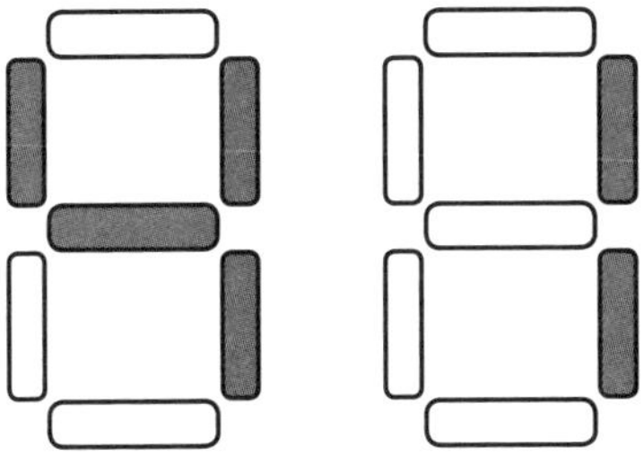

① L'horizontal en haut
② Le vertical haut droit et le vertical bas gauche
③ Les deux verticaux à droite
④ L'horizontal central
⑤ Le vertical haut gauche et le vertical bas droite

112 **Soit le système suivant :**
Combien vaut V_4 ?

$$\begin{cases} u_0 = 1 \\ v_0 = 2 \\ u_{n+1} = (2 \times v_n) - 1 \\ v_{n+1} = (2 \times u_n) - 1 \end{cases}$$

① 1
② 13
③ 15
④ 17
⑤ 19

113 **Dans le tableau ci-dessous, la ligne Résultat est une combinaison logique entre les lignes Valeur 1, Valeur 2 et Valeur 3. Quelle valeur doit remplacer le point d'interrogation dans la dernière cellule du tableau ?**

Valeur 1	8	25	376	6 152
Valeur 2	4	71	218	2 319
Valeur 3	3	39	604	4 521
Résultat	5	46	386	?

① 1 631
② 1 769
③ 2 202
④ 3 833
⑤ 3 843

114 **Trois sociétés sont cotées en bourse et le cours de leurs actions respecte les propriétés suivantes :**

– Entreprise 1 : le cours monte 60 % du temps sinon baisse
– Entreprise 2 : le cours monte 75 % du temps sinon baisse
– Entreprise 3 : le cours monte 40 % du temps sinon baisse

On choisit un jour au hasard. Quelle est la probabilité que les cours aient suivi la même tendance ce jour là (tous en hausse, ou tous en baisse) ?

① 12,5 %
② 20 %
③ 22 %
④ 24 %
⑤ 25 %

115 **Dans les années 1990, l'équipe de France de handball gagnait 85 % de ses matchs quand Jackson Richardson jouait, et seulement six sur dix quand il ne jouait pas. Sachant qu'il a joué 8 matchs sur 10 de l'équipe de France lors de cette période, et que la France a battu l'Espagne 23 à 20 lors des Championnats du monde 1995, quelle est la probabilité que J. Richardson ait joué ce match ?**

① 1 chance sur 2
② 1 chance sur 5
③ 3 chances sur 5
④ 3 chances sur 20
⑤ 7 chances sur 8

116 Voici une information extraite d'une étiquette d'une sauce allégée au pesto : « contient 9 % de matières grasses, soit 60 % de moins que les sauces traditionnelles ». Quel pourcentage de matières grasses contiennent les sauces traditionnelles ?

① 12,60 %
② 14,40 %
③ 21,60 %
④ 22,50 %
⑤ 60 %

117 Des poissons sont placés dans deux seaux, un rouge et un bleu, juste à côté l'un de l'autre. Ils peuvent néanmoins discuter entre eux à travers les parois. Un des poissons du seau bleu dit à un des poissons de l'autre seau : « Si tu nous rejoins dans notre seau, notre nombre sera le double du vôtre. » L'autre lui répond alors « Si c'est toi qui vient chez nous, on sera vingt-cinq pour cent plus nombreux que vous. » Combien y-a-t-il de poissons dans le seau rouge ?

① 3
② 5
③ 7
④ 9
⑤ 11

118 En considérant le tableau de valeurs suivant :

i	1	2	3
x_i	1,3	2,2	4,5

Pour n = 3, quelle est l'écriture algébrique correspondant au calcul suivant :
$4{,}5^2 + 2 \times 2{,}2^2 + 3 \times 1{,}3^2$?

① $\sum_{i=1}^{n} i x_{i-1^2}$
② $\sum_{i=n}^{n} {x_{i+1}}^2$
③ $\left(\sum_{i=1-1}^{1} (n-i) x_i\right)^2$
④ $\sum_{i=0}^{n-1} (n-1) {x_{i-1}}^2$
⑤ $\sum_{i=n-1}^{0} i x_{i^2}$

119 **Il y a 10 950 000 accidents domestiques par an en France, 1 sur 500 de ces accidents est mortel. La répartition des lieux de ces accidents s'établit ainsi : 24 % dans le jardin, 10 % dans le séjour, 15 % dans les escaliers, 7 % dans les chambres, 4 % dans la salle de bains, 15 % sur le toit ou dans la cave et le grenier, et le reste des accidents se produit dans la cuisine. Combien en moyenne comptabilise-t-on par jour de décès dans les chambres, les salles de bains ou le jardin ?**	① 18 ② 19 ③ 20 ④ 21 ⑤ 22
120 **Quelle est la valeur de l'expression suivante $(\sqrt{8} + \sqrt{18})^2$?**	① $2 \times \sqrt{8}$ ② $2 \times \sqrt{18}$ ③ $26 + 2 \times \sqrt{8}$ ④ 50 ⑤ $26 + 2 \times \sqrt{18}$

épreuve de compréhension et expression écrite en anglais

1re partie : expression – 35 questions

121 **I need to make a telephone call to my boss in Seattle so I need … privacy so as not to be disturbed.**

1/ A
2/ Yet
3/ Even
4/ Some
5/ Among

122 **The popular TV programme attracted enormous … figures.**

1/ Viewer
2/ Views
3/ Seeing
4/ Seen
5/ Viewed

123 **Up … recently the young actor was relatively unknown.**

1/ At
2/ Until
3/ Just
4/ For
5/ Since

124 **Eurotech's intention to buy into the communications market has been secret for a long time but is sure to be leaked … .**

1/ Soon or later
2/ Soonest or latest
3/ Sooner or later
4/ Later or sooner
5/ Late or soonest

125 **We regret that we are currently unable to complete your order but we will do … as soon as we receive the parts you have requested.**

1/ Therefore
2/ So
3/ Such
4/ Too
5/ Then

126 **Our neighbours finally decided … this year.**

1/ Not to move
2/ Moves
3/ Not moved
4/ Moving
5/ Had moving

127 **It took some time before the possible consequences of the ship's collision with the iceberg began to … in.**

1/ Sink
2/ Slunk
3/ Bed
4/ Wander
5/ Land

128 **I've known him for years, … he arrived from Brazil.**

1/ For
2/ Since
3/ Where
4/ To
5/ By

129 **All members are obliged to … by the club's rules and regulations.**

1/ Support
2/ Respect
3/ Suffer
4/ Endure
5/ Abide

130 **Please tick the box, if you would … not receive regular e-mail updates from us.**

1/ Prefer
2/ Rather
3/ Better
4/ Like
5/ Wish

131 **We went over to Canada by boat … the Easter vacation and stayed … three weeks.**

1/ For / At
2/ Over / While
3/ To / For
4/ For / From
5/ During / For

132 **The current marketing campaign for the DR100 telephone is aimed at older people but … to be targeting young professionals.**

1/ Might
2/ Must
3/ Can
4/ Should
5/ Ought

133 **Please make sure that you forward your bank details … we can arrange for the transfer of the funds to your account.**

1/ Along with
2/ In order
3/ Because of
4/ Therefore
5/ So that

134 **He was the … paid employee in the company.**

1/ High
2/ Highly
3/ Higher
4/ Highest
5/ Height

135 **Mr. Thompson will phone for the update to the figures at 9 o'clock and so you must … them ready in plenty of time.**

1/ Do
2/ Have
3/ Prepare
4/ Finish
5/ Be

136 **The matter at … had been discussed for many hours by the committee before the vote was taken.**

1/ Foot
2/ Hand
3/ Object
4/ Cause
5/ Question

137 **Our range of consumer electrical products has been greatly reduced and will be … by the end of next year to be replaced by an enhanced range of professional products.**

1/ Phased out
2/ Given in
3/ Strung out
4/ Smoothed out
5/ Brought in

138 **The young man was … a suspended sentence.**

1/ Gave
2/ Give
3/ Giving
4/ Given
5/ Gives

139 **The demonstrators entered the amphitheatre where the CEO was presenting the annual report to the stockholders and had to be … removed by security.**

1/ Force
2/ Forces
3/ Forcing
4/ Forced
5/ Forcibly

140 **It has become clear over the years that Synchro Systems doesn't care about quality and is just … to make as much money as possible.**

1/ In
2/ For
3/ Of
4/ Off
5/ Out

141 **Mary was … injured in the car crash.**

1/ Fatal
2/ Finally
3/ Fatally
4/ Furiously
5/ Famously

142 **The Director criticized Mitch and Paul Ryan for … to include debt-ceiling negotiations in the Department of Veterans.**

1/ Fail
2/ Failure
3/ Failed
4/ Failing
5/ To fail

143 **Taking public transport to the airport can be very slow. Why don't you go by taxi ...?**

1/ Instead
2/ Except
3/ Although
4/ Rather
5/ Other

144 **... the members of the board have been asked to attend an extraordinary meeting on Wednesday.**

1/ All
2/ Every
3/ Each
4/ Either
5/ Whole

145 **Political parties begin to recognize women as an important part of the ... .**

1/ Elect
2/ Elects
3/ Elected
4/ Electorate
5/ Elect by

146 **All our electrical goods are much cheaper at the moment because of ... of as much as 30%.**

1/ Economies
2/ Debits
3/ Deviations
4/ Sales
5/ Discounts

147 **Last Wednesday, the president threatened a government shutdown, ... senators and argued that the media is unpatriotic.**

1/ To critic
2/ Criticized
3/ Criticizes
4/ Criticizing
5/ Critic

148 **The two groups were ... enemies but they agreed to cooperate in the face of a new threat.**

1/ Attested
2/ Certified
3/ Sworn
4/ Jury
5/ Agreed

149 **He was an ... reader from a young age.**

1/ Added
2/ Avid
3/ Varied
4/ Vivid
5/ Void

150 **A number of financial irregularities were discovered during the ... .**

1/ Aural
2/ Audit
3/ Audio
4/ Auction
5/ Action

151 **An investigation was launched … the incident.**

1/ Under
2/ At
3/ For
4/ Into
5/ Over

152 **This association is eligible … receive priority assistance from the government in its missions.**

1/ On
2/ At
3/ To
4/ By
5/ With

153 **On the campaign trail, the candidate promised … relocate the school in the city.**

1/ As
2/ At
3/ To
4/ Of
5/ For

154 **The young lady was … with a fine by a police officer for illegally parking.**

1/ Ensued
2/ Assured
3/ Issued
4/ Assigned
5/ Insured

155 **She has … been ambitious and hardworking.**

1/ Always
2/ Anyway
3/ Continuous
4/ Very
5/ Most

2e PARTIE : COMPRÉHENSION – 15 QUESTIONS

Texte

DELIVEROO ACCUSED OF CREATING "NEW VOCABULARY" TO AVOID SAYING COURIERS ARE EMPLOYEES

Checklist for managers includes saying "independent suppliers" rather than "staff" and "onboarding" rather than 'hiring'

The Guardian

Thursday 05 April 2017

1. Managers at **Deliveroo** have been given a list of "dos and don'ts" setting out how to talk to the firm's food delivery riders, using terms that appear designed to fend off claims that they are employees. In a six page document seen by the Guardian, Deliveroo says its couriers, who deliver takeaways, should always be referred to as "independent suppliers" – self-employed workers with few employment rights – rather than as employees, workers, staff or team members.

2. The business models of gig economy companies such as Deliveroo and taxi app Uber are based on using thousands of self-employed contractors rather than employees – a move which saves them millions of pounds in holiday pay, sick pay and tax. The workers have no right to the minimum wage. Deliveroo's guidance suggests the food delivery company's own staff could become confused by the definition of the riders' role. The document provides carefully worded example sentences to explain how work practices can be described – and how they can't.

3. Instead of hiring riders at a recruitment centre, for example, senior staff undertake "onboarding" at a "supply centre". They must also talk about riders' "availability" rather than refer to shifts. As an example it tells staff they should not tell riders "You did not attend a shift", and should instead say "You were unavailable to accept orders at a previously agreed time". Riders' branded outfits must not be described as uniform but only as "kit" or "equipment". The document's list of "dos and don'ts" also says that riders do not clock on but they log in (to the rider app), and says that staff dealing with riders pay should always refer to invoices, rather than payslips.A spokesperson for Deliveroo said: "We have almost 1,000 full-time staff and work with over 15,000 riders in the UK. We ensure that employees know how to work with our partners, which includes training and guidelines to follow when talking to customers, restaurants, and of course self-employed riders."

4. The "dos and don'ts" document has emerged as several groups of gig economy workers take legal action claiming they are employees or workers, with more employment rights than self-employed contractors. They include a group of Deliveroo couriers planning legal action against the food delivery firm claiming better employment rights including the minimum wage, sick pay and holiday. An initial 20 delivery riders involved in the case say they are employees and not, as the company argues, self-employed contractors.

5. In the latest challenge to employment conditions in the gig economy, the riders are seeking compensation for not receiving holiday pay and for being paid wages below the legal minimum for employees. Law firm Leigh Day, which says it has a total of 200 Deliveroo riders lined up to take similar action, argues that they are employees because they are required to carry out a trial shift, wear a uniform and paid at a set rate with no say on terms and conditions. Their movements are also closely monitored by Deliveroo and subject to performance review.

→

6. All of this terminology falls under the "don't" column in the Deliveroo document– with alternative wording supplied. It appears to indicate that language is a key factor in separating the definition of a self-employed contractor and an employee at Deliveroo. The Independent Workers Union of Great Britain is also fighting for the right of union recognition at Deliveroo in Camden and Kentish Town, London. Some of the concepts central to the union's case – such as the use of zones – also fall under the "don't" column. The union, which led strike action over changes to pay by riders in London last year and has also been campaigning for better pay for Brighton Deliveroo couriers, is applying to the central arbitration committee. In May it will begin the case by deciding if riders should be classed as self-employed or workers.

7. Jason Moyer-Lee, the general secretary of the IWGB, said: "This document is further evidence of what the IWGB has been saying all along. Deliveroo is operating a charade with regard to its employment practices. It has even found it necessary to create a whole new vocabulary to hide what is blindingly obvious to any objective observer." The action against Deliveroo is part of a wave of action against similar companies. Successful employment tribunal cases have already been brought by cycle couriers at CitySprint and Excel and drivers for taxi app Uber. All three cases found the riders were workers, meaning they are entitled to limited rights including holiday pay and the minimum wage, rather than self-employed contractors with no employment rights.

Questions

156 What is the article mainly about?

1/ Strike action by temporary workers in the UK
2/ Employment opportunities in the UK food delivery sector
3/ Working practices at a UK food delivery company
4/ Health and safety procedures in the UK service industry
5/ Changing trends in the UK restaurant sector

157 What have Deliveroo managers been instructed to do?

1/ Avoid using certain terms when communicating with riders
2/ Hire more riders
3/ Extend the range of products delivered by riders
4/ Guarantee riders a minimum wage
5/ Provide riders with company bikes

158 **According to the article, why have companies like Deliveroo developed a new business model?**

1/ To accelerate the delivery process
2/ To protect their employees
3/ To motivate their staff
4/ To reduce their costs
5/ To reassure their customers

159 **According to the guidance given by Deliveroo, which of the following words should managers avoid using?**

1/ Kit
2/ Clock on
3/ Onboarding
4/ Equipment
5/ Supply centre

160 **According to the Deliveroo spokesman, what does the company try to ensure?**

1/ That its riders receive training
2/ That restaurant managers avoid using certain terms
3/ That full-time staff respect company policy
4/ That riders receive the same benefits as full-time staff
5/ That full-time staff are trained

161 **Which of the following is NOT a reason why some Deliveroo riders have decided to take legal action?**

1/ To obtain better working conditions
2/ To receive higher wages
3/ To be eligible for paid sick leave
4/ To confirm their status as contractors
5/ To receive holiday pay

162 **According to Leigh Day, Deliveroo riders should be considered as employees because:**

1/ They are self-employed
2/ They are paid at variable rates of pay
3/ They can negotiate their terms of employment
4/ The work they do is physically demanding
5/ Their performance is evaluated by Deliveroo

163 **What does the journalist mention as an important criterion for determining the status of someone who works at Deliveroo?**

1/ Terminology
2/ Experience
3/ Language skills
4/ Availability
5/ Qualifications

164 **Which of the following is NOT mentioned as something that the Independent Workers Union has already done?**

1/ Encouraged some Deliveroo riders to refuse to attend work
2/ Defended workers' rights to belong to a trade union
3/ Won a legal case against Deliveroo
4/ Supported efforts to increase the remuneration of some riders
5/ Filed an application for arbitration

165 What does the journalist say about companies that are similar to Deliveroo?

1/ They are increasingly subject to litigation
2/ They have no reason to worry about the consequences of legal action
3/ They have already successfully defended themselves against legal action
4/ Their workers will never be entitled to additional rights
5/ They have refused to acknowledge the authority of employment tribunals

166 The word "setting out", in paragraph 1, could best be replaced by:

1/ Stipulating
2/ Mentioning
3/ Recommending
4/ Initiating
5/ Commenting

167 The verb "suggests", in paragraph 2, is closest in meaning to:

1/ Proposes
2/ Asserts
3/ Advises
4/ Considers
5/ Implies

168 The word "branded", in paragraph 3, is used to indicate that riders must wear clothing that:

1/ Features the Deliveroo name or logo
2/ Is specially designed for outdoor use
3/ Is close-fitting
4/ Is easily visible at night
5/ Is manufactured by Deliveroo

169 The word "shift", in paragraph 5, is used to refer to:

1/ A training period
2/ A work period
3/ A skills test
4/ A recruitment exercise
5/ A job interview

170 The word "evidence", in paragraph 7, could best be replaced by the word:

1/ Observation
2/ Proof
3/ Clue
4/ Verification
5/ Conviction

session 6

SCORE IAE-MESSAGE

ÉLÉMENTS DE RÉPONSE

GRILLE DES RÉPONSES COMPLÉTÉE

SCORE IAE MESSAGE

session 6

Session : 17/05/18

Nom : ______________________

Prénom : ______________________

Date de naissance : ____/____/____

Centre : ______________________

Signature du candidat

N° d'inscription

0	0	0	0	0	0	0
1	1	1	1	1	1	1
2	2	2	2	2	2	2
3	3	3	3	3	3	3
4	4	4	4	4	4	4
5	5	5	5	5	5	5
6	6	6	6	6	6	6
7	7	7	7	7	7	7
8	8	8	8	8	8	8
9	9	9	9	9	9	9

MARQUAGE DES REPONSES

- Utilisez un crayon mine et une gomme propre ou un blanc correcteur
- Ne graphitez qu'une seule réponse par question

Marquage CORRECT ▬

INCORRECT – – X / -

Culture G	Réponse marquée	Français	Réponse marquée	RLN	Réponse marquée	Anglais	Réponse marquée
1	5	51	3	101	4	121	4
2	4	52	5	102	3	122	1
3	2	53	3	103	2	123	2
4	5	54	3	104	2	124	3
5	4	55	4	105	2	125	2
6	5	56	1	106	2	126	1
7	5	57	5	107	3	127	1
8	2	58	4	108	4	128	2
9	1	59	3	109	3	129	5
10	2	60	4	110	1	130	2
11	5	61	2	111	3	131	5
12	5	62	3	112	4	132	5
13	1	63	2	113	4	133	5
14	4	64	4	114	4	134	4
15	4	65	5	115	3	135	2
16	4	66	5	116	4	136	2
17	4	67	3	117	3	137	1
18	2	68	5	118	4	138	4
19	3	69	4	119	4	139	5
20	4	70	2	120	4	140	5
21	2	71	5			141	3
22	2	72	3			142	4
23	1	73	1			143	1
24	3	74	4			144	1
25	2	75	5			145	4
26	3	76	3			146	5
27	4	77	5			147	2
28	4	78	1			148	3
29	2	79	2			149	2
30	3	80	4			150	2
31	3	81	1			151	4
32	2	82	2			152	3
33	1	83	4			153	3
34	1	84	5			154	3
35	5	85	1			155	1
36	1	86	2			156	3
37	1	87	4			157	1
38	3	88	5			158	4
39	4	89	2			159	2
40	2	90	3			160	3
41	4	91	5			161	4
42	4	92	4			162	5
43	5	93	5			163	1
44	2	94	4			164	3
45	4	95	5			165	1
46	2	96	2			166	1
47	4	97	5			167	5
48	5	98	3			168	1
49	3	99	5			169	2
50	3	100	1			170	2

Explications des réponses de l'épreuve de raisonnement logique et numérique

101 **Quel terme complète la suite logique suivante : U14, 4EU24, 2018OI19, 17UA2018E, ... ?**

① 14E17U246519
② 13A1838E
③ 19E1620
④ 3I1417
⑤ 39N17

Cette suite correspond à l'écriture des nombres UN, DEUX, TROIS, QUATRE, ... où les consonnes ont été remplacées par leur rang dans l'alphabet. La valeur suivante est donc CINQ, soit 3I1417.

---

102 **Soit tous les nombres obtenus par permutation de 24 468. Combien de ces nombres sont compris entre 30 000 et 70 000 ?**

① 24
② 30
③ 36
④ 48
⑤ 60

Il y a 60 nombres qui sont une permutation de 24 468 (5! / 2!) car il y a 2 exemplaires du chiffre 4. Il y a 12 nombres commençant par 2, 24 par 4, 12 par 6 et 12 par 8. Dans la fourchette 30 000 – 70 000, il y a donc les 12 chiffres commençant par 6 et les 24 chiffres commençant par 4, soit 36 nombres.

---

103 **Six personnes sont assises autour et face à une table ronde. Gendry est assis entre Daenerys et Eddard, deux personnes séparent Arya et Daenerys, et, Arya est juste à gauche de Cersei. Qui est à gauche de Brienne ?**

① Arya
② Cersei
③ Daenerys
④ Eddard
⑤ Gendry

Examinons les éléments donnés par l'énoncé pour trouver la réponse en abrégeant les prénoms par leurs initiales. La première proposition nous donne les positions suivantes : D G E ou E G D. Après lecture de la seconde, on a : A _ _ D G E ou E G D _ _ A. On peut imaginer d'autres positions (par exemple : _ _ D G E A) mais qui ne sont que des translations de ces deux solutions puisque nous sommes autour d'une table ronde. D'après la troisième, on peut éliminer le premier cas, car c'est E qui est à la droite de A, il nous reste donc E G D _ C A, et donc une seule place pour B ; soit l'arrangement suivant : E G D B C A. C'est donc C (Cersei) qui est à la gauche de Brienne.

104 **Le plan de ce musée indique le nombre de personnes présentes dans chacune des douze salles. Un agoraphobe n'a le temps de visiter que six salles et veut croiser le moins possible de personnes. Combien devra-t-il en voir au minimum ?**

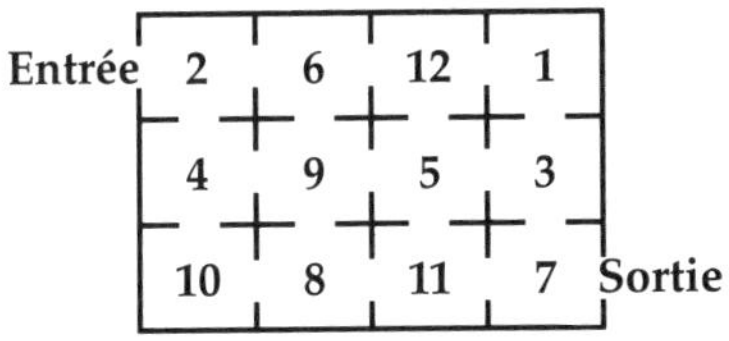

① 29
② 30
③ 31
④ 32
⑤ 33

Selon le schéma ci-dessous, voici la liste des chemins possibles. Le chiffre en haut indique le nombre de personnes dans une salle, celui du bas, le nombre minimum de personnes rencontrées sur le chemin. Le minimum fait 30.

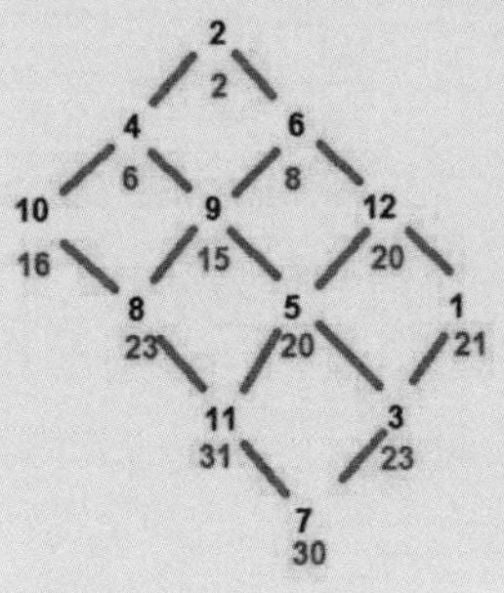

105 **Une entreprise réalisait l'an passé 8 % de parts de marché sur un produit. Cette année, ses ventes ont augmenté de 25 % tandis que le volume global des ventes a diminué de 20 %. Quelle est approximativement la part de marché réalisée cette année par cette entreprise ?**

① 10 %
② 12,5 %
③ 15 %
④ 20 %
⑤ 41,25 %

La nouvelle part de marché vaut : $\frac{0{,}08 \times 1{,}25}{0{,}8} = \frac{1{,}25}{10} = 12{,}5\ \%$.

106 **Dans la grille ci-dessous, on considère que chaque case est à une case de distance des huit cases qui l'entourent. Quel nombre dans la grille est à 2 cases de lui-même plus 5, à 3 cases de lui-même multiplié par 3, à 2 cases de lui-même plus 2, à 1 case de lui-même multiplié par 2 et à 2 cases de lui-même multiplié par 5 ?**

75	27	58	20	61	73
3	61	66	26	55	62
44	17	13	19	18	39
60	59	35	51	37	36
65	56	15	35	31	22
49	39	61	8	44	33

① 3
② 13
③ 19
④ 22
⑤ 31

En regardant les réponses proposées, on peut éliminer les nombres supérieurs à 16 car la dernière condition évoquée par l'énoncé propose un nombre multiplié par 5, or tous les nombres de la grille sont inférieurs à 75. Il reste donc deux réponses possibles : 3 ou 13. Il n'y a qu'une occurrence de 3 et aucun 5 (3 + 2) dans la grille, ce n'est donc pas lui. En revanche, toutes les conditions sont vérifiées pour le chiffre 13.

75	27	58	20	61	73
3	61	66	26	55	62
44	17	13	19	18	39
60	59	35	51	37	36
65	56	15	35	31	22
49	39	61	8	44	33

107 **Le coefficient de corrélation linéaire entre 2 variables X et Y est égal à 0,8. Sans information complémentaire, parmi les affirmations suivantes, quelle est celle qui est correcte ?**

A. Quand les valeurs de X augmentent, celles de Y diminuent.
B. 80 % de la variation de la variable de Y est due à une régression de X.
C. Les points formés par les couples (Xi;Yi) se répartissent autour d'une droite ayant une pente positive.
D. Les points formés par les couples (Xi;Yi) se répartissent autour d'une droite ayant un coefficient directeur de 0,83.
E. Les points formés par les couples (Xi;Yi) se répartissent autour d'une droite coupant l'axe des ordonnées en 8.

① A
② B
③ C
④ D
⑤ E

Le calcul d'un coefficient de corrélation entre 2 variables numériques revient à chercher à résumer la liaison qui existe entre ces variables à l'aide d'une droite. Les valeurs du coefficient de corrélation linéaire renseignent sur le degré de dépendance linéaire entre les deux variables. Plus le coefficient est proche des valeurs extrêmes -1 et 1, plus la corrélation entre les variables est forte ; on emploie simplement l'expression « fortement corrélées » pour qualifier les deux variables. Un coefficient positif indique une droite de régression ayant une pente positive, un coefficient négatif indique une droite ayant une pente négative. Donc seule l'affirmation 3 est véridique.

108 **De combien de jours a-t-on dépassé le jour de l'an, si quinze jours auparavant, le 14 juillet était dépassé d'un nombre de jours six fois supérieur ?**

① 25
② 28
③ 30
④ 31
⑤ 35

Mettons en équation les données du problème.
On a : 17 + 31 + 30 + 31 + 30 + 31 = 170 jours entre le 14 juillet et le 1er janvier. Soit x le nombre de jours recherché (= nombre de jours après le jour de l'an), on a alors :
01/01 + x – 15j = 14/07 + 6x soit 01/01 – 14/07 = 170j = 5x + 15j
soit 5x = 155 ; donc x = 31.

109 **Une pièce d'un jeu de domino particulier comporte deux ensembles de points, entre zéro et huit (au lieu de six dans la version la plus connue), séparés par une ligne. Chaque pièce est unique, il n'existe qu'un exemplaire associé à deux chiffres donnés. Combien de pièces composent ce jeu de domino ?**

① 32
② 42
③ 45
④ 64
⑤ 81

Il existe 9 types de motifs pour chaque ensemble, le nombre total de couples différents est donc de : $\frac{(9 \times 10)}{2} = 45$

110 **Que va afficher ce petit programme informatique ?**

A = 20
C = A + 10
B = C – A
D = B + 15
C = C – 5
B = 3A – C
A = B – D
SI (A > B) ALORS AFFICHER(valeur(A) – valeur(B) – valeur(C))
SINON AFFICHER(valeur(B) – valeur(C) – valeur(D))

① 35 – 25 – 25
② 25 – 25 – 50
③ 15 – 5 – 20
④ 10 – 35 – 25
⑤ 50 – 15 – 25

Suivons la valeur de chacune des variables A, B, C et D en fonction du temps (à chaque étape du programme) :
A = 20 : A = 20, B = ??, C = ??, D = ??
C = A + 10 : A = 20, B = ??, C = 30, D = ??
B = C – A : A = 20, B = 10, C = 30, D = ??
D = B + 15 : A = 20, B = 10, C = 30, D = 25
C = C – 5 : A = 20, B = 10, C = 25, D = 25
B = 3A – C : A = 20, B = 35, C = 25, D = 25
A = B – D : A = 10, B = 35, C = 25, D = 25
Le test SI(A>B) est faux, donc c'est la partie du « sinon » qui va s'afficher avec les valeurs de B, de C et de D soit : 35 - 25 - 25.

111 **Un afficheur digital est un affichage qui se fait à l'aide de segments, comme sur cette image. Chaque chiffre est dessiné à l'aide de 7 segments allumés ou éteints selon les cas (ici nous avons affiché le nombre 41). Supposons que ces deux chiffres représentent les minutes sur une montre, quel(s) segment(s) est (sont) le plus souvent allumé(s) sur le chiffre de gauche ?**

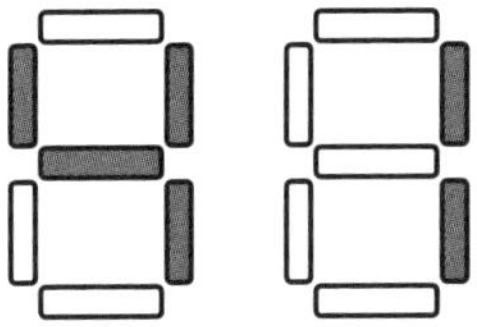

① L'horizontal en haut
② Le vertical haut droit et le vertical bas gauche
③ Les deux verticaux à droite
④ L'horizontal central
⑤ Le vertical haut gauche et le vertical bas droite

L'afficheur des dizaines de minutes oscille entre 0, 1, 2, 3, 4, 5.
Cf. la figure ci-dessous pour la réponse :

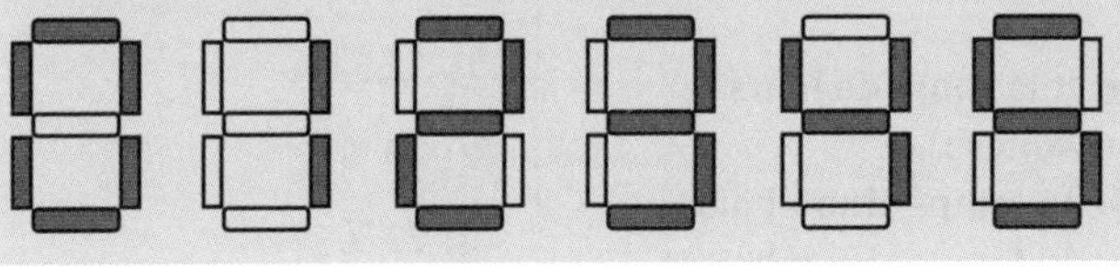

112 **Soit le système suivant :**

$$\begin{cases} u_0 = 1 \\ v_0 = 2 \\ u_{n+1} = (2 \times v_n) - 1 \\ v_{n+1} = (2 \times u_n) - 1 \end{cases}$$

Combien vaut V_4 ?

① 1
② 13
③ 15
④ 17
⑤ 19

Calculons à chaque étape les valeurs : au rang 0 {1, 2}, au rang 1 {3, 1}, au rang 2 {1, 5}, au rang 3 {9, 1}, au rang 4 {1, 17} ; donc $V_4 = 17$.

113 Dans le tableau ci-dessous, la ligne Résultat est une combinaison logique entre les lignes Valeur1, Valeur2 et Valeur3. Quelle valeur doit remplacer le point d'interrogation dans la dernière cellule du tableau ?

Valeur 1	8	25	376	6 152
Valeur 2	4	71	218	2 319
Valeur 3	3	39	604	4 521
Résultat	5	46	386	?

① 1 631
② 1 769
③ 2 202
④ 3 833
⑤ 3 843

Le résultat est calculé en soustrayant la plus petite valeur à la plus grande valeur parmi les trois valeurs situées au-dessus, par exemple : 8 – 3 = 5, 71 – 25 = 46, et 604 – 218 = 386.
Le résultat est donc 6 152 – 2 319 = 3 833.

114 Trois sociétés sont cotées en bourse et le cours de leurs actions respectent les propriétés suivantes :
– Entreprise 1 : le cours monte 60 % du temps sinon baisse
– Entreprise 2 : le cours monte 75 % du temps sinon baisse
– Entreprise 3 : le cours monte 40 % du temps sinon baisse
On choisit un jour au hasard. Quelle est la probabilité que les cours aient suivi la même tendance ce jour là (tous en hausse, ou tous en baisse) ?

① 12,5 %
② 20 %
③ 22 %
④ 24 %
⑤ 25 %

Tous en hausse : 0,6 × 0,75 × 0,4 = 0,18.
Tous en baisse : 0,4 × 0,25 × 0,6 = 0,06.
Même tendance : 0,18 + 0,06 = 0,24.

115 Dans les années 1990, l'équipe de France de handball gagnait 85 % de ses matchs quand Jackson Richardson jouait, et seulement six sur dix quand il ne jouait pas. Sachant qu'il a joué 8 matchs sur 10 de l'équipe de France lors de cette période, et que la France a battu l'Espagne 23 à 20 lors des Championnats du monde 1995, quelle est la probabilité que J. Richardson ait joué ce match ?

① 1 chance sur 2
② 1 chance sur 5
③ 3 chances sur 5
④ 3 chances sur 20
⑤ 7 chances sur 8

En construisant l'arbre pondéré des probabilités, on a la probabilité de perdre un match P(P) égale à : (0,8 × 0,15) + (0,2 × 0,4) = 0,20. L'équipe de France avait donc 20 % de chance de perdre un match pendant cette période, soit 80 % de chance de gagner. On a pris un match gagné, la probabilité que J. Richardson ait joué ce match est donc de : (0,8 × 0,85) / 0,8 = 60 %, soit 3 chances sur 5.

116 **Voici une information extraite d'une étiquette d'une sauce allégée au pesto : « contient 9 % de matières grasses, soit 60 % de moins que les sauces traditionnelles ». Quel pourcentage de matières grasses contiennent les sauces traditionnelles ?**

① 12,6 %
② 14,4 %
③ 21,6 %
④ 22,5 %
⑤ 60 %

Soit x le taux de matières grasses (MG) des sauces traditionnelles, d'après l'énoncé. La différence entre ce taux x et 9 % est égale à 60 % de x. Soit $x - 0{,}09 = 0{,}6x$ donc $x = 0{,}09/0{,}4 = 22{,}5$ %.

117 **Des poissons sont placés dans deux seaux, un rouge et un bleu, placés juste à côté l'un de l'autre. Ils peuvent néanmoins discuter entre eux à travers les parois. Un des poissons du seau bleu dit à un des poissons de l'autre seau : « Si tu nous rejoins dans notre seau, notre nombre sera le double du vôtre. » L'autre lui répond alors « Si c'est toi qui vient chez nous, on sera vingt-cinq pour cent plus nombreux que vous. » Combien y-a-t-il de poissons dans le seau rouge ?**

① 3
② 5
③ 7
④ 9
⑤ 11

Soit r et b les nombres de poissons respectifs dans les seaux rouge et bleu. En mettant en équation les phrases de chacun des poissons, on a alors : [A] $2 \times (r - 1) = (b + 1)$ et [B] $(r + 1) + (r + 1) / 4 = b - 1$. En faisant [A] – [B], on obtient $2(r - 1) - (r + 1) - r/4 - 1/4 = 2$, $3r - 13 = 8$, soit $3r = 21$ ou $r = 7$.

118 **En considérant le tableau de valeurs suivant :**

i	1	2	3
x_i	1,3	2,2	4,5

Pour n = 3, quelle est l'écriture algébrique correspondant au calcul suivant : $4{,}5^2 + 2 \times 2{,}2^2 + 3 \times 1{,}3^2$?

① $\sum_{i=1}^{n} i x_{i-1^2}$
② $\sum_{i=n}^{n} x_{i+1}{}^2$
③ $\left(\sum_{i=1-1}^{1} (n-i) x_i\right)^2$
④ $\sum_{i=0}^{n-1} (n-1) x_{i-1}{}^2$
⑤ $\sum_{i=n-1}^{0} i x_{i^2}$

En analysant le calcul, on s'aperçoit qu'il faut faire la somme des produits entre les indices (de 1 à 3) et le carré des valeurs du tableau en partant dans le sens inverse (de 3 à 1). Ce qui correspond à l'écriture :
$\sum_{i=0}^{n-1} (n-i) x_{i-1}{}^2$, que l'on pourrait aussi écrire : $\sum_{i=1}^{n} (n-i+1) x_i{}^2$

119 **Il y a 10 950 000 accidents domestiques par an en France, 1 sur 500 de ces accidents sont mortels. La répartition des lieux de ces accidents s'établit ainsi : 24 % dans le jardin, 10 % dans le séjour, 15 % dans les escaliers, 7 % dans les chambres, 4 % dans la salle de bains, 15 % sur le toit ou dans la cave et le grenier, et le reste des accidents se produit dans la cuisine. Combien en moyenne comptabilise-t-on par jour de décès dans les chambres, les salles de bains ou le jardin ?**

1 sur 500 des 10 950 000 accidents sont mortels, cela donne 21 900 accidents mortels/an, soit 60 morts par jour dans les maisons françaises. Et comme 35 % (24 + 7 + 4) ont lieu dans les 3 endroits, on a donc 21 morts par jour.

① 18
② 19
③ 20
④ 21
⑤ 22

120 **Quelle est la valeur de l'expression suivante $(\sqrt{8} + \sqrt{18})^2$?**

D'après l'identité remarquable $(a + b)^2 = a^2 + 2ab + b^2$, on a :
$(\sqrt{8} + \sqrt{18})^2 = \sqrt{8}^2 + 2\sqrt{8}\sqrt{18} + \sqrt{18}^2 = 8 + 2\sqrt{8 + 18} + 18$
$= 8 + 2 \times 12 + 18 = 50$

① $2 \times \sqrt{8}$
② $2 \times \sqrt{18}$
③ $26 + 2 \times \sqrt{8}$
④ 50
⑤ $26 + 2 \times \sqrt{18}$

SCORE IAE-MESSAGE

SESSION DU 29 MAI 2018

Pour vous mettre dans la situation exacte de l'épreuve, nous avons reproduit la page de garde du document remis aux candidats à la session du 29 mai 2018.
Lisez-la attentivement avant de vous lancer.

N'oubliez pas d'utiliser la grille vierge de la page 318 pour y noter vos réponses puis de la comparer à la grille de la page 358 pour calculer votre score.

Session :

SCORE IAE MESSAGE

N° d'inscription

0	0	0	0	0	0	0
1	1	1	1	1	1	1
2	2	2	2	2	2	2
3	3	3	3	3	3	3
4	4	4	4	4	4	4
5	5	5	5	5	5	5
6	6	6	6	6	6	6
7	7	7	7	7	7	7
8	8	8	8	8	8	8
9	9	9	9	9	9	9

Nom : ______________________________

Prénom : ______________________________

Date de naissance : ____/____/____

Centre : ______________________________

Signature du candidat

MARQUAGE DES REPONSES

- Utilisez un crayon mine et une gomme propre ou un blanc correcteur
- Ne graphitez qu'une seule réponse par question

Marquage CORRECT

INCORRECT

Culture G	1	2	3	4	5
1					
2					
3					
4					
5					
6					
7					
8					
9					
10					
11					
12					
13					
14					
15					
16					
17					
18					
19					
20					
21					
22					
23					
24					
25					
26					
27					
28					
29					
30					
31					
32					
33					
34					
35					
36					
37					
38					
39					
40					
41					
42					
43					
44					
45					
46					
47					
48					
49					
50					
	1	2	3	4	5

Français	1	2	3	4	5
51					
52					
53					
54					
55					
56					
57					
58					
59					
60					
61					
62					
63					
64					
65					
66					
67					
68					
69					
70					
71					
72					
73					
74					
75					
76					
77					
78					
79					
80					
81					
82					
83					
84					
85					
86					
87					
88					
89					
90					
91					
92					
93					
94					
95					
96					
97					
98					
99					
100					
	1	2	3	4	5

RLN	1	2	3	4	5
101					
102					
103					
104					
105					
106					
107					
108					
109					
110					
111					
112					
113					
114					
115					
116					
117					
118					
119					
120					
	1	2	3	4	5

Anglais	1	2	3	4	5
121					
122					
123					
124					
125					
126					
127					
128					
129					
130					
131					
132					
133					
134					
135					
136					
137					
138					
139					
140					
141					
142					
143					
144					
145					
146					
147					
148					
149					
150					
151					
152					
153					
154					
155					
156					
157					
158					
159					
160					
161					
162					
163					
164					
165					
166					
167					
168					
169					
170					
	1	2	3	4	5

7e session 2018

Mardi 29 mai 2018

À REMPLIR PAR LE CANDIDAT :

Nom : .... Prénom : ....

Identifiant Score IAE-Message : ....

Votre identité (nom et prénom), date de naissance, votre identifiant SIM, ainsi que le centre d'écrit et la session ont été pré-remplis sur la grille de réponses. Merci de les vérifier. Vous devez apposer votre signature dans la case prévue à cet effet.
Le présent livret regroupe les quatre épreuves : Culture générale, économique et managériale ; Compréhension et expression écrite en français ; Raisonnement logique et numérique ; Compréhension et expression écrite en anglais, d'une durée de trois heures.

L'épreuve comprend cent soixante-dix (170) questions à choix multiple. Le tableau suivant fait apparaître leur répartition par matière, les pages où vous en prendrez connaissance, la durée indicative de leur traitement (durée qui n'est fournie que pour faciliter la gestion de votre temps).

Matière	**Pages du livret**	**Nombre de questions**	**Durée indicative de traitement**
Culture générale, économique et managériale	2 à 6	50	45 minutes
Compréhension et expression écrite en français	7 à 15	50	45 minutes
Raisonnement logique et numérique	16 à 19	20	45 minutes
Compréhension et expression écrite en anglais	20 à 26	50	45 minutes

Pour chaque question, cinq (5) réponses vous sont proposées ; **une seule réponse est correcte**.
Le barème de notation est le suivant :

	Épreuve de Culture générale, économique et managériale	Épreuve de Compréhension et expression écrite en français	Épreuve de Raisonnement logique et numérique	Épreuve de Compréhension et expression écrite en anglais
Bonne réponse	2 points	2 points	5 points	2 points
Mauvaise réponse, absence de réponse ou réponses multiples	0 point	0 point	0 point	0 point

Vos réponses devront être portées sur la grille codée qui vous est remise, et qui ne doit être ni pliée, ni écornée. Pour chacune des questions, graphitez entièrement une case (1, 2, 3, 4, 5) de la ligne numérotée correspondant à la question, en utilisant, pour permettre la lecture optique, un crayon de bois. En cas de correction, le blanc correcteur vous est vivement recommandé.

À la fin de l'épreuve, vous remettrez la grille codée au surveillant et vous lui restituerez également le présent livret.

RAPPELS

L'usage de la calculatrice, dictionnaire, lexique ou grammaire est formellement interdit.
Aucune sortie n'est autorisée pendant l'épreuve, toute sortie étant définitive.

Ce document contient 26 pages (compte tenu de cette page de garde).
Merci de vérifier que toutes les pages sont jointes au document.

Bonne chance !

épreuve de culture générale, économique et managériale

1 **Au 1er janvier 2018, combien d'États sont reconnus par l'ONU ?**

1/ 127
2/ 157
3/ 177
4/ 197
5/ 227

2 **En 2017, à quel rang la France se classe-t-elle dans l'indice de perception de la corruption établi par l'organisation Transparency International ?**

1/ Au 5e rang
2/ Au 15e rang
3/ Au 23e rang
4/ Au 32e rang
5/ Au 41e rang

3 **Quelle est la capitale du Maroc ?**

1/ Casablanca
2/ Marrakech
3/ Agadir
4/ Tanger
5/ Rabat

4 **En janvier 2016, quel Président mexicain a annulé sa rencontre prévue avec le Président Donald Trump en raison du projet controversé de construction d'un mur frontalier entre les deux pays ?**

1/ Ernesto Zedillo
2/ Carlos Salinas de Gortari
3/ Vicente Fox
4/ Enrique Peña Nieto
5/ Felipe Calderón

5 **En France, en novembre 2016, des délégués syndicaux d'une entreprise ont été condamnés à plusieurs mois de prison avec sursis pour des actes de violence à l'encontre du DRH à l'occasion d'un comité d'entreprise très houleux en octobre 2015. De quelle entreprise s'agissait-il ?**

1/ Goodyear
2/ Total
3/ Air France
4/ PSA
5/ Vivarte

6 **En juillet 2017, dans quelle ville, les trois journalistes Véronique Robert, Stéphan Villeneuve et l'irakien Bakhtiyar Addadarmi, ont-ils été tués ?**

1/ Nouakchott
2/ Bogota
3/ Bagdad
4/ Mossoul
5/ Beyrouth

7 **En mars 2017, quelle grande ville a été victime d'une double attaque terroriste à la voiture bélier et à l'arme blanche ?**

1/ Paris
2/ Londres
3/ Berlin
4/ Bruxelles
5/ Rome

8 **Quelle est la capitale de la Suisse ?**

1/ Genève
2/ Lausanne
3/ Berne
4/ Zurich
5/ Bâle

9 **En août 2017, quelle petite île du Pacifique, abritant une base navale et une base militaire américaines, a été l'objet d'une menace de la part de la Corée du Nord ?**

1/ L'île de Wake
2/ L'île de Guam
3/ Boot Key
4/ Nantucket
5/ L'île Sainte-Croix

10 **Quelle est l'origine du mot « Europe » ?**

1/ C'était l'acronyme des pays la formant
2/ C'était le nom de l'océan qui la bordait aux temps préhistoriques
3/ C'est le nom d'une princesse de la mythologie grecque
4/ C'est le nom d'une déesse viking
5/ C'est le nom inventé par Thomas More, dans sa théorie de l'utopie

11 **En France, quel journal a révélé l'affaire Penelope Fillon ?**

1/ *Le Journal du Dimanche*
2/ *Le Monde*
3/ *Le Canard enchaîné*
4/ *Le Parisien*
5/ *Le Figaro*

12 **En France, en mars 2017, quel syndicat a restitué les résultats d'une grande enquête sur le travail fondés sur les réponses de plus de 200 000 personnes interrogées ?**

1/ La CFDT
2/ La CFE-CGC
3/ La CFTC
4/ La CGT
5/ FO

13 En septembre 2016, quelle entreprise a annoncé l'acquisition de l'entreprise américaine spécialisée dans les biotechnologies agricoles Monsanto ?

1/ Johnson&Johnson
2/ BASF
3/ DuPont
4/ Bayer
5/ Pfizer

14 Sous quel autre identité d'emprunt l'écrivain Romain Gary a-t-il obtenu une deuxième fois le prix Goncourt ?

1/ Roger Vaillant
2/ Francis Walder
3/ Émile Ajar
4/ Jacques Borel
5/ Bernard Clavel

15 En France, en quelle année le suffrage universel (masculin) a-t-il été mis en place pour la première fois pour des élections législatives ?

1/ En 1792
2/ En 1822
3/ En 1848
4/ En 1936
5/ En 1945

16 En quelle année Bachar el-Assad a-t-il succèdé à son père à la tête de la Syrie ?

1/ En 1994
2/ En 1996
3/ En 1998
4/ En 2000
5/ En 2002

17 En quelle année la Crimée a-t-elle été annexée par la Russie ?

1/ En 2011
2/ En 2012
3/ En 2013
4/ En 2014
5/ En 2015

18 Quel est le point commun de ces pays : Slovénie, Bosnie-Herzégovine, Monténégro, Serbie, Macédoine et Kosov ?

1/ Ils faisaient partie de l'ex-URSS
2/ Aucun de ces pays n'a de frontière maritime
3/ Ils formaient l'ex-Tchécoslovaquie
4/ Ils ne font pas partie de l'Union européenne
5/ Ils formaient l'ex-Yougoslavie

19 Parmi les navigateurs suivants lequel a réalisé le premier tour du monde ?

1/ Christophe Colomb
2/ Vasco de Gama
3/ James Cook
4/ Jacques Cartier
5/ Fernand de Magellan

20 « It's the economy stupid. » De la campagne électorale de quelle personnalité politique cette phrase est-elle tirée ?

1/ Celle Tony Blair en 1997
2/ Celle de Barack Obama en 2008
3/ Celle de Bill Clinton en 1992
4/ Celle de Margareth Thatcher en 1979
5/ Celle de Donald Trump en 2016

21 **Quel homme politique est devenu président de la République fédérale du Brésil par intérim suite à la suspension de Dilma Rousseff en mai 2016 ?**

1/ Michel Temer
2/ Luiz Inácio Lula da Silva
3/ José Serra
4/ Aécio Neves
5/ Henrique Eduardo Alves

22 **Dans le classement de Shanghai 2017 relatif aux meilleures universités mondiales laquelle occupe la première place ?**

1/ L'université de Standford
2/ Cambridge
3/ L'université de Harvard
4/ L'université de Californie à Berkeley
5/ L'University College de Londres

23 **En 2018, selon le dernier classement de l'OPEP, quel pays avait les plus importantes réserves du monde (réserves conventionnelles uniquement) ?**

1/ La Russie
2/ Le Koweït
3/ L'Irak
4/ Le Venezuela
5/ L'Iran

24 **Parmi les pays suivants, lequel a signé, en mai 2016, le protocole d'adhésion à l'OTAN ?**

1/ La Moldavie
2/ Le Monténégro
3/ L'Ukraine
4/ Malte
5/ La Géorgie

25 **En mars 2017, quel territoire d'outre-mer français a connu une grève générale ?**

1/ La Martinique
2/ La Guyane
3/ La Réunion
4/ Mayotte
5/ La Guadeloupe

26 **À la tête de quel pays Alassane Ouattara a-t-il été réélu en octobre 2015 ?**

1/ Le Cameroun
2/ Le Gabon
3/ Le Congo
4/ La Côte d'Ivoire
5/ La Guinée-Bissau

27 **Quel pays est le principal exportateur de pétrole au monde ?**

1/ Le Canada
2/ Le Yémen
3/ Le Qatar
4/ La Russie
5/ L'Arabie saoudite

28 **Quel secteur d'activité a connu une bulle spéculative de grande ampleur à la fin des années 1990 jusqu'à son éclatement en 2000 ?**

1/ Le secteur pétrolier
2/ Le secteur internet
3/ Le secteur bancaire
4/ Le secteur des services à la personne
5/ Le secteur immobilier

29 **Quel diplomate et entrepreneur français est à l'origine de la création du canal de Suez ?**

1/ Hubert Lyautey
2/ Philippe Bunau-Varilla
3/ Ferdinand de Lesseps
4/ Gustave Eiffel
5/ Jean Jaurès

30 **Parmi les artistes suivants, lequel n'est pas architecte ?**

1/ Alberto Giacometti
2/ Michel Ange
3/ Leonard de Vinci
4/ Jean Nouvel
5/ Sébastien Le Prestre de Vauban

31 **Qu'est-ce qui a mis fin au taux de change fixe du système monétaire international ?**

1/ Le choc pétrolier de 1973
2/ Le krach boursier de 1929
3/ Les accords de Bretton Woods de 1944
4/ Les accords de la Jamaïque de 1976
5/ L'arrivée de l'euro comme monnaie unique

32 **Parmi les territoires ultramarins suivants, lequel est sous statut d'association avec l'Union européenne (c'est-à-dire que son territoire ne fait pas partie intégrante de celui de l'Union mais que ses habitants sont citoyens européens) ?**

1/ La Guyane
2/ Aruba
3/ Les Canaries
4/ Mayotte
5/ Les Açores

33 **En France, quel est le surnom des membres du Conseil constitutionnel ?**

1/ Les Savants
2/ Les Juges
3/ Les Sages
4/ Les Élus
5/ Les Illuminés

34 **Dans lequel des équipementiers automobiles suivants le groupe PSA détient-il une fraction significative du capital ?**

1/ Valeo
2/ Plastic Omnium
3/ LISI
4/ Faurecia
5/ Michelin

35 **De quel roi de France, le cardinal de Richelieu fut-il le ministre ?**

1/ Henri IV
2/ Louis XIII
3/ Louis XIV
4/ Louis XV
5/ Louis XVI

36 **Parmi les pièces suivantes, laquelle n'a pas été écrite par William Shakespeare ?**

1/ *Hamlet*
2/ *Othello*
3/ *Macbeth*
4/ *La Nuit des rois*
5/ *Les Fourberies de Scapin*

37 **En mars 2017, parmi les personnalités suivantes, laquelle a été réélue à la tête de la Fédération Française de Football ?**

1/ Jacques Rousselot
2/ Michel Platini
3/ Noël le Graët
4/ Bernard Laporte
5/ Didier Deschamps

38 **En 2018, en France, quel artiste a remporté trois Victoire de la musique notamment celle du meilleur artiste masculin ?**

1/ Jul
2/ Lomepal
3/ Orelsan
4/ Maître Gims
5/ Johnny Hallyday

39 **Quel groupe de l'industrie agro-alimentaire détient, notamment, les marques « Président », « Lactel », « Bridel » ou encore « La Laitière » ?**

1/ Nestlé
2/ Danone
3/ Unilever
4/ Bel
5/ Lactalis

40 **Dans quelle ville se trouve le musée de l'Ermitage ?**

1/ À Saint-Pétersbourg
2/ À Moscou
3/ À Prague
4/ À Vienne
5/ À Budapest

41 **En France, en juillet 2017, deux lignes à grande vitesse ont été inaugurées. Il s'agit des lignes Paris-Bordeaux et Paris-…**

1/ Toulouse
2/ Montpellier
3/ Rennes
4/ Strasbourg
5/ Clermont-Ferrand

42 **En mars 2017, quelle agence américaine a vu certains de ses documents internes mis en ligne par Wikileaks ?**

1/ National Security Agency
2/ Federal Bureau of Investigation
3/ Securities and Exchange Commission
4/ Central Intelligence Agency
5/ National Economic Council

43 **En septembre 2016, en Grande-Bretagne, qui a été réélu(e) à la tête du Parti travailliste ?**

1/ Ed Miliband
2/ Jeremy Corbyn
3/ Theresa May
4/ Nigel Farage
5/ Angela Eagle

44 **En 2017, selon le magazine *Fortune* quelle entreprise a la plus forte valorisation ?**

1/ Apple
2/ LVMH
3/ Google
4/ Facebook
5/ IBM

45 **En 2016, pour quel motif Dilma Rousseff, présidente de la République fédérative du Brésil, fait-elle l'objet d'une procédure de destitution enclenchée en avril par le Parlement ?**

1/ Abus de pouvoir
2/ Obstruction à la Justice
3/ Trahison
4/ Scandale de corruption
5/ Maquillage des comptes publics

46 **Quel est le nom du parti de François Asselineau ?**

1/ Union pour la Démocratie Française
2/ Union pour un Mouvement Populaire
3/ Union Populaire Républicaine
4/ Union pour une Monarchie absolue
5/ Union pour un Mouvement Républicain

47 **Qui est Hassan Rohani ?**

1/ Un homme politique qui a tenté un putsch en Turquie
2/ Le président de la République d'Iran
3/ Un chef de tribu de Papouasie
4/ Le directeur d'une organisation terroriste basée en Irak
5/ Le roi de Jordanie

48 **Qui est l'auteur d'un récit autobiographique sur son séjour à Auschwitz, auquel un poème placé en exergue donne son titre ?**

1/ Imre Kertész
2/ Arnold Mandel
3/ Uri Orlev
4/ Primo Levi
5/ Jorge Semprún

49 **Qui est le successeur de David Cameron à la tête du gouvernement britannique ?**

1/ John Major
2/ Margaret Thatcher
3/ Theresa May
4/ Tony Blair
5/ Gordon Brown

50 **Quel Président a accordé un entretien au réalisateur américain Oliver Stone, qui en a tiré un documentaire diffusé en 2017 ?**

1/ Nicolas Maduro
2/ Kim Jung-un
3/ Vladimir Poutine
4/ Rodrigo Duterte
5/ Xi Jinping

ÉPREUVE DE COMPRÉHENSION ET EXPRESSION ÉCRITE EN FRANÇAIS

1RE PARTIE : EXPRESSION - 35 QUESTIONS

51 **Les mots « attention » et « intention » sont des :**

1/ Antonymes
2/ Synonymes
3/ Anagrammes
4/ Homonymes
5/ Paronymes

52 **Parmi les propositions suivantes, laquelle est incorrecte ?**

1/ Pendant l'effort sportif, le cerveau sécrète des hormones qui apportent une sensation de bonheur
2/ Bruno fait du rangement et jète tout ce qui est inutile
3/ Antoine part en balade et achète le pain
4/ Chaque jour, l'assistante de direction décachète le courrier
5/ Je n'aime pas cette voisine, elle furète sans cesse pour connaître la vie des autres

53 **Parmi les propositions suivantes, laquelle est incorrecte ?**

1/ Niobé se vantait de sa nombreuse progéniture auprès de Léto
2/ C'est pourquoi Léto haïssait Niobé et ses enfants
3/ Apollon et Diane, pour venger leur mère, tuaient soudainement tous les enfants de Niobé
4/ Niobé était devenue inconsolable face à ses enfants morts
5/ Niobé fut transformée en rocher, duquel coule une source intarissable, ses larmes

54 **Quel est le synonyme de « compendieusement » ?**

1/ Longuement
2/ De façon exhaustive
3/ Avec abondance
4/ Religieusement
5/ Brièvement

55 Parmi les propositions suivantes, laquelle est correcte ?

1/ Il aimait éperduement son enfant
2/ Elle parlait toujours gaiement
3/ Elle regardait la vie ingénuement
4/ Elle prit résoluement ce chemin inconnu
5/ Elle préparait ses examens assiduement

56 Dans la phrase extraite de *La Ferme des animaux* de George Orwell : « Les animaux étaient à sarcler des navets sous la garde d'un cochon quand ils furent stupéfaits de voir Benjamin, accouru au galop des dépendances et brayant à tue-tête. » Quel est l'infinitif du dernier verbe ?

1/ Barir
2/ Brair
3/ Braire
4/ Brailler
5/ Brayer

57 Parmi les propositions suivantes, laquelle est correcte ?

1/ Cet incident aurait dû t'exôrter à plus de prudence
2/ Cet incident aurait dû t'exaureter à plus de prudence
3/ Cet incident aurait dû t'exhaurter à plus de prudence
4/ Cet incident aurait dû t'exhorter à plus de prudence
5/ Cet incident aurait dû t'exorter à plus de prudence

58 Parmi les propositions suivantes, laquelle est incorrecte ?

1/ Catherine appelle à l'aide, tu devrais aller la voir
2/ Chaque enfant de la classe épelle son nom pour apprendre l'alphabet
3/ Chaque année, Damien renouvelle son abonnement à la salle de sports
4/ François doit se calmer, il martelle sans cesse les mêmes inepties
5/ Charles attelle les chevaux pour partir en balade

59 Parmi les propositions suivantes, laquelle est correcte ?

1/ Ils harangaient les foules depuis deux heures
2/ Vous haranguiez les foules afin de gagner le vote
3/ Elle harangait les villageois du haut de l'estrade
4/ Nous harangions les foules, portés par notre enthousiasme
5/ Tu harangais les foules dans ta jeunesse

60 **Parmi les propositions suivantes, laquelle est correcte ?**

1/ De nos jours, les journaux sathiriques se vendent très bien, leur humour plaît beaucoup à la population
2/ De nos jours, les journaux sathyriques se vendent très bien, leur humour plaît beaucoup à la population
3/ De nos jours, les journaux satyriques se vendent très bien, leur humour plaît beaucoup à la population
4/ De nos jours, les journaux satiriques se vendent très bien, leur humour plaît beaucoup à la population
5/ De nos jours, les journaux satiryques se vendent très bien, leur humour plaît beaucoup à la population

61 **À quoi se rapportent des choses « hagiographiques » ?**

1/ Des objets perdus
2/ Des choses volées
3/ Des objets d'origine lointaine
4/ Des choses datant de plusieurs siècles, pour lesquelles une analyse scientifique est nécessaire afin de dater avec précision
5/ Des choses saintes

62 **Parmi les propositions suivantes, laquelle est correcte ?**

1/ Ce monsieur évoque de prétendus souvenirs de ce qu'aurait été nos amours passées
2/ Je vous avertie que je ne tolèrerai pas plus ce comportement
3/ Elle souria et l'interrogea avec douceur
4/ Il aurait été déplacé de ne pas écouter cet homme
5/ Sabine se réfugiat dans une cabane solitaire

63 **Parmi les propositions suivantes, laquelle est correcte ?**

1/ Nous vous rappelerons lundi pour le poste
2/ Il jetera ses vieilles affaires lors de son déménagement
3/ Elles achèteront des draps pendant les soldes
4/ Quand je mourai, plantez des coquelicots
5/ Les vendeuses empaquèteront les cadeaux à Noël

64 **Une « suscription » est :**

1/ Une adresse écrite sur l'extérieur d'une enveloppe
2/ Une domination qui subjugue
3/ Un engagement pris par écrit
4/ Un ordre formel
5/ Une abolition

65 **Parmi les propositions suivantes, laquelle est correcte ?**

1/ En mon fort intérieur, je sais que tu as raison
2/ En mon faure intérieur, je sais que tu as raison
3/ En mon for intérieur, je sais que tu as raison
4/ En mon phort intérieur, je sais que tu as raison
5/ En mon phôre intérieur, je sais que tu as raison

66 **Parmi les propositions suivantes, laquelle est correcte ?**

1/ *Hunger Games* est sorti en trois tomes, c'est une triologie qui a connu un grand succès
2/ *Le Seigneur des anneaux* est sorti en quatre tomes, c'est une quadrilogie
3/ *Harry Potter* n'est pas une tétralogie, il y a plus de quatre volumes
4/ Il a reçu les quatre volumes de la tétraologie d'*Alien*
5/ Il a reçu les quatre volumes de la quadriologie d'*Alien*

67 **Parmi les propositions suivantes, laquelle est correcte ?**

1/ Le directeur nous présenta Pierre comme une somité intellectuelle
2/ Pierre fut présenté comme une somnité intellectuelle
3/ Il est certain que Pierre est une sommité dans son domaine
4/ Margot est également une sommitée dans le domaine du nucléaire
5/ Il aimait être considéré comme une somnittée intellectuelle

68 **Parmi les propositions suivantes, laquelle est correcte ?**

1/ Il faut arrêter de le mettre sur un pied d'estrade, il devient prétentieux
2/ Il faut arrêter de le mettre sur un pied d'estale, il devient prétentieux
3/ Il faut arrêter de le mettre sur un pied d'estalle, il devient prétentieux
4/ Il faut arrêter de le mettre sur un piédestalle, il devient prétentieux
5/ Il faut arrêter de le mettre sur un piédestal, il devient prétentieux

69 **Parmi les propositions suivantes, laquelle est correcte ?**

1/ Il se promenait sur le bardeau gris et s'accorda une heure de soliloque avant d'abordé le replat de la colline
2/ Il se promenait sur le bardot gris et s'accorda une heure de soliloque avant d'aborder le replat de la colline
3/ Il se promenait sur le bardeau gris et s'accorda une heure de sauliloque avant d'aborder le replad de la colline
4/ Il se promenait sur le bardot gris et s'accorda une heure de solillauque avant d'aborder le replat de la colline
5/ Il se promenait sur le bardeau gris et s'accorda une heure de ceauliloque avant d'aborder le replas de la colline

70 Parmi les propositions suivantes, laquelle est correcte ?

1/ Charlemagne a créé la France sans coup férer
2/ Catherine de Médicis a poursuivi sa politique de conciliation sans coup ferrer
3/ Ils ont libéré les prisonniers sans coup férir
4/ Les esclaves furent libérés sans coup ferrir
5/ Perceval a combattu sans coup fléchir

71 Parmi les propositions suivantes, laquelle est correcte ?

1/ Je fonde une maison de crédit au capital de trois million, je vous verrai bientôt
2/ L'imprimante coute deux cents trois euros
3/ Ils ont réservé un voyage tout compris pour quatre cents euros
4/ Ce fauteuil a un prix ridicule? cinq cents trois euros et trois centimes
5/ Il a trouvé un très beau meuble pour deux milles euros

72 Parmi les noms suivants, lequel est féminin ?

1/ Stère
2/ Oracle
3/ Intervalle
4/ Alcôve
5/ Éloge

73 À quel type de comportement se rapporte le nom « acrimonie » ?

1/ De mauvaise humeur, agressif
2/ Un comportement fourbe, manipulateur
3/ Un comportement suicidaire
4/ Un comportement lent, endormi
5/ D'humeur joyeuse, festive

74 Parmi les propositions suivantes, laquelle est correcte ?

1/ L'année précèdent sa naissance, sa mère a eut un grave accident de voiture
2/ L'année précédent sa naissance, sa mère a eut un grave accident de voiture
3/ L'année précédente sa naissance, sa mère a eu un grave accident de voiture
4/ L'année précédante sa naissance, sa mère a eu un grave accident de voiture
5/ L'année précédant sa naissance, sa mère a eu un grave accident de voiture

75 Parmi les propositions suivantes, laquelle est correcte ?

1/ Les collégiens vosciféraient et se balançaient des blagues énormes
2/ Emmanuel s'est retrouvé parterre, nu comme un vers
3/ Les autres avaient jeté sa serviette par terre en voscifèrant de plus belle
4/ Emmanuel, assis parterre, n'osait vociférer
5/ Nu comme un ver, il restait là, assis par terre

76 **Parmi les propositions suivantes, laquelle est correcte ?**

1/ Il leurs en voulait mais en même temps se demandait s'il ne leurs devait pas de la gratitude
2/ Si j'aurais vos lettres, je me consolerais de notre séparation
3/ Les embarras ou il se trouvait l'empêchaient de se rendre à Paris
4/ Ils fréquentaient peux l'hôtel de Boisboudran, ou on ne les souhaitait guère
5/ Ils voyaient peu les gens en rapport avec leur niveau social

77 **Parmi les propositions suivantes, laquelle est incorrecte ?**

1/ Après ce marathon, Louis se sentait tout courbattu
2/ Elle était courbaturée à cause du marathon
3/ Les sportifs sont souvent courbatus après un championnat
4/ On peut trouver cette situation confusante
5/ Pourtant, les courbatures des sportifs sont des faits avérés

78 **Parmi les propositions suivantes, laquelle n'est pas une préposition ?**

1/ Dans
2/ Pourquoi
3/ Sous
4/ Durant
5/ Derrière

79 **Parmi les propositions suivantes, inspirées du poème *Ballade à la lune* de Musset, laquelle est correcte ?**

1/ Lune, quelle esprit sombre promène au bout d'un fil, ton profil ?
2/ N'es-tu rien qu'une boule sans patte ni bras ?
3/ Lune, qui t'avait éborgné l'autre nuit ?
4/ Lune, t'étais-tu cogné à quelque arbre pointu ?
5/ Lune, t'étais-tu frappée à quelque branche pointue ?

80 **Parmi les propositions suivantes, laquelle est correcte ?**

1/ Il partis comme un fou à la découverte du monde
2/ Nous voulions qu'il nous fîmes parvenir son adresse
3/ Nous avons attendus de ses nouvelles pendant des années
4/ Il s'appuyiait contre un mur quand nous l'avons revu
5/ Nous pariions tous les jours sur ce cheval

81 **Dans cette phrase extraite du *Portrait de Dorian Gray* d'Oscar Wilde : « aussitôt que j'eus été débarrassé de l'intolérable fascination de sa présence », quel est le temps utilisé pour le verbe « débarrasser » ?**

1/ Imparfait du subjonctif de la forme passive
2/ Passé antérieur de l'indicatif de la forme passive
3/ Plus-que-parfait du subjonctif de la forme passive
4/ Présent du conditionnel de la forme passive
5/ Passé simple de l'indicatif de la forme active

82 **Dans la phrase extraite du *Portrait de Dorian Gray* d'Oscar Wilde : « En tout cas, […] mon motif, je n'ai pas manqué de faire tous mes efforts pour atteindre la porte ». Quelle est la correcte formulation pour la partie à compléter après « en tout cas, […] » ?**

1/ Quel qu'ai été
2/ Quel qu'ait été
3/ Quelqu'aie été
4/ Quelqu'ait était
5/ Quelqu'ai était

83 **Qu'est-ce que la « déférence » ?**

1/ Un comportement arrogant ou hautain
2/ Le fait de lancer un défi à quelqu'un
3/ Une marque de respect
4/ Le fait de profiter d'un moment de bonheur
5/ L'arrestation d'une personne par la police

84 **Que signifie l'adjectif « chamarré » ?**

1/ Emmêlé
2/ Très coloré
3/ Victime de moqueries
4/ Emballé
5/ Protégé

85 **Quelle est l'orthographe correcte du mot manquant dans cette phrase extraite de *24h de la vie d'une femme* de S. Zweig : « Sur ces […], les enfants s'étaient réveillées là-haut et en chemises de nuit elles appelaient leur mère par la fenêtre. » ?**

1/ Entrefètes
2/ Entrefaits
3/ Entrefetes
4/ Entrefaites
5/ Entrefettes

2e partie : compréhension – 15 questions

Texte

Source : Jordy Cummings, « Au Canada, le "progressisme" du XXIe siècle », *Le Monde Diplomatique*, février 2017, p. 11

Justin Trudeau, l'envers d'une icône

par Jordy Cummings

Charmeur et habile communicant, le Premier ministre canadien Justin Trudeau séduit dirigeants syndicaux et patrons. En prônant l'ouverture à la fois économique et culturelle, il prétend incarner le renouveau du camp progressiste et apparaît comme l'antithèse de M. Donald Trump. Pourtant, à l'instar de son homologue américain, il participe de la recomposition des clivages politiques traditionnels.

« Nouveau superman de la politique » selon *Le Point* (2 mai 2016), « homme de l'année » pour *Courrier international* (19 octobre 2016), « visage aimable de l'Amérique » pour *El País* (27 novembre 2016) et « exemple pour le monde » aux yeux de *The Economist* (29 octobre 2016) : les médias raffolent de M. Justin Trudeau, le dirigeant du Parti libéral du Canada (PLC) devenu Premier ministre après sa victoire aux élections fédérales d'octobre 2015.

Jeune, élégant, tatoué de l'emblème d'une tribu autochtone sur son biceps gauche, l'homme aux 3,5 millions d'amis Facebook s'est vu qualifier par les médias américains, à la suite du site E ! Online (20 octobre 2015), de « friandise au sirop d'érable dont on ferait bien son quatre heures ». Combinant le pouvoir de séduction planétaire d'un George Clooney avec le charisme distingué d'un Barack Obama, M. Trudeau affiche en outre une convivialité typiquement canadienne, à l'image de son père, le « bon vivant » Pierre Elliott Trudeau, Premier ministre de 1968 à 1979, puis de 1980 à 1984. Il pose avec des réfugiés syriens à l'aéroport de Toronto, souligne les « contributions inestimables de notre florissante communauté musulmane » lors d'un discours dans une mosquée d'Ottawa, rappelle dès qu'il le peut ses convictions féministes et son engagement pour la cause autochtone. Un Premier ministre « cool » qui s'est engagé en faveur de la légalisation du cannabis et dont le visage orne déjà les paquets de feuilles à rouler de la marque Zig-Zag. Comme MM. Matteo Renzi ou Emmanuel Macron, il incarne pour ses admirateurs une « gauche moderne », un progressisme du XXIe siècle. Bref, l'antithèse de son prédécesseur conservateur Stephen Harper, de Mme Theresa May au Royaume-Uni ou du nouveau président américain Donald Trump.

Ainsi, alors qu'une vague xénophobe submerge l'Europe et les États-Unis, M. Trudeau ne cesse de clamer son amour du multiculturalisme et de la diversité. Sur les réseaux sociaux et dans les médias, beaucoup se sont pâmés devant son cabinet ministériel, qui compte autant de femmes que d'hommes, quatre sikhs, deux autochtones, une musulmane, un juif… mais aussi 45 % de politiciens de carrière, 19 % d'administrateurs privés ou publics, 13 % d'avocats[1]. Très fier de son équipe, le chef du gouvernement a notamment présenté son ministre de la Défense, le sikh Harjit Sajjan,

1 Charles Étienne Camirand, « Une diversité de façade », Le Devoir, Montréal, 7 novembre 2015.

comme un « exemple de la magnifique diversité du Canada ». Les commentateurs ont repris cette rhétorique, mais se sont moins attardés sur le parcours de cet ancien officier de police de Vancouver, inventeur d'un masque à gaz spécial pour barbus qu'il a breveté en 1996 et agent du renseignement canadien. Au cours des années 2000, M. Sajjan a œuvré pour les services secrets en Afghanistan, il a par exemple livré des prisonniers de guerre aux autorités afghanes, qui les ont ensuite torturés. Il a également assisté les Américains dans leurs opérations, menées hors de tout cadre légal, d'enlèvements ciblés et de transferts de prisonniers[2]. On peut arborer un turban, une barbe, une moustache et servir les intérêts du Pentagone…

La précarité, un « fait de la vie »

En plus d'être engagé en faveur du multiculturalisme, M. Trudeau s'est fait élire en dénonçant l'austérité, les inégalités économiques, les ravages environnementaux. Il prône ce qu'il appelle une « politique positive », rompant avec la morosité ambiante. « *Nous avons battu la peur grâce à l'espoir, le cynisme grâce à un travail acharné, la politique négative grâce à une vision rassembleuse et positive (…). Des voies ensoleillées, mes amis, des voies ensoleillées, voilà ce qu'une politique positive peut ouvrir* », a-t-il lancé au soir de sa victoire. Ses projets d'investissements publics dans les infrastructures et de rupture avec l'austérité l'ont fait apparaître à gauche du Nouveau Parti démocratique (NPD), le parti traditionnel de la classe ouvrière, devenu plus modéré depuis la mort de son dirigeant charismatique en 2011 et son remplacement par un ancien membre du Parti libéral du Québec, M. Thomas Mulcair. Le PLC a ainsi gagné le soutien de nombreux syndicalistes qui appuyaient auparavant la formation de feu Jack Layton.

« *Il y a un sentiment d'optimisme au sein du mouvement syndical* », déclarait en septembre 2016 le président du Congrès du travail du Canada et membre d'Unifor Canada[3], M. Hassan Yussuff. Prononcée quelques jours après le règlement (temporaire) du conflit entre Postes Canada et le puissant et combatif Syndicat des travailleurs et travailleuses des postes, cette déclaration illustre davantage les faibles attentes du dirigeant syndical que l'engagement de M. Trudeau en faveur des salariés. Pour obtenir ce satisfecit, le gouvernement libéral s'est simplement engagé à laisser se dérouler les négociations de la convention collective et à ne pas contraindre les éventuels grévistes à regagner leur poste – contrairement à ce qu'avait fait M. Harper. Or, pendant que M. Yussuff louait le Premier ministre, Unifor Canada signait avec les « trois grands » de l'automobile (General Motors, Ford, Fiat-Chrysler) une nouvelle convention collective qui, en échange de vagues promesses d'investissement, prévoyait des concessions en matière de salaires et de retraites.

Largement acquis à la notion de « compétitivité progressiste », les principaux dirigeants syndicaux soutiennent M. Trudeau, persuadés qu'il est le mieux à même d'attirer des investisseurs. « *Avec sa stabilité économique, fiscale, politique et sociale, le Canada est un pays très attractif pour faire des affaires* », déclarait-il encore récemment[4]. De nombreux militants s'opposent néanmoins à sa politique. Le 25 octobre 2016, il était invité à un Forum de jeunes travailleurs ; dans l'assistance, certains ont dénoncé son soutien au partenariat transpacifique (en anglais, TPP), puis l'ont hué quand il a déclaré que la précarité était un « fait de la vie ».

Pour lui, être compétitif, c'est d'abord s'engager à promouvoir le TPP (même sans les États-Unis) et l'Accord économique et commercial global entre l'Union européenne et le Canada (AECG). Alors que nombre de dirigeants politiques et d'économistes se sont convertis à une forme de protectionnisme, il demeure un apologiste du libre-échange, avec des arguments tout droit sortis des années

2 Sandy Garossino, « You have no idea how badass Trudeau's defence minister really is », National Observer, 4 novembre 2015.
3 Unifor Canada regroupe les Travailleurs canadiens de l'automobile et le Syndicat canadien des communications, de l'énergie et du papier.
4 Cité dans Colin Perkel, « Justin Trudeau pitches Canada to powerful investors », The Toronto Star, 14 novembre 2016.

→

1990 : la liberté de commercer permettrait l'ouverture et la fraternité entre les peuples, explique sans cesse le chouchou de *The Economist*.

N'hésitant jamais à disjoindre le geste et la parole, M. Trudeau se pose en défenseur des droits humains, alors que son gouvernement réalise des ventes d'armes sans précédent avec diverses dictatures. Classé en 2014 au sixième rang des exportateurs d'armes vers le Proche-Orient, le Canada occupe désormais la deuxième place grâce à des contrats colossaux avec l'Arabie saoudite. Cette amélioration des « liens commerciaux » avec le régime wahhabite, que le ministre des Affaires étrangères d'alors Stéphane Dion a présentés comme un moyen d'exercer sur lui une influence bénéfique, résulte d'un changement législatif. Les exportations d'armes étaient auparavant conditionnées à l'organisation de « *vastes consultations* » par les autorités fédérales afin d'en évaluer les implications en termes de sécurité internationale et de droits humains. Ces consultations ne sont plus requises.

Durant la Guerre froide, Pierre Elliott Trudeau avait mis en place une diplomatie originale, ménageant un certain équilibre entre les Deux Grands – son pays, voisin des États-Unis, entretenait alors de bonnes relations avec Cuba ou la Chine – tout en bâtissant un État-Providence solide et en n'hésitant pas à intervenir dans l'économie, par exemple pour nationaliser la production de pétrole. Son fils s'est lui aussi engagé dans un rapprochement avec la Chine, mettant ainsi fin aux tensions qui régnaient depuis M. Harper, lequel avait notamment refusé d'assister aux Jeux olympiques de Pékin en 2008. En août 2016, il a été accueilli avec les honneurs en Chine, où le milliardaire Jack Ma, propriétaire du site de vente en ligne Alibaba.com, a célébré en lui « *l'avenir du Canada* ». Trois semaines après ce voyage, qui a rapporté 1,2 milliard de dollars en contrats, le Premier ministre chinois, M. Li Keqiang, se rendait à Ottawa. Au cours d'une conférence de presse, les deux chefs de gouvernement ont annoncé leur intention d'ouvrir des négociations en vue d'un accord de libre-échange. Cette perspective a ravi les multinationales canadiennes du secteur minier, de l'agroalimentaire et de la finance, mais aussi les milieux d'affaires sino-canadiens, qui financent abondamment le Parti libéral.

Si ce rapprochement avec la Chine peut inquiéter M. Trump à l'heure où il promet d'engager une guerre commerciale avec Pékin, le nouveau président des États-Unis peut également trouver des points de convergence avec Ottawa. M. Trudeau approuve lui aussi l'exploitation intensive des sables bitumineux et le projet d'oléoduc Keystone XL, combattu par les militants écologistes et les communautés autochtones. Il vante par ailleurs son amitié avec le président conservateur argentin Mauricio Macri, dont le père faisait des affaires avec M. Trump dans les années 1980.

Enfin, en dépit de ses promesses de campagne, il n'a pas rompu avec la politique pro-israélienne menée pendant dix ans par M. Harper. Il l'a même accentuée, en février 2016, lorsqu'il s'est rangé derrière une motion déposée par les conservateurs qui condamne toute promotion du mouvement Boycott Désinvestissement Sanctions (BDS), en arguant que « *la diabolisation et la délégitimation* » de l'État d'Israël renforceraient l'antisémitisme. En août, une enseignante de Mississauga (Ontario) a été suspendue de ses fonctions pour avoir pris la parole lors d'un rassemblement en faveur des droits des Palestiniens.

M. Trudeau affiche néanmoins sa préoccupation face à la « colonisation », notamment au Canada : « *Nous avons constamment marginalisé* [les peuples autochtones], *nous avons eu des attitudes coloniales, des attitudes destructrices, des attitudes assimilationnistes qui posent encore des problèmes à une large portion des gens qui vivent au Canada et qui sont autochtones* », affirmait-il lors d'une rencontre avec des étudiants de la New York University en avril 2016. Si elle contraste avec le déni de l'ère Harper, cette déclaration n'en recourt pas moins à une formulation ambiguë. Car les autochtones ne sont pas « des gens qui vivent au Canada » ou des « minorités » (comme les Juifs ou les Coréens) : depuis les premiers traités avec les colonisateurs euro-

→

péens, au XVIIe siècle, ils sont reconnus comme des « nations », qui discutent comme telles avec l'État canadien. De même, après avoir froissé beaucoup de francophones lors de la fête nationale, le 1er juillet dernier, en présentant le Canada comme « *une seule nation* », le Premier ministre a dû reconnaître que les Québécois formaient une nation, conformément à la résolution votée à la Chambre des communes en 2006.

Feu vert à des projets d'oléoducs

Au-delà de cette question de vocabulaire, qui contredit sa promesse d'établir avec eux une « *relation renouvelée de nation à nation* », M. Trudeau se soucie aussi peu du sort des autochtones que M. Harper. En octobre 2015, quelques jours avant les élections, au cours d'une émission diffusée par le Réseau de télévision des peuples autochtones, il avait affirmé que les communautés indigènes devaient disposer d'un droit de veto sur les projets de développement minier qui passaient par leurs terres. Un engagement conforme à la Déclaration des Nations unies sur les droits des peuples autochtones (2007), qui précise que « *les États consultent les peuples autochtones concernés (...) en vue d'obtenir leur consentement, donné librement et en connaissance de cause, avant l'approbation de tout projet ayant des incidences sur leurs terres ou territoires et autres ressources* ».

Mais il a finalement donné son feu vert à des projets d'oléoducs et de prospection sismique néfastes pour l'environnement et combattus tant par les Tsleil-Waututh de l'île de Vancouver (Colombie-Britannique) que par les Inuits de Clyde River (Nunavut). Pour justifier cette volte-face, le ministre des Ressources naturelles Jim Carr a expliqué, dans une pirouette d'une audace remarquable, que le gouvernement cherchait à développer une « *version canadienne* » de la Déclaration des Nations unies, que ni M. Harper ni M. Trudeau n'ont signée...

Il n'en demeure pas moins que le Premier ministre canadien est l'un des derniers dirigeants à défendre les migrants, les droits des minorités, l'ouverture. En observant MM. Donald Trump, Vladimir Poutine, Viktor Orbán, Narendra Modi, ou Mme Theresa May, ses concitoyens sont fondés à pousser un soupir de soulagement. Mais c'est peut-être là que se situe le danger. Le nouveau « progressisme » de M. Trudeau participe de la mutation des clivages politiques. À l'affrontement classique entre la gauche, la droite et le centre se substitue une nouvelle opposition, entre les tenants d'un nationalisme économique et identitaire et les défenseurs de la mondialisation économique et culturelle. MM. Trump et Trudeau représentent les deux faces d'une même pièce. Ne pourrait-on pas changer de monnaie ?

Jordy Cummings
Doctorant et enseignant en science politique à l'université York de Toronto (Canada).

session

Questions

86 Parmi les propositions suivantes, laquelle peut remplacer la locution « à l'instar » ?

1/ Comme
2/ *A contrario*
3/ En revanche
4/ L'un après l'autre
5/ Simultanément

87 Parmi les propositions suivantes, laquelle ne correspond pas aux informations que donne l'article au sujet du ministre de la Défense choisi par Justin Trudeau ?

1/ Il a été agent secret en Afghanistan
2/ Il est l'inventeur d'un masque à gaz spécialement conçu pour les hommes barbus
3/ Il est Sikh
4/ Il a été policier à Toronto
5/ Il a assisté les américains dans des opérations secrètes illégales

88 Que souligne l'article, en s'appuyant sur les observations de Charles Étienne Camirand, à propos du cabinet ministériel nommé par Trudeau ?

1/ Il est exemplaire par sa jeunesse et sa modernité, et constitue un renouvellement politique notable
2/ Il s'engage pour l'environnement et contre le réchauffement climatique
3/ Il affiche une diversité ethnique et religieuse mais ne reflète pas toutes les classes sociales ou les secteurs d'activité de la population
4/ Il fait preuve d'une communication efficace et d'un traitement des dossiers qui satisfait la population
5/ Il adopte une façon nouvelle de faire de la politique qui est vantée par les citoyens

89 Parmi les propositions suivantes, laquelle peut remplacer le terme « satisfacit » ?

1/ Refus catégorique
2/ Indifférence
3/ Incitation
4/ Franchise
5/ Témoignage d'approbation

90 Qu'est-ce qu'Unifor Canada ?

1/ Un groupement d'industriels
2/ Un groupement de syndicats
3/ Un groupement d'associations citoyennes
4/ Un groupement de nations autochtones
5/ Un groupement de salariés du secteur automobile

91 Parmi les personnalités suivantes, laquelle était le charismatique dirigeant de la formation politique décrite dans le texte comme le parti traditionnel de la classe ouvrière, avant son décès en 2011 ?

1/ Thomas Mulcair
2/ Stéphane Dion
3/ Hassan Yussuff
4/ Jack Layton
5/ Stephen Harper

92 Quelle est la particularité commune des populations Québécoise, Inuit ou Tseil-Waututh du Canada, mentionnées dans le texte ?

1/ Elles parlent des langues différentes de la langue nationale, y compris dans leurs administrations
2/ Elles sont reconnues comme des nations à part entière
3/ Elles disposent de lois particulières propres à leurs territoires
4/ Elles disposent de leurs matières premières
5/ Elles disposent de leur propre parlement

93 Par les acronymes suivants, lequel désigne un mouvement pro-palestinien ?

1/ BDS
2/ TPP
3/ AECG
4/ NPD
5/ PLC

94 Parmi les propositions suivantes, laquelle illustre un changement de politique de Justin Trudeau vis-à-vis de la gouvernance de Stephen Harper, son prédécesseur ?

1/ L'interventionnisme économique
2/ La diplomatie pacifique et l'échange économique avec la Chine
3/ La bienveillance à l'égard de l'environnement
4/ Le soutien au gouvernement israélien
5/ La signature d'une version canadienne de la déclaration des Nations-Unies

95 Dans quel contexte Justin Trudeau a-t-il prononcé la phrase controversée « la précarité est un fait de la vie » ?

1/ Lors d'une conciliation entre les syndicats de postiers et la direction des postes canadiennes
2/ Lors d'une interview pour *The Economist*
3/ Lors d'un forum de jeunes travailleurs
4/ Le soir de sa victoire aux élections fédérales
5/ Lors d'une rencontre avec les étudiants de New York University

96 Parmi les propositions suivantes, laquelle ne reflète pas le discours tenu par Justin Trudeau sur ses intentions et positions politiques ?

1/ Entretenir de bons rapports avec la communauté musulmane
2/ Valoriser la diversité et les cultures autochtones
3/ Combattre l'austérité
4/ Nationaliser le pétrole
5/ Légaliser le cannabis

97 Parmi les propositions suivantes, laquelle ne reflète pas l'image médiatique de Justin Trudeau, telle qu'elle est relatée dans l'article ?

1/ Il est séduisant
2/ Il incarne la convivialité que l'on prête au canadiens
3/ Il est moderne et progressiste
4/ Il est ferme dans les relations internationales
5/ Il est charismatique

98 Quelle condition dans la législation de la vente d'armes a été levée sous la présidence de Trudeau, lui permettant de se ranger à la seconde place des exportateurs d'armes vers le Moyen Orient ?

1/ Des limitations à quelques catégories d'armes
2/ L'interdiction de vendre des armes à des dictatures
3/ Des consultations et des évaluations menées par les autorités fédérales
4/ L'obligation de ne vendre qu'à des pays alliés militairement
5/ Des limitations dans la quantité d'armes vendues à l'étranger

99 Malgré leurs différences très affirmées d'orientation politique, le texte souligne un point d'accord entre Trump et Trudeau. Lequel ?

1/ Le soutien au gouvernement conservateur du Chili
2/ La relation commerciale avec le gouvernement chinois
3/ La défense de la politique israélienne
4/ L'exploitation des sables bitumineux
5/ Le scepticisme vis-à-vis du réchauffement climatique

100 Parmi les propositions suivantes, laquelle reflète le mieux la conclusion apportée par Jordy Cummings à son article ?

1/ Le progressisme affiché de Trudeau est une façade, il ne se distingue de Donald Trump que dans des artifices de communication, et non sur le fond
2/ La défense des migrants, des minorités et des populations fragilisées distingue fondamentalement Trudeau des dirigeants fraîchement élus des grandes puissances mondiales
3/ La popularité de Justin Trudeau s'explique par la vague de conservateurs élus dans le monde, dont il se distingue. Sans ce contraste le peuple s'apercevrait des paradoxes de son discours politique
4/ Justin Trudeau ne se distingue pas de Trump sur son adhésion au libéralisme économique et sur son mépris des populations autochtones
5/ Les clivages politiques traditionnels ont muté vers deux pôles, séparant ceux qui prônent le libre-échange et ceux qui prônent le nationalisme protectionniste en anti-migratoire. La troisième voie reste à inventer

ÉPREUVE DE RAISONNEMENT LOGIQUE ET NUMÉRIQUE

101 Compléter la suite : UN – EDUX – OTRIS – TQUARE – CINQ – XSI – …

① ESPT
② PEST
③ PSET
④ SEPT
⑤ TSEP

102 Quel est logiquement l'intrus parmi les mots suivants : paressa, raseras, passera, parasse, repassa ?

① Paressa
② Raseras
③ Passera
④ Parasse
⑤ Repassa

103 Les sociétés Wash-it et Clean-up sont en concurrence pour prendre le marché de nettoyage d'une université. Les équipes de Clean-up mettent 90 minutes à 4 personnes pour nettoyer un amphithéâtre complet, alors que les équipes de Wash-it mettent 1 heure à 6 personnes. Si une équipe de Wash-it et une équipe de Clean-up se réunissent et travaillent à leur rythme, en combien de temps sera nettoyé cet amphithéâtre ?

① 30 minutes
② 36 minutes
③ 40 minutes
④ 45 minutes
⑤ 50 minutes

104 **Des candélabres sont installés tous les 200 m entre les villes Banshee et Wayward Pines. On place le premier candélabre à 300 m de Banshee et on pose les autres en allant en direction de Wayward Pines. Combien de candélabres seront installés sachant que la distance entre les deux villes est de 1 mille et 1 240 yards ? On sait de plus qu'un mille est égal à 1 760 yards et qu'un yard est égal à 0,000915 km.**

① 13
② 14
③ 15
④ 16
⑤ 20

105 **En considérant le tableau de valeurs suivant :**

i	1	2	3
x_i	1,3	2,2	4,5

Pour n = 3, quelle est l'écriture algébrique correspondant au calcul suivant : $4{,}5^2 + 2{,}2^2 + 1{,}3^2$?

① $\sum_{i=1}^{n} x_{1^2}$
② $\sum_{i=0}^{n} x_i^2$
③ $\left(\sum_{i=1}^{1} x_i\right)^2$
④ $\sum_{i=1}^{n} x_i^2$
⑤ $\sum_{i=n}^{1} i^2$

106 **Supposons le processus de sélection suivant : à l'étape une, le tiers des candidats est éliminé ; à l'étape deux, c'est la moitié des candidats restants qui est éliminée ; à l'étape trois, les deux-tiers et à l'étape quatre, le quart. Quel pourcentage de candidats passeront avec succès les quatre étapes de sélection ?**

① 8,33 %
② 9 %
③ 12,5 %
④ 15 %
⑤ 16,66 %

107 **Compléter cette suite : CABCAAC, ACCABCA, CAACCAB, ABCAACC, …**

① ACBACCA
② BACCAAC
③ CCABCAA
④ CACCABA
⑤ CCACBAA

108 **Quelle carte complète la figure ?**

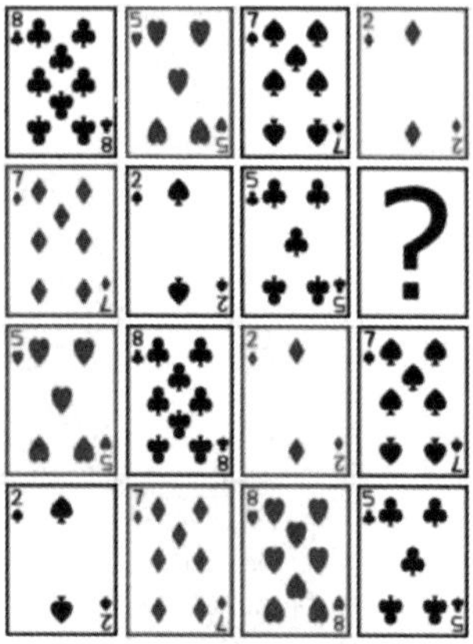

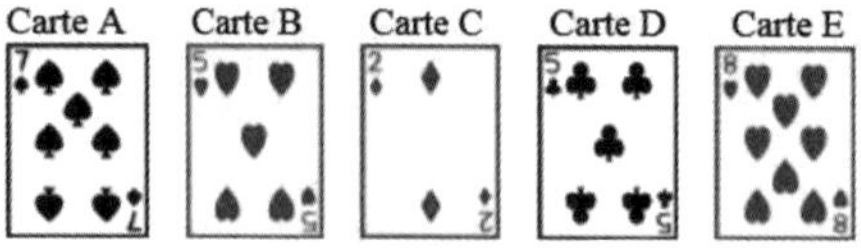

① Carte A
② Carte B
③ Carte C
④ Carte D
⑤ Carte E

---

109 **La famille Renifle cherche la meilleure affaire parmi ces 5 publicités de mouchoirs en papier (tous de même marque mais dans des enseignes différentes), laquelle va-t-elle choisir ? (prix par mouchoir le plus bas)**

– Offre1 : La boîte de 100 mouchoirs à 3,2 euros.
– Offre2 : Pour l'achat de deux boîtes de 100 mouchoirs à 3,6 euros, la troisième à moitié prix.
– Offre3 : Moins 20 % en caisse pour l'achat d'un lot de 3 boîtes de 250 mouchoirs à 30 euros.
– Offre4 : La boîte de 250 mouchoirs à 7,5 euros.
– Offre5 : Pour 3 boîtes de 100 mouchoirs à 3,90 euros achetés, la quatrième est offerte.

① Offre1
② Offre2
③ Offre3
④ Offre4
⑤ Offre5

---

110 **Quelle valeur continue la liste de nombres suivante ?**
83, 17, 66, –49, 115, –164, ...

① –107
② –70
③ 138
④ 237
⑤ 279

111 On élabore des mélanges de jus de fruits comportant une proportion égale des jus qui les composent. Les coûts sont les suivants :
- Pomme-Orange : 2,15 € / L
- Pomme-Abricot : 2,25 € / L
- Abricot-Pomme-Orange : 2,10 € / L

Combien coûte un litre de jus d'orange ?

① 0,30 €
② 0,60 €
③ 0,90 €
④ 1,50 €
⑤ 1,80 €

112 Hicham joue avec un dé à six faces numérotées de 1 à 6 avec deux amis. Les trois amis lancent le dé, et Hicham gagne si le score qu'il obtient est strictement supérieur à celui obtenu par chacun de ses amis. Quelle est la probabilité qu'Hicham gagne ?

① 1/3
② 1/6
③ 5/36
④ 45/216
⑤ 55/216

113 Soit la définition suivante : $S_n = \frac{2^{n-1}}{(n+1)!}$
Que vaut S_{10} ?

① $\frac{2^9}{11}$
② $5 \times S_9$
③ $\frac{2}{11} \times S_9$
④ $\frac{2^{10}}{11!}$
⑤ $\frac{2 \times S_8}{45}$

114 Soit une suite de nombres dont un élément peut se calculer en retranchant à l'élément qui le suit, celui qui le précède et en divisant le résultat par deux. En sachant que les deux premiers éléments sont respectivement 8 et 4, quelle est la valeur du cinquième élément ?

① 32
② 36
③ 48
④ 88
⑤ 116

115 En partant des lettres déjà placées, et en sachant que chaque ligne, chaque colonne et chaque carré de 3 × 3 contient une seule et unique fois toutes les lettres distinctes de « score iae-message », quelle lettre doit être placée dans la cellule noire de cette grille ?

a	i	s	e		m		g	c
g		m	c	a	i		e	s
	e	c		s	g	m	i	a
s	a		m	c	e	g		i
i		g	s	■	a	c	m	e
c	m	e	g	i		s	a	
m	c	i	a	g		e	s	
e	s		i	m	c	a		g
r	g	a		e	s	i	c	m

① s
② c
③ o
④ r
⑤ e

116 De 2000 à 2016, l'équipe de France de basketball gagnait 7 matchs sur 10 quand Tony Parker jouait, et seulement 40 % de ses matchs quand il ne jouait pas. Il est précisé qu'il ne peut y avoir de match nul (à égalité) au basket, il y aura prolongation jusqu'à victoire d'une des deux équipes. Sachant qu'il a joué 8 matchs sur 10 de l'équipe de France lors de cette période, et que la France a battu l'Espagne 80 à 66 lors de l'Euro 2013, quelle est la probabilité que T. Parker ait joué ce match ?

① 1 chance sur 2
② 1 chance sur 3
③ 2 chances sur 5
④ 3 chances sur 4
⑤ 7 chances sur 8

117 Lors du dernier mois de préparation à la prochaine session du score, Hubert note ses heures de coucher, et quelques jours avant la session, il fait la moyenne de toutes les heures notées. Il transmet cette heure en donnant les indices suivants :
– les heures et les minutes ont chacune deux chiffres et ne contiennent aucun zéro ;
– les minutes font le double des heures ;
– les quatre chiffres sont différents ;
– le premier chiffre des heures fait la moitié du premier chiffre des minutes.
Quelle est donc son heure moyenne de coucher ?

① 19h38
② 20h40
③ 21h42
④ 22h44
⑤ 23h46

118 En vue d'appliquer la nouvelle loi sur l'égalité professionnelle Homme-Femme, un directeur des ressources humaines souhaite mener une pré-étude des salaires comparés avant de réaliser le RSC. Pour cela, il prend au hasard 10 salariés de chaque sexe et construit le tableau suivant avec les derniers salaires mensuels en euros :

Hommes	1 900	2 000	2 000	1 900	2 000	1 900	1 900	1 800	1 900	1 500
Femmes	1 400	1 300	1 300	1 600	1 400	1 400	1 400	1 400	1 400	1 300

En fonction de l'écart moyen entre les hommes et les femmes, il souhaite pouvoir classer le résultat de cette étude dans l'une des catégories suivantes :
– Supérieur à + 25 % - Extrêmement significatif
– Entre 15 % et 25 % - Très significatif
– Entre 7 % et 15 % - Significatif
– Entre 3 % et 7 % - Peu Significatif
– Inférieur à 3 % - Pas d'écart
Que va-t-il pouvoir conclure des résultats de cette étude ?

① Pas d'écart
② Peu significatif
③ Significatif
④ Très significatif
⑤ Extrêmement significatif

119 En sachant que $\sum_{i=1}^{7} x_i = 210$ et que $\sum_{i=1}^{9} x_i = 240$.
Parmi les valeurs proposées, quelles valeurs de x_8 et x_9 conviennent ?

① 15 et –30
② 46 et –16
③ 15 et –16
④ 16 et 16
⑤ 21 et –24

120 Combien d'entiers dans l'intervalle [1 ; 10 000] sont divisibles par 25 et pas par 16 ?

① 375
② 385
③ 395
④ 400
⑤ 405

Épreuve de compréhension et expression écrite en anglais

Première partie : expression (35 questions)

121 **The Marin Bay Country club has a strict dress code and members will not ... unless they are appropriately dressed.**

1/ Be admitted
2/ Admit
3/ Admitting
4/ Admission
5/ Have admitted

122 **We have a lot of things to talk ... .**

1/ On
2/ About
3/ At
4/ By
5/ With

123 **We haven't yet received all the figures for the last quarter's expenditure so we will have to ... the stockholders meeting until after the spring break.**

1/ Report
2/ Postpone
3/ Bring down
4/ Postdate
5/ Refrain

124 **Before deciding who will undertake the valley bridge construction, the committee has decided to put the project out to ... .**

1/ Tender
2/ Selection
3/ Choice
4/ Proposal
5/ Trial

125 **They are a very ... family.**

1/ Closed
2/ Closeknit
3/ Closed down
4/ Close-up
5/ Close-call

126 **The ... from the top of the mountain was stunning.**

1/ Views
2/ Few
3/ Flu
4/ View
5/ Ewe

127 **The loss of the company's most important customer followed quickly by a large … in the share price was enough to trigger the sacking of the CEO.**

1/ Falling
2/ Failure
3/ Detour
4/ Crack
5/ Drop

128 **The new drug has been … as one of the most important medical advances in recent years.**

1/ Healed
2/ Sealed
3/ Failed
4/ Heeled
5/ Hailed

129 **Mark's hole-in-one had been a complete … as his ball had bounced off a tree before ending up in the hole.**

1/ Chance
2/ Luck
3/ Flux
4/ Fluke
5/ Fluff

130 **The sales team were worried about their boss who was becoming very … and leaving documents in all sorts of inappropriate places.**

1/ Forget
2/ Forgetting
3/ Forgot
4/ Forgetful
5/ Forgotten

131 **They were … several opportunities to address the problem but failed to do so.**

1/ Gave
2/ Gives
3/ Given
4/ Giving
5/ Give

132 **It is amazing that people are … enough to believe the story of somebody stranded abroad with no money.**

1/ Incorrigible
2/ Gullible
3/ Grumpy
4/ Gross
5/ Game

133 **… someone of Ms. Stirling's experience in sales has rapidly made a difference to the company.**

1/ Have
2/ Have had
3/ Had
4/ Having
5/ To be having

134 **Increasing the supply of houses is the only answer to the … property crisis.**

1/ Ongoing
2/ Outgoing
3/ Incoming
4/ Overcoming
5/ Upcoming

135 **Many goods were being sold at … prices.**

1/ Knockout
2/ Knock up
3/ Knocked
4/ Knock over
5/ Knockdown

136 **We aimed to meet and even … the requirements and evaluations for the facility inspections.**

1/ Exceed
2/ Add
3/ More
4/ Ask
5/ Were

137 **Mr Murphy handed in his … after 20 years with the company.**

1/ Note
2/ Noticed
3/ Notice
4/ Notes
5/ Noted

138 **There have been many changes in teaching … the years.**

1/ Under
2/ On
3/ Over
4/ Below
5/ After

139 **Against all … the team of Arctic explorers arrived at the North Pole in record time.**

1/ Ends
2/ Orders
3/ Odds
4/ Objects
5/ Objectives

140 **Radical cost-saving measures were introduced at Phong electronics to try to avoid the company going … debt.**

1/ Out
2/ In
3/ Out of
4/ Into
5/ By

141 **In renovating our Sunderland plant, we realised that all the old machines would have to be … and replaced by more modern technology.**

1/ Sunk
2/ Scrapped
3/ Outdated
4/ Related
5/ Outmoded

142 **Penelope had always been an … critic of the plan to build another airport on the south side of the city.**

1/ Outspoken
2/ Outrageous
3/ Outgoing
4/ Outside
5/ Outsize

143 Some of Mike's colleagues believe that his refusal to take … as project manager could negatively impact his chances of promotion.

1/ Away
2/ After
3/ Over
4/ In
5/ Out

144 The unhappy victims received what they described as a … sum in compensation for the extensive damage caused to their property.

1/ Pending
2/ Poultry
3/ Paltry
4/ Pants
5/ Mocking

145 In 1920, the 19th Amendment guaranteed women the … vote.

1/ Wrong to
2/ Right on
3/ Right to
4/ Right by
5/ Wrong off

146 Many homes were … affected by the floods.

1/ Several
2/ Severed
3/ Severely
4/ Severe
5/ Severance

147 Ms. Cho, against the advice of the three other directors who were involved in the project, … decided to announce the new software upgrade at next week's press conference.

1/ Have
2/ Having
3/ To have
4/ Has
5/ Is having

148 In addition … a master's degree in Chemistry, Ms. Tanaka is also a fully-qualified lawyer.

1/ To have
2/ Having
3/ To having
4/ Has
5/ Have had

149 He met his son in law earlier Thursday before … London later in the day to meet with his daughter.

1/ Travelling to
2/ Travel at
3/ To travel
4/ Travels
5/ Travelled

150 Seating for performing arts events at Mac Arthur Park is strictly on a first-come, first-served … .

1/ Basis
2/ Scale
3/ Trend
4/ Path
5/ Series

151 **The rail company implemented a zero tolerance policy on persons not in possession of a ... ticket.**

1/ Value
2/ Volume
3/ Valid
4/ Vile
5/ Valley

152 **... the negotiations turn out, we must be prepared for significant cutbacks in staff numbers in order to save money.**

1/ Where
2/ How
3/ What
4/ Whatever
5/ However

153 **... vision for peace outlined by the administration, expectations for the new peace push are low.**

1/ With no
2/ What no
3/ Which
4/ Whom
5/ Whose

154 **A proposal ... the construction of a new sports stadium has been unanimously rejected by the Clarksville city council.**

1/ In
2/ For
3/ With
4/ At
5/ From

155 **Ms. Hopper has explained that she needs ... in a more constructive environment than that of her current department.**

1/ To work
2/ Work
3/ Working
4/ Works
5/ A work

Texte

Can Saskatoon's $84m gamble pay off?

Critics voice fears over Canadian town's cultural economic revival plans.

Giovanna Dunmall in Saskatoon

Thursday 23 November 2017

1. "This isn't just a gallery, it's an act of making a city," says Bruce Kuwabara, of KPMB Architects, at the opening of the Remai Modern, a vast glass-and-steel art museum in Saskatoon. The Canadian dollar $84.6m (£51m) project would be a major event for any city, let alone a small university town of 270,000 in the wheat-filled Canadian prairies.

2. Saskatoon is on the cusp of something. It's the third fastest growing city in Canada, has one of the country's youngest demographics and its economy is growing. The latter fact is thanks in great part to an oil and gas industry that, controversially, is charged some of the lowest tax rates in the world and has helped create more than 8,000 millionaires in the province of Saskatchewan.

3. A series of new developments are also being built near the museum, including an office tower, a high-rise condominium and a 15-storey boutique hotel. The downtown neighbourhood of Riversdale, a short walk away, was until recently a cheap home for new immigrants and less affluent communities. It is fast filling up with independently owned bars, artisan coffee shops, trendy co-working spaces.

4. This is not the first time a smaller city has tried to reinvent or elevate itself with a high-profile gallery – think the Mona in Hobart, the Turner in Margate or, most famous of all, the Guggenheim in Bilbao. The latter spawned a phenomenon called the "Bilbao effect", supposed to describe the trickle-down economic benefits and rise in tourism that happens as a result of this sort of splashy arts project. But will it work in Saskatoon?

5. The museum says that the Remai will support 292 full-time jobs. The Saskatoon Regional Economic Development Authority estimates the museum will contribute $30.4m to Saskatoon's GDP over the first two years. Jen Budney, a Saskatoon-based curator, is more sceptical. She believes that even in Bilbao the "effect" is highly questionable: poverty has risen in the Basque city and the art scene has flourished only thanks to generous investments in grassroots arts organisations by city officials. "Even if the projected number of tourists do arrive in Saskatoon, in the absence of any other policies and programmes, the real 'Bilbao effect' will be the creation of a few highly paid managerial positions and many more minimum-wage jobs," she says.

6. Priscilla Settee, professor of indigenous studies at the University of Saskatchewan, believes the money for the museum could have been better used. "Poverty is a huge issue for too many Saskatoon residents, many of whom are indigenous peoples," she says. She rues the loss of the city's Mendel Art Gallery – whose entire collection of 8,000 works was inherited by the Remai Modern – arguing that the former's free admission, seven-day opening and long hours meant "people of little means felt it was accessible".

7. The Remai Modern's long inception and cost overruns, which had to be covered by city funds at a time of significant municipal cuts, only makes matters worse, she says. Originally projected to cost $55m, the Remai finally came in at over $80m (or $100m if you count the car park beneath, which

it shares with a local theatre). The money for construction came largely from federal, provincial and city funds – and the city council (which picked up the largest share of the $55m public bill) has come under considerable scrutiny.

8. The museum's director, Gregory Burke, a New Zealander who was previously at Toronto's Power Plant Gallery, has vowed to make the Remai a "leading centre for contemporary indigenous art and discourse" and speaks of "embracing the history of indigenous peoples through modern and contemporary practice". However, Budney – who was a curator at the Mendel until 2013 and speaks for a group of artists and arts organisers who have been vocal throughout the construction – believes his words are hollow. "How is a museum of modern art going to address the legacies of colonialism, which you see every day in the devastating economic and social inequality in our city and province, when it hasn't yet hired any indigenous staff for permanent senior strategic or creative positions?" she asks.

9. But the make-or-break factor for the museum may be the number of visitors. Critics worry that the projected number of 220,000 a year is unrealistic for a museum with an entrance fee of $12 in a city of 250,000. The wider province of Saskatchewan only contains a little over one million people, in an area roughly the size of France. Will art fans travel repeatedly, given the lack of direct flights from major art centres such as Los Angeles and New York and the day-long journey required to get here from parts of Canada? The long winter, when temperatures reach -40C, may also not help. Whatever happens, it will take a few years for the true "Remai effect" to become clear.

Questions

156 What is implied about the Remai Modern venture in the article headline?

1/ It will be unprofitable
2/ There is a lot of money at stake
3/ It will cost more than originally thought
4/ It has not been fully-financed
5/ It is already paying for itself

157 What is the article mainly about?

1/ The management of Canadian art collections
2/ Plans to renovate a museum in Saskatchewan
3/ The Saskatchewan economy
4/ An attempt to invigorate a local economy
5/ Urban planning in Saskatoon

158 According to the journalist, what is surprising about the Remai Modern in Saskatoon?

1/ Its size
2/ Its location
3/ Its collections
4/ Its architecture
5/ Its popularity

159 What does the journalist say about the city of Saskatoon?

1/ It is about to change
2/ Its population is ageing
3/ Its economy is unstable
4/ It is Canada's fastest-growing city
5/ It is in decline

160 **According to the article, what is true about the Riversdale neighbourhood?**

1/ It has always been the home of the wealthiest people
2/ It is far from the centre of the city
3/ It is more and more popular with immigrants
4/ It has no facilities for businesses
5/ It has changed significantly

161 **According to Jen Budley, the Remai Museum project:**

1/ Will create more jobs for indigenous people
2/ Will create more jobs than estimated
3/ May not create as many jobs as promised
4/ Will create more job opportunities for managers than for lower aid workers
5/ Will lead to greater poverty in Saskatoon

162 **What does Priscilla Settee imply about the Mendel Art Gallery?**

1/ It was too expensive for visitors
2/ It should not have been closed
3/ It did not display enough works of art
4/ Its opening hours were too restricted
5/ It had fewer works of art than the Remai Modern

163 **According to the journalist, the cost of the Remai Modern was:**

1/ More than expected
2/ Less than expected
3/ Less than that of a nearby car park
4/ Financed entirely by private funds
5/ Offset by cuts to the municipal budget

164 **What does the journalist infer concerning Ms. Budney's reaction to the museum director's comments? (paragraph 8)**

1/ She thinks he is not qualified to manage a museum
2/ She thinks he has employed too many staff
3/ She thinks he is being insincere
4/ She thinks he is not sufficiently creative
5/ She thinks he doesn't understand modern art

165 **Which of the following is NOT mentioned as a potential problem for the Remai Modern? (paragraph 9)**

1/ The population level of Saskatoon
2/ The lack of public transport within the city
3/ The absence of direct air links to some US cities
4/ The low temperatures in winter
5/ The travel time required for some Canadian visitors

166 **The word "affluent", in paragraph 3, could best be replaced by :**

1/ Wealthy
2/ Cosmopolitan
3/ International
4/ Diverse
5/ Educated

167 **The verb "spawned", in paragraph 4, is closest in meaning to the word:**

1/ Bore
2/ Evolved
3/ Raised
4/ Involved
5/ Engendered

168 **The word "vowed", in paragraph 8, is closest in meaning to the word:**

1/ Appealed
2/ Promised
3/ Confirmed
4/ Planned
5/ Preferred

169 **The word "roughly", as used in paragraph 9, refers to something that is:**

1/ Precise
2/ Approximate
3/ Constant
4/ Inaccurate
5/ Invalid

170 **The word "means", in paragraph 6, is closest in meaning to the word:**

1/ Mobility
2/ Education
3/ Employment
4/ Income
5/ Knowledge

SCORE IAE-MESSAGE

ÉLÉMENTS DE RÉPONSE

Grille des réponses complétée

SCORE IAE MESSAGE

Session : 29/05/18

N° d'inscription

0	0	0	0	0	0	0
1	1	1	1	1	1	1
2	2	2	2	2	2	2
3	3	3	3	3	3	3
4	4	4	4	4	4	4
5	5	5	5	5	5	5
6	6	6	6	6	6	6
7	7	7	7	7	7	7
8	8	8	8	8	8	8
9 —	9 —	9 —	9 —	9 —	9 —	9 —

Nom : ______

Prénom : ______

Date de naissance : ___/___/___

Centre : ______

Signature du candidat

MARQUAGE DES REPONSES

- Utilisez un crayon mine et une gomme propre ou un blanc correcteur
- Ne graphitez qu'une seule réponse par question

Marquage CORRECT —

INCORRECT — — X / -

Culture G	1	2	3	4	5
1				—	
2			—		
3					—
4				—	
5			—		
6				—	
7		—			
8			—		
9		—			
10			—		
11			—		
12	—				
13				—	
14			—		
15	—				
16				—	
17				—	
18					—
19					—
20			—		
21	—				
22			—		
23				—	
24		—			
25		—			
26				—	
27					—
28		—			
29			—		
30	—				
31				—	
32		—			
33			—		
34				—	
35		—			
36					—
37			—		
38			—		
39					—
40	—				
41			—		
42				—	
43		—			
44			—		
45					—
46			—		
47		—			
48				—	
49			—		
50			—		

Français	1	2	3	4	5
51					—
52		—			
53			—		
54					—
55		—			
56			—		
57				—	
58				—	
59		—			
60				—	
61					—
62				—	
63			—		
64	—				
65			—		
66			—		
67			—		
68					—
69		—			
70			—		
71			—		
72				—	
73	—				
74					—
75					—
76					—
77	—				
78		—			
79					—
80					—
81		—			
82		—			
83			—		
84		—			
85				—	
86	—				
87				—	
88			—		
89					—
90		—			
91				—	
92		—			
93	—				
94		—			
95			—		
96				—	
97				—	
98			—		
99				—	
100					—

RLN	1	2	3	4	5
101			—		
102		—			
103		—			
104	—				
105				—	
106	—				
107			—		
108					—
109					—
110					—
111					—
112					—
113			—		
114				—	
115				—	
116					—
117					—
118					—
119		—			
120	—				

Anglais	1	2	3	4	5
121	—				
122		—			
123		—			
124	—				
125		—			
126				—	
127					—
128					—
129				—	
130				—	
131			—		
132		—			
133				—	
134	—				
135					—
136	—				
137			—		
138			—		
139			—		
140				—	
141		—			
142	—				
143			—		
144			—		
145			—		
146			—		
147				—	
148			—		
149	—				
150	—				
151			—		
152					—
153	—				
154		—			
155	—				
156		—			
157				—	
158		—			
159	—				
160					—
161			—		
162		—			
163	—				
164			—		
165		—			
166	—				
167					—
168		—			
169		—			
170				—	

Explications des réponses de l'épreuve de raisonnement logique et numérique

101 **Compléter la suite : UN – EDUX – OTRIS – TQUARE – CINQ – XSI – …**

① ESPT
② PEST
③ PSET
④ SEPT
⑤ TSEP

Il s'agit de la suite des mots UN – DEUX – TROIS – QUATRE – CINQ – SIX où à chaque fois une lettre particulière occupe la première position : d'abord la première (le U de UN), puis la deuxième (le E de DEUX), la troisième (le O de TROIS), la quatrième (le T de QUATRE). Lorsque le nombre de lettres du mot est inférieur au nombre qu'il décrit, on poursuit la numérotation à partir de la première lettre. Ainsi la cinquième lettre de CINQ (4 lettres) correspond à la première (5 = 4 + 1), la sixième lettre de SIX (3 lettres) correspond à la troisième (6 = 3 + 3), la septième lettre de SEPT (4 lettres) correspond à la troisième (7 = 4 + 3). Le mot suivant s'obtient en déplaçant la troisième lettre de SEPT (soit P) en première position : PSET.

102 **Quel est logiquement l'intrus parmi les mots suivants : paressa, raseras, passera, parasse, repassa ?**

① Paressa
② Raseras
③ Passera
④ Parasse
⑤ Repassa

C'est raseras qui est le seul mot qui ne s'écrit pas avec les mêmes lettres que les autres.

103 Les sociétés Wash-it et Clean-up sont en concurrence pour prendre le marché de nettoyage d'une université. Les équipes de Clean-up mettent 90 minutes à 4 personnes pour nettoyer un amphithéâtre complet, alors que les équipes de Wash-it mettent 1 heure à 6 personnes. Si une équipe de Wash-it et une équipe de Clean-up se réunissent et travaillent à leur rythme, en combien de temps sera nettoyé cet amphithéâtre ?

① 30 minutes
② 36 minutes
③ 40 minutes
④ 45 minutes
⑤ 50 minutes

Une équipe de Clean-up met en temps global 4 × 90 minutes, soit 6 heures de travail individuel pour un amphi. Une équipe de Wash-it met également 6 heures de travail (6 × 1h) individuel pour un amphi. Si les deux équipes sont réunies, on a 10 personnes qui se partageront 6 heures de travail, soit 360 minutes divisée en 10, donc 36 minutes.

104 Des candélabres sont installés tous les 200 m entre les villes Banshee et Wayward Pines. On place le premier candélabre à 300 m de Banshee et on pose les autres en allant en direction de Wayward Pines. Combien de candélabres seront installés sachant que la distance entre les deux villes est de 1 mille et 1 240 yards ? On sait de plus qu'un mille est égal à 1 760 yards et qu'un yard est égal à 0,000915 km.

① 13
② 14
③ 15
④ 16
⑤ 20

Nous allons commencer à convertir la distance entre les deux villes en yards, soit : 1 mi + 1 240 yd = 1 760 + 1 240 = 3 000 yd.
On convertit ensuite en mètres : 3 000 × 0,915 = 2 745 m.
La distance qui reste à couvrir est de : 2 745 – 300 = 2 445 m.
Il faut mettre 1 candélabre tous les 200 m, soit : 2 445/200 = 12,225, on mettra donc le 12e à 45 m de l'entrée de Wayward Pines.
En ajoutant le premier placé à 300 m de Banshee, on a donc 13 candélabres.

105 **En considérant le tableau de valeurs suivant :**

i	1	2	3
x_i	1,3	2,2	4,5

Pour n = 3, quelle est l'écriture algébrique correspondant au calcul suivant : $4,5^2 + 2,2^2 + 1,3^2$?

① $\sum_{i=1}^{n} x_{1^2}$

② $\sum_{i=0}^{n} x_i^2$

③ $\left(\sum_{i=1}^{1} x_i\right)^2$

④ $\sum_{i=1}^{n} x_i^2$

⑤ $\sum_{i=n}^{1} i^2$

Pour $\sum_{i=1}^{n} x_{1^2}$, c'est l'indice qui est élevé au carré, alors qu'il faut élever la valeur au carré.
Pour $\sum_{i=0}^{n} x_i^2$, les indices varient de 0 à n au lieu de 1 à n.
Pour $\left(\sum_{i=1}^{1} x_i\right)^2$, c'est le résultat qui est élevé au carré, au lieu de d'élever les valeurs du tableau.
Pour $\sum_{i=n}^{1} i^2$, on ne prend pas les valeurs mais les indices.
Seule la 4e proposition convient.

106 **Supposons le processus de sélection suivant : à l'étape une, le tiers des candidats est éliminé ; à l'étape deux, c'est la moitié des candidats restants qui est éliminée ; à l'étape trois, les deux-tiers et à l'étape quatre, le quart. Quel pourcentage de candidats passeront avec succès les quatre étapes de sélection ?**

① 8,33 %

② 9 %

③ 12,5 %

④ 15 %

⑤ 16,66 %

Pour passer les quatre étapes, il aura fallu être dans les 2/3 qui passe à la seconde étape, puis dans les 1/2 qui passent à la suivante, puis dans les 1/3, puis enfin dans les 3/4 de la dernière étape. Le pourcentage de réussite est donc de :
2/3 × 1/2 × 1/3 × 3/4 = 1 / 12, soit 8,33 %.

107 **Compléter cette suite : CABCAAC, ACCABCA, CAACCAB, ABCAACC, …**

① ACBACCA

② BACCAAC

③ CCABCAA

④ CACCABA

⑤ CCACBAA

À chaque étape, les deux dernières lettres du mot précédant se retrouvent au début de mot pour en former un nouveau. Le prochain terme est donc : ABCAACC -> ABCAA(CC) => (CC) ABCAA -> CCABCAA.

108 **Quelle carte complète la figure ?**

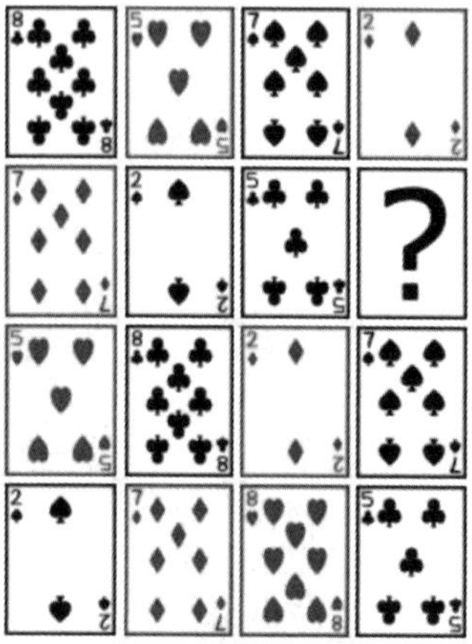

Carte A Carte B Carte C Carte D Carte E

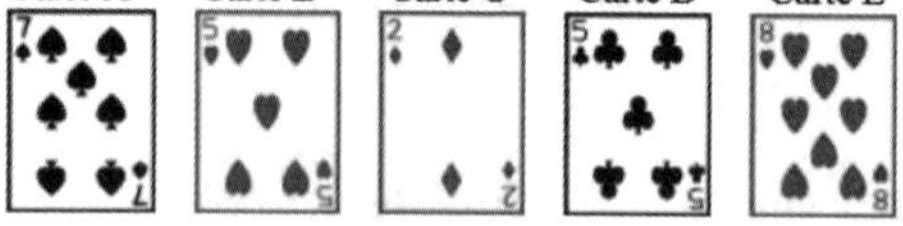

Sur chaque ligne ou colonne, on trouve une fois et une seule, un cœur, un carreau, un trèfle ou un pique, et une fois et une seule, un 2, un 5, un 7 et un 8. La case manquante est un 8 de cœur.

① Carte A
② Carte B
③ Carte C
④ Carte D
⑤ Carte E

109 **La famille Renifle cherche la meilleure affaire parmi ces 5 publicités de mouchoirs en papier (tous de même marque mais dans des enseignes différentes), laquelle va-t-elle choisir ? (prix par mouchoir le plus bas)**

– Offre1 : La boîte de 100 mouchoirs à 3,2 euros.
– Offre2 : Pour l'achat de deux boîtes de 100 mouchoirs à 3,6 euros, la troisième à moitié prix.
– Offre3 : Moins 20 % en caisse pour l'achat d'un lot de 3 boîtes de 250 mouchoirs à 30 euros.
– Offre4 : La boîte de 250 mouchoirs à 7,5 euros.
– Offre5 : Pour 3 boîtes de 100 mouchoirs à 3,90 euros achetés, la quatrième est offerte.

① Offre1
② Offre2
③ Offre3
④ Offre4
⑤ Offre5

Calculons le prix d'un lot de 100 mouchoirs pour chaque offre.
– l'offre 1 est à : 3,2 euros / 100 ;
– l'offre 2 est à : 2 × 3,6 + 1,8 = 9 euros / 300, soit 3 euros / 100 ;
– l'offre 3 est à : 750 mouchoirs pour 30 – 20 % = 24 euros, soit 3,2 euros / 100 ;
– l'offre 4 est à 7,5 euros pour 250, soit 3 euros / 100 ;
– l'offre 5 est à 400 mouchoirs pour 3 × 3,9 = 11,70 euros, soit 2,92 euros / 100.
L'offre numéro 5 est donc la plus intéressante.

---

110 **Quelle valeur continue la liste de nombres suivante ?**
83, 17, 66, –49, 115, –164, ...

① –107
② –70
③ 138
④ 237
⑤ 279

Chaque terme à partir du troisième vaut la différence entre les deux termes précédents : 66 = 83 – 17 ; –49 = 17 – 66 ; 115 = 66 – (–49) ; –164 = –49 – 115. Le terme suivant vaut donc : 115 – (–164) = 279.

---

111 **On élabore des mélanges de jus de fruits comportant une proportion égale des jus qui les composent. Les coûts sont les suivants :**
– Pomme-Orange : 2,15 € / L
– Pomme-Abricot : 2,25 € / L
– Abricot-Pomme-Orange : 2,10 € / L
Combien coûte un litre de jus d'orange ?

① 0,30 €
② 0,60 €
③ 0,90 €
④ 1,50 €
⑤ 1,80 €

Soit a, p, o le prix au litre des jus d'abricot, de pomme et d'orange.
On a : (p + o) / 2 = 2,15 ; (p + a) / 2 = 2,25 ; (a + p + o) / 3 = 2,1.
On en déduit que : o = 1,80 € ; que p = 2,50 € et a = 2 €

SESSION

112 **Hicham joue avec un dé à six faces numérotées de 1 à 6 avec deux amis. Les trois amis lancent le dé, et Hicham gagne si le score qu'il obtient est strictement supérieur à celui obtenu par chacun de ses amis. Quelle est la probabilité qu'Hicham gagne ?**

① 1/3
② 1/6
③ 5/36
④ 45/216
⑤ 55/216

Il y a 36 combinaisons possibles de lancés pour les amis d'Hicham. Si l'on regarde le score le plus élevé obtenu par ses amis, les probabilités d'obtenir les différents scores sont de :
1 : 1/36 (les deux obtiennent 1)
2 : 3/36 (2/1, 1/2 et 2/2)
3 : 5/36 (3/1, 3/2, 1/3, 2/3 et 3/3)
4 : 7/36 (4/1, 4/2, 4/3, 1/4, 2/4, 3/4 et 4/4)
5 : 9/36 (5/1, 5/2, 5/3, 5/4, 1/5, 2/5, 3/5, 4/5 et 5/5)
6 : 11/36 (le reste des lancés)
Si le score des amis d'Hicham est de 1, il a alors 5 chances sur 6 de gagner. Si ce score est de 2, il a alors 4 chances sur 6 de gagner, etc. La probabilité qu'Hicham gagne est donc de :

$$\frac{1}{36}\times\frac{5}{6}+\frac{3}{36}\times\frac{4}{6}+\frac{5}{36}\times\frac{3}{6}+\frac{7}{36}\times\frac{2}{6}+\frac{9}{36}\times\frac{1}{6}+\frac{11}{36}\times\frac{0}{6}=$$

$$=\frac{5+12+15+14+9+0}{216}=\frac{55}{216}$$

113 **Soit la définition suivante : $S_n = \frac{2^{n-1}}{(n+1)!}$**
Que vaut S_{10} ?

① $\frac{2^9}{11}$
② $5 \times S_9$
③ $\frac{2}{11} \times S_9$
④ $\frac{2^{10}}{11!}$
⑤ $\frac{2 \times S_8}{45}$

$S_{10} = \frac{2^9}{11!}$ et $S_9 = \frac{2^8}{10!}$. Donc $S_{10} = \frac{2}{11} \times S_9$

114 **Soit une suite de nombres dont un élément peut se calculer en retranchant à l'élément qui le suit, celui qui le précède et en divisant le résultat par deux. En sachant que les deux premiers éléments sont respectivement 8 et 4, quelle est la valeur du cinquième élément ?**

① 32
② 36
③ 48
④ 88
⑤ 116

Mettons en équation les données du problème : soit un le n^{e} élément de la liste, on a alors la relation :
$u_n = \frac{u_{n+1} - u_{n-1}}{216}$, soit $u_{n+1} = 2u_n + u_{n-1}$.
On peut donc calculer les éléments de la suite :
8 ; 4 ; 4 × 2 + 8 = 16 ; 16 × 2 + 4 = 36 ; 36 × 2 + 16 = 88.
Le cinquième élément est donc 88.

115 **En partant des lettres déjà placées, et en sachant que chaque ligne, chaque colonne et chaque carré de 3 × 3 contient une seule et unique fois toutes les lettres distinctes de « score iae-message », quelle lettre doit être placée dans la cellule noire de cette grille ?**

a	i	s	e		m		g	c
g		m	c	a	i		e	s
	e	c		s	g	m	i	a
s	a		m	c	e	g		i
i		g	s	■	a	c	m	e
c	m	e	g	i		s	a	
m	c	i	a	g		e	s	
e	s		i	m	c	a		g
r	g	a		e	s	i	c	m

① s
② c
③ o
④ r
⑤ e

En analysant les réponses proposées et la grille, on peut tout de suite éliminer les réponses s, c et e car déjà présentes dans le carré central. La résolution d'un « sudoku » de ce type peut se faire de plusieurs manières, l'une d'entre elles consiste à commencer par remplir le carré de 3 × 3 en bas et à gauche : il manque juste le o ; on peut alors remplir la case manquante dans cette même colonne par un r, la case centrale de ce carré sra un o, donc la case noire au milieu du carré central peut être remplie par un r.

116 **De 2000 à 2016, l'équipe de France de basketball gagnait 7 matchs sur 10 quand Tony Parker jouait, et seulement 40 % de ses matchs quand il ne jouait pas. Il est précisé qu'il ne peut y avoir de match nul (à égalité) au basket, il y aura prolongation jusqu'à victoire d'une des deux équipes. Sachant qu'il a joué 8 matchs sur 10 de l'équipe de France lors de cette période, et que la France a battu l'Espagne 80 à 66 lors de l'Euro 2013, quelle est la probabilité que T. Parker ait joué ce match ?**

① 1 chance sur 2

② 1 chance sur 3

③ 2 chances sur 5

④ 3 chances sur 4

⑤ 7 chances sur 8

En construisant l'arbre pondéré des probabilités, on a la probabilité de gagner un match P(G) égale à : $0,8 \times 0,7 + 0,2 \times 0,4 = 0,64$. L'équipe de France avait donc 64 % de gagner un match pendant cette période. On a pris un match gagné, la probabilité que T. Parker ait joué ce match est donc de : $0,8 \times 0,7 / 0,64 = 87,5$ %, soit 7 chances sur 8.

117 **Lors du dernier mois de préparation à la prochaine session du score, Hubert note ses heures de coucher, et quelques jours avant la session, il fait la moyenne de toutes les heures notées. Il transmet cette heure en donnant les indices suivants :**
– les heures et les minutes ont chacune deux chiffres et ne contiennent aucun zéro ;
– les minutes font le double des heures ;
– les quatre chiffres sont différents ;
– le premier chiffre des heures fait la moitié du premier chiffre des minutes.
Quelle est donc son heure moyenne de coucher ?

① 19h38

② 20h40

③ 21h42

④ 22h44

⑤ 23h46

Procédons par élimination parmi les réponses proposées :
–19h38, le premier chiffre des minutes fait le triple de celui des heures -> ne convient pas ;
– 20h40, contient des zéros -> ne convient pas ;
– 21h42 et 22h44, les quatre chiffres ne sont pas tous différents-> ne convient pas ;
– 23h46, tous les indices sont respectés -> convient.

118 En vue d'appliquer la nouvelle loi sur l'égalité professionnelle Homme-Femme, un directeur des ressources humaines souhaite mener une pré-étude des salaires comparés avant de réaliser le RSC. Pour cela, il prend au hasard 10 salariés de chaque sexe et construit le tableau suivant avec les derniers salaires mensuels en euros :

Hommes	1 900	2 000	2 000	1 900	2 000	1 900	1 900	1 800	1 900	1 500
Femmes	1 400	1 300	1 300	1 600	1 400	1 400	1 400	1 400	1 400	1 300

En fonction de l'écart moyen entre les hommes et les femmes, il souhaite pouvoir classer le résultat de cette étude dans l'une des catégories suivantes :
– Supérieur à + 25 % - Extrêmement significatif
– Entre 15 % et 25 % - Très significatif
– Entre 7 % et 15 % - Significatif
– Entre 3 % et 7 % - Peu Significatif
– Inférieur à 3 % - Pas d'écart
Que va-t-il pouvoir conclure des résultats de cette étude ?

① Pas d'écart
② Peu significatif
③ Significatif
④ Très significatif
⑤ Extrêmement significatif

La moyenne des salaires des hommes est de 1 880 euros, celle des femmes est de 1 390 euros. L'écart moyen est donc de 490 euros, soit plus de 26 % (490/1880). Le résultat de l'étude est donc extrêmement significatif.

119 En sachant que $\sum_{i=1}^{7} x_i = 210$ et que $\sum_{i=1}^{9} x_i = 240$.
Parmi les valeurs proposées, quelles valeurs de x_8 et x_9 conviennent ?

① 15 et –30
② 46 et –16
③ 15 et –16
④ 16 et 16
⑤ 21 et –24

La somme de X8 et X9 est égale à :
$$\sum_{i=8}^{9} x_i = \sum_{i=1}^{9} x_i - \sum_{i=1}^{7} x_i = 240 - 210 = 30$$
La seule possibilité est donc 46 et –16, dont la somme donne 30.

session

120 Combien d'entiers dans l'intervalle [1 ; 10 000] sont divisibles par 25 et pas par 16 ?

On sait que 1 000 = 25 × 40 ; il y a donc 40 entiers entre 1 et 1 000 qui sont divisibles par 25. Donc 400 entre 1 et 10 000. Sur ces 400, il y a 25 multiples de 16 : 400 (= 1 × 16 × 25), 800 (= 2 × 16 × 25), …, 10 000 (= 25 × 16 × 25). Il y a donc 375 entiers entre 1 et 10 000 qui soient divisibles par 25 et pas par 16.

① 375
② 385
③ 395
④ 400
⑤ 405

Impression & brochage sepec - France
Numéro d'impression : 21275181006 - Dépôt légal : novembre 2018

IMPRIM'VERT®

PEFC 10-31-1470 / Certifié PEFC / Ce produit est issu de forêts gérées durablement et de sources contrôlées. / pefc-france.org